HISTOIRE

DU CATHOLICISME LIBÉRAL

EN FRANCE

HISTOIRE

DU

CATHOLICISME LIBÉRAL

EN FRANCE

1828-1908

PAR

GEORGES WEILL

Professeur adjoint à l'Université de Caen.

PARIS

FÉLIX ALCAN, ÉDITEUR

LIBRAIRIES FÉLIX ALCAN ET GUILLAUMIN RÉUNIES

108, BOULEVARD SAINT-GERMAIN, 108

—

1909

AVANT-PROPOS

On a beaucoup écrit sur l'histoire des rapports de l'Église et de l'État en France au dix-neuvième siècle ; les ouvrages de M. Debidour, en particulier, renferment les renseignements essentiels sur cette question. Au contraire, l'histoire intérieure du catholicisme français pendant la même période n'a guère été étudiée d'une manière impartiale et scientifique. J'essaye de retracer ici un mouvement qui a parfois influé sur l'histoire générale de notre pays. Des hommes qui acceptent le titre de catholiques libéraux ont protesté contre l'expression de « catholicisme libéral », parce qu'elle semble mettre en doute leur fidélité au dogme traditionnel (1) ; je conserve néanmoins cette formule qui a passé dans l'usage.

(1) « Catholicisme libéral, accouplement de mots qui est une insulte, s'il n'est une absurdité. » (*Correspondant*, 25 juillet 1888, article anonyme sur l'encyclique *Libertas*.) — Cf. ANATOLE LEROY-BEAULIEU, *les Catholiques libéraux*, p. 3.

WEILL. — Catholicisme.   1

LE
CATHOLICISME LIBÉRAL EN FRANCE
1828-1908

INTRODUCTION

La Restauration des Bourbons en 1814 apparut comme le triomphe du catholicisme. Il redevint la religion de l'Etat ; les évêques se rallièrent avec joie au Roi Très-Chrétien ; les prélats nommés depuis, par exemple, quand on créa trente nouveaux diocèses, furent choisis parmi les prêtres légitimistes de famille noble, car on voulait « décrasser » l'épiscopat. Le haut clergé avait trois idées dominantes : il désirait l'union du trône et de l'autel, détestait la Révolution et défendait le gallicanisme. L'union du trône et de l'autel lui semblait indispensable à l'existence de la monarchie et de la nation elle-même. « N'en doutons pas, écrivait un évêque à ses diocésains, toujours fidèle à marcher sur les traces de ces rois très chrétiens, ses glorieux ancêtres, le roi que vient de rappeler le ciel protègera comme eux cette religion catholique, véritable appui de son trône, éternel honneur de sa race ; cette religion qu'une politique insensée voudrait toujours séparer de l'État, sans songer que l'État est né avec elle, et qu'il mourrait sans elle ; cette religion, plus nécessaire encore aux rois que les rois ne lui sont nécessaires (1). » Les évêques, dévoués aux Bourbons, se crurent le droit et le devoir d'appuyer la politique des rois légitimes, de la défendre contre les partis d'opposition.

La haine de la Révolution était générale chez ces hommes qui, pour la plupart, avaient été persécutés par elle ; comme elle s'était faite au nom de la liberté, comme la gauche sous Louis XVIII s'appelait le parti libéral, les évêques se défièrent de tous ceux qui invoquaient la liberté. Quant au gallicanisme, l'Église de France n'entendait pas le pousser à l'extrême ; elle avait montré, en luttant contre la Constitution civile du clergé, sa volonté de demeurer unie au Saint-Siège. Mais la plupart des prélats adoptèrent le gallicanisme modéré, tel que l'enseigna Frayssinous. « Repoussons également, écrivait-il, et ces écrivains étranges qui osent nous dire que le christianisme de Bossuet n'est pas le vrai christianisme, et ces écrivains téméraires qui, au nom de ces libertés, voudraient nous pousser à la licence (2). » L'évêque d'Hermopolis rappelle qu'on doit chercher la formule de ces libertés, non chez les Dupuy et les Pierre Pithou, mais dans la déclaration de 1682 et dans l'histoire de Fleury. Le clergé français ne croit pas le pape supérieur au concile œcuménique (3) ; il n'admet ni la monarchie absolue

<hr>

(1) Mandement de Boulogne, évêque de Troyes, dans *l'Ami de la religion*, I, p. 101.

(2) *Les Vrais Principes de l'Église gallicane*, 3e éd., 1826, avertissement.

(3) S'il y a conflit entre un pape légitime et un concile œcuménique légitime, « la décision demeure en suspens

du pape dans l'Eglise, ni son infaillibilité (1). Quant au Concordat de 1801, ce fut un coup d'Etat du Souverain Pontife, justifié par les circonstances et la nécessité. En somme, concluait Frayssinous, il faut avoir confiance dans le pape, dans l'épiscopat, et l'Etat doit protéger la religion, qui lui rend ses bienfaits avec usure.

Cette doctrine modérée, enseignée à Saint-Sulpice, fut défendue par d'autres prélats renommés, comme les cardinaux de La Luzerne et de Bausset ; le grand journal ecclésiastique de l'époque, *l'Ami de la religion et du roi*, dirigé par Picot, la soutenait aussi. Elle prit un caractère officiel quand Frayssinous devint ministre. Les représentants de ces idées jetaient l'anathème à la Révolution, mais ils acceptaient en fait le compromis institué par la Charte, et comptaient sur les Bourbons pour faire vivre et prospérer l'Église sous le régime de la liberté politique. Leur système rencontra chez les catholiques de nombreux adversaires, les uns gallicans, les autres ultramontains.

Les gallicans intransigeants condamnaient sans merci tout ce qui venait de la Révolution ; ils n'avaient accepté ni le Concordat de 1801, signé par un gouvernement usurpateur, ni le coup d'Etat de Pie VII exigeant la démission des évêques. Ainsi était né le schisme de la Petite Eglise, d'autant plus gênant pour l'Eglise officielle que les évêques schis-

jusqu'au moment de leur accord ; c'est une suite de la nature des gouvernements mixtes ». (*Ibid.*, p. 89.)

(1) L'infaillibilité *ex cathedra* n'offre aucun avantage. « Car enfin, quand même le pape, dans le cas énoncé, serait infaillible, et dans la réalité ne se serait pas trompé, comment les fidèles pourront-ils savoir que son jugement a tous les caractères d'un jugement porté *ex cathedra* ; et dès lors comment son autorité, son infaillibilité pourront-elles être constatées autrement que par l'adhésion subséquente et publique des évêques ? » (*Ibid.*, p. 95.)

matiques étaient d'ardents royalistes, unis aux Bourbons par les souvenirs de l'exil. D'autres gallicans, sans aller jusqu'au schisme, poussaient beaucoup plus loin que Frayssinous l'aversion pour les doctrines ultramontaines ; les *Tablettes du clergé*, qui leur servirent d'organe pendant quelques années, reprochent souvent à *l'Ami de la religion* de trahir la cause gallicane. Ils réclamaient des mesures législatives contre les doctrines révolutionnaires : la guerre d'Espagne fut saluée par eux comme le début de la croisade nécessaire (1), mais la loi sur le sacrilège leur parut insuffisante et anodine.

C'étaient là les hommes du passé ; bien plus dangereuse fut l'opposition des ultramontains. Leurs opinions commençaient à gagner en France depuis la Révolution : le clergé n'était plus attaché à l'Etat par sa situation d'ordre privilégié, ni au sol par ses intérêts de grand propriétaire ; il voyait le gouvernement, jadis défenseur attitré de la vraie foi, reconnaître et protéger officiellement les cultes hérétiques. Il tourna donc les yeux vers Rome. Les théories ultramontaines furent d'ailleurs professées avec talent par Bonald et Joseph de Maistre. Sans doute l'influence de ce dernier sur les catholiques était moins grande à l'époque de la Restauration qu'elle ne le devint plus tard ; mais ils subirent celle de Lamennais. Maistre et Bonald aimaient trop la monarchie et la vieille dynastie pour déduire de la doctrine ultramontaine toutes les conséquences contraires aux droits de l'Etat ; l'auteur de *l'Essai sur l'indifférence* n'eut pas de ces ménagements. Ce prêtre passionné pour l'hyperbole s'indignait de voir les rois légitimes pactiser avec la Révolution ;

(1) « Cette guerre si noble dans son motif, si belle dans sa fin, serait une guerre absurde et sans objet, si elle n'entraînait à sa suite la guerre contre les mauvaises doctrines. » (*Tablettes du clergé*, IV, p. 299.)

lui qui avait combattu les indifférents, les tièdes, les
moyenneurs, les retrouvait maîtres du pouvoir avec
Frayssinous. Il jeta le cri d'alarme : « La société, disait-
il, est gouvernée par un athéisme systématique ; la
religion n'est plus qu'une chose qu'on administre.
« Elle figure dans le budget au même titre que les
beaux-arts, les théâtres, les haras » (1). Il conclut
bientôt que, l'Etat n'étant plus catholique, l'Eglise
pouvait se séparer de lui : c'était renoncer à l'union
du trône et de l'autel. Lui et ses disciples demandèrent la liberté de l'Eglise, pour qu'elle pût secouer le joug d'un Etat indifférent et d'un gallicanisme suranné. D'autre part certains hommes perspicaces, voyant la monarchie compromise par ses
fautes politiques, voulaient séparer la cause religieuse de la cause dynastique ; eux aussi parlèrent
de liberté.

Ce mot était prononcé par d'autres catholiques,
d'opinion tout opposée, qui se rapprochaient en
politique des libéraux irréligieux. Royer-Collard,
le chef des doctrinaires, si profondément royaliste
et croyant, demandait pour le catholicisme, comme
pour toutes les religions, la liberté. Même langage
chez celui qui fut longtemps son ami, le comte de
Serre ; lui aussi était libéral ardent et catholique
pratiquant. Mais c'est plutôt dans la jeunesse qu'on
trouvait un pareil mélange d'opinions. Pour beaucoup de jeunes gens, vers 1814 et 1815, la Restauration succédant à l'Empire, ce fut la liberté rempla-
çant le despotisme ; fiers de soutenir la dynastie qui
avait octroyé la Charte, c'étaient des catholiques
libéraux avant la lettre. Citons parmi eux un écrivain mort jeune, Charles Loyson, qui dédiait à
Louis XVIII des vers enthousiastes ; il collabora en

(1) *De la Religion considérée dans ses rapports avec l'ordre
politique et civil*, chap. 4.

1818 au *Spectateur politique et militaire*, qui défendait avec une égale conviction la dynastie et la Charte (1). Des idées semblables animaient quelques jeunes nobles. Dès 1827 Charles de Montalembert, à la fois catholique et libéral, s'attirait les railleries du cardinal de Rohan-Chabot et, sans se décourager, parlait d'opposer à la fameuse Congrégation une société d'esprit politique différent « une espèce de congrégation libérale (2) ». Un jeune légitimiste venu de Bretagne à Paris, Louis de Carné, mal accueilli par un grand oncle à la fois anti-révolutionnaire et voltairien, prenait chez lui par contraste le goût de la religion et du nouveau régime politique (3).

Ainsi l'on trouvait parmi les catholiques, en face de la grande majorité ultra-royaliste et gallicane, deux groupes d'hommes qui parlaient de liberté : les uns demandaient la liberté pour l'Eglise et condamnaient tout le « bloc » révolutionnaire ; les autres demandaient la liberté pour tous et acceptaient les conséquences politiques de la Révolution. Il importe de les distinguer dès maintenant, pour éviter une confusion qui s'est produite maintes fois dans le cours du dix-neuvième siècle : souvent des hommes ont passé pour catholiques libéraux, c'est-à-dire amis de la liberté pour tous, alors qu'ils demandaient seulement la liberté de l'Eglise. Le catholicisme libéral a paru ainsi plus populaire et plus fort qu'il ne l'était réellement.

Ce fut surtout l'existence de l'Université qui amena les catholiques à revendiquer l'autonomie vis-à-vis de l'État. L'ancien régime avait toujours considéré l'enseignement comme chose d'Église :

---

(1) V. l'article de Sainte-Beuve sur lui (*Nouveaux Lundis*, t. XI).
(2) LECANUET, *Montalembert*, I, pp. 36 et 41.
(3) L. DE CARNÉ, *Souvenirs de ma jeunesse*.

au milieu de la diversité des écoles, des congrégations, des établissements privés, la surveillance du
haut clergé maintenait une discipline religieuse
commune. Napoléon, par contre, avait organisé une
corporation d'enseignement laïque, soumise à
l'État. Aussi l'Université fut-elle de bonne heure
odieuse aux catholiques militants ; ils l'appelaient
la fille aînée de la Révolution, la fille de Buonaparte.
Les catholiques de gouvernement s'appliquèrent
à désarmer ces défiances. Un des premiers auxiliaires de Fontanes, Ambroise Rendu, personnage
d'une piété connue, rappela que l'Université devait
avoir, d'après le décret de fondation, le caractère chrétien, et se servit de ses fonctions offi-
cielles pour la maintenir dans cette voie tout en
réfutant les attaques des *ultras* (1). Frayssinous,
devenu grand-maître de l'Université, fit si bien que,
dans les collèges royaux, vingt-trois proviseurs et
cent trente-huit principaux furent des prêtres. Mais
ces concessions ne rassuraient point les catholiques
d'extrême droite ; ils n'avaient que défiance pour les
prêtres universitaires, et savaient que l'esprit des
élèves était contraire aux idées ultra-royalistes.
Lamennais appela ces collèges les « séminaires de
l'athéisme » et le « vestibule de l'enfer ».

La tolérance du gouvernement fournit d'ailleurs
aux mécontents le moyen de tourner la loi, de supprimer en fait le monopole universitaire. Les
jésuites ouvrirent plusieurs collèges, avec l'autorisation tacite des ministres, et bientôt ils y attirèrent
une bonne partie de la jeune noblesse ; quelques
autres maisons religieuses, comme Juilly, conser-
vaient leur indépendance. Quant aux petits sémi-

(1) **V. Eugène Rendu**, *M. Ambroise Rendu et l'Université de
France*, 1861. Cf. **Poirier**, dans la *Révolution française* (mars
1909).

naires, on les avait exemptés du monopole afin d'assurer le recrutement du clergé sous la surveillance des évêques ; beaucoup devinrent de véritables collèges, où les futurs prêtres n'étaient plus qu'une minorité. Enfin certaines villes avaient d'importantes pensions religieuses, qui devaient conduire leurs élèves aux classes des collèges royaux, mais qui éludaient cette obligation par divers artifices : à Lyon, par exemple, elles y avaient pleinement réussi (1). Les catholiques ne demandaient pas encore la liberté d'enseignement, ils l'avaient en fait (2). La campagne de Montlosier contre les jésuites vint les troubler dans leur quiétude ; après la chute de Villèle, la gauche victorieuse imposa des mesures contre les collèges ecclésiastiques. C'est de là qu'allait sortir le catholicisme libéral.

(1) CHABOT et CHARLÉTY, *Histoire de l'enseignement secondaire dans le Rhône*, 1901.

(2) Il y avait en 1828 deux fois plus de petits séminaires, ou écoles secondaires ecclésiastiques, que de diocèses. « Ainsi la dure loi de 1808 était tournée, et les catholiques avaient trouvé le moyen de s'assurer, en plein monopole, d'une véritable liberté de l'enseignement. » (LÉOPOLD DE GAILLARD, dans *le Correspondant*, 10 avril 1879.)

CHAPITRE PREMIER

LES DÉBUTS DU CATHOLICISME LIBÉRAL

I

Le ministère Martignac, obligé de satisfaire la
majorité qui avait triomphé du parti prêtre, publia
les ordonnances de juin 1828. L'une d'elles imposa
le régime de l'Université aux huit collèges dirigés
par les jésuites, et prescrivit qu'à l'avenir tout directeur ou professeur d'une école secondaire ecclésiastique serait tenu d'affirmer par écrit qu'il n'appartenait point à une congrégation non autorisée. L'autre
ordonnance eut pour objet de ramener les petits séminaires à leur but primitif, au recrutement du
clergé : ces écoles ne pouvaient contenir plus de
20.000 élèves en tout, ni recevoir d'externes ; les
candidats qu'elles faisaient admettre au baccalauréat
n'étaient munis du diplôme qu'après leur entrée dans
les ordres ; les élèves reçus dans ces écoles depuis
deux ans et âgés d'au moins quatorze ans devaient
porter l'habit ecclésiastique. Il est vrai que l'ordonnance créa huit mille demi-bourses pour aider les
évêques à élever dans leurs écoles de futurs prêtres ;
néanmoins elle mettait fin au régime de faveur qui

avait réduit à rien le monopole de l'Université.
L'indignation fut grande chez les évêques ; ils parurent prêts à se liguer pour une résistance commune,
mais cet effort ne dura pas : l'intervention de quelques prélats tout dévoués au roi, comme l'archevêque
de Paris, et surtout les pourparlers heureux du gouvernement français avec Rome calmèrent leur opposition.

A la Chambre des députés les protestations furent
très vives ; c'est alors que certains orateurs catholiques, en présence d'un pouvoir hostile, se mirent
à invoquer pour la première fois la liberté. On le vit
dans la séance du 21 juin 1828, alors que la Chambre
discutait plusieurs pétitions contre les jésuites.
« Quand tout est libre autour de nous, s'écria le vicomte de Conny, doit-on chercher dans les décom-
bres d'une législation abrogée par de si grands
événements, plus encore que par les temps, des lois
de proscription pour tourmenter les familles françaises ? » Un autre député de droite, Sainte-Marie,
après avoir rappelé les attaques de Benjamin Constant contre le monopole, ajoutait : « Je m'applaudis
de me rencontrer ici avec M. Benjamin Constant.
Comme lui, je ne réclame que liberté pour tous,
pour les uns comme pour les autres. Comme lui, je
pense que la vérité est assez forte pour n'avoir besoin que de la neutralité du pouvoir. »

Cet amour pour la liberté, que bien des orateurs
de la droite ne partageaient pas encore (1), était de
si fraîche date qu'il souleva les railleries des hommes
de gauche. Dubois, dans *le Globe*, signala ces palinodies intéressées de ceux qui avaient si durement

(1) Duplessis de Grénédan, par exemple, disait dans la
séance du 30 juillet 1828 : « L'éducation dans la religion
catholique est la seule qui soit d'accord avec la monarchie
française et avec sa loi fondamentale. Si cela est, qui pourra
donner cette éducation que l'Église ? »

traité les écoles laïques (1). Benjamin Constant, à la séance du 3o juin, expliqua ironiquement qu'il n'avait pas besoin de renouveler ses objections contre le monopole : « D'inattendus auxiliaires rendent mes paroles superflues. De toutes parts, on proclame des doctrines qu'on écoutait naguère avec défaveur. On revendique la liberté illimitée de l'éducation, la faculté appartenant à chacun d'enseigner et d'instruire, le droit imprescriptible des pères à donner à leurs enfants des maîtres de leur choix. Telle est donc la force de la vérité qu'elle renverse subitement, à jour fixe, les convictions les plus obstinées. » Le malicieux orateur se déclarait persuadé que ces conversions étaient sincères autant que rapides (2).

Ce fut Lamennais qui se chargea d'exposer les conséquences des mesures prises par le gouvernement. Son livre paru en 1829, *Des Progrès de la Révolution et de la guerre contre l'Eglise*, mérite une analyse détaillée : c'est l'acte de naissance du catholicisme libéral.

Dans la vraie société chrétienne, dit Lamennais, les hommes étaient unis par des liens spirituels ; la soumission du peuple au prince avait pour condition celle du prince à Dieu : ce régime demeure l'idéal de tout catholique. Mais les rois se sont affranchis du pouvoir spirituel ; Louis XIV a proclamé solennellement la séparation entre la société religieuse et la société civile. Depuis lors ont surgi deux doctrines opposées, toutes deux néfastes, le libéralisme et le gallicanisme. Le libéralisme complet, logique, celui du *Globe*, détruit le lien social ; combattant à la fois la souveraineté du peuple et celle des rois, il ne laisse subsister que la raison individuelle ; on va

(1) V. Duvergier de Hauranne, *Histoire du gouvernement parlementaire*, IX, pp. 584-5.
(2) V. aussi, dans la séance du 8 juillet suivant, le débat entre Charles Dupin et Sainte-Marie.

jusqu'à louer l'anarchie des esprits et des idées. Le libéralisme détruit ainsi la liberté. Celle-ci a deux conditions nécessaires, un pouvoir légitime, et une action de ce pouvoir qui soit conforme à la justice immuable. Comme le libéralisme nie la légitimité, le droit divin, la première de ces conditions disparaît; l'autre est supprimée par le triomphe de la raison individuelle. Dès lors il ne reste place qu'au pouvoir arbitraire, appuyé sur la force, à laquelle s'opposera un jour ou l'autre une force matérielle égale ; celle-ci devra être réprimée par une troisième, et ainsi de suite. Le libéralisme déchaîne donc des révolutions continuelles. Quant au gallicanisme, c'est la doctrine de la servitude; il affranchit les rois de toute règle de justice et mène les hommes à l'idolâtrie. Ce sont de tels excès qui ont provoqué une réaction. « Comme le gallicanisme établissait l'arbitraire au nom de la religion, presque tous ceux que travaillait le besoin de la liberté, voyant à tort dans la religion l'alliée naturelle du despotisme, se séparèrent d'elle avec haine, et fondèrent sur sa destruction l'espérance d'un ordre social meilleur. »

Les peuples catholiques, évitant ces deux excès, doivent revenir au système chrétien, qui assure l'union de l'ordre et de la liberté. Toutes les libertés européennes sont nées sous l'empire du catholicisme, dans les régions où pénétrait l'influence pontificale. L'histoire bien étudiée le prouvera ; aussi faut-il encourager l'heureuse curiosité qui porte aujourd'hui la jeunesse à étudier les monuments du passé. Jésus-Christ a deux vicaires, le pape et le roi ; mais le glaive matériel est subordonné au glaive spirituel. Les peuples chrétiens peuvent, dans certains cas, résister par la force aux gouvernements arbitraires : les Pays-Bas l'ont fait avec raison contre Joseph II, les Bretons et les Vendéens contre la Révolution (1).

(1) Lamennais loue particulièrement la Ligue et cite avec

Une restauration chrétienne de la société peut seule mettre fin à la lutte engagée aujourd'hui entre le libéralisme et le gallicanisme. Seulement, cette restauration ne saurait être l'œuvre de la contrainte; elle ne durera que si la persuasion la fait triompher. « Lorsque les croyances sociales, n'ayant point encore été altérées, subsistent dans leur pleine rigueur, et règnent sans opposition sur le peuple entier, on conçoit que l'autorité publique tremble à l'apparence d'une scission, et regarde comme un devoir de la prévenir en interdisant des controverses inutiles et dangereuses. C'est la sagesse et la raison même qui commandent d'en user ainsi. Mais quand déjà la scission existe, quand les croyances sont divisées, et que des opinions sans nombre ont succédé à l'antique foi, alors l'unité ne peut renaître qu'à la suite d'un libre combat. » Laissons donc faire la liberté. Le triomphe de la vérité n'arrivera qu'après de nombreuses destructions accomplies par l'erreur; mais ce sont des destructions nécessaires. Il faut que les idées mauvaises produisent tous leurs résultats; c'est ce que nous voyons commencer avec les ordonnances de 1828, dont le libéralisme poussera l'exécution jusqu'au bout. Les maux de l'anarchie prépareront le retour au bien.

En attendant, le clergé ne peut s'allier ni avec le libéralisme, ni avec le pouvoir. Qu'il s'isole de la société politique, en resserrant ses liens avec le pape; qu'il use de tous ses droits; que les évêques ressuscitent les synodes diocésains et se réunissent en conciles; qu'ils repoussent l'ingérence du pouvoir civil dans l'enseignement, la discipline et le culte. De plus, le clergé, pour combattre la philosophie antichrétienne, doit s'instruire davantage; le reproche

admiration le manifeste des princes catholiques français en 1585.

d'ignorance qu'on lui fait contient une part de vérité. Relevons la théologie de sa décadence, et faisons connaître aux jeunes prêtres les choses qu'ils doivent savoir aujourd'hui. « Il est nécessaire d'apprendre autrement, et d'apprendre davantage : autrement, pour mieux entendre ; davantage, pour ne pas rester en arrière de ceux qu'on est chargé de guider. » Les études supérieures sont à encourager : les savants ont fait en Chine, dans l'Inde, surtout en Egypte, des découvertes récentes qui viennent confirmer les Ecritures. Enfin l'esprit chrétien doit régénérer toutes les sciences morales.

Lamennais, dans ce livre, a évité les violences, les exagérations qui gâtent souvent ses ouvrages. Il ne renie point son passé, il espère toujours le règne complet, définitif de l'Eglise (1) ; mais ce doit être l'œuvre de la liberté. Ce qui est encore nouveau chez lui, c'est un langage plus doux, plus conciliant à l'égard des incroyants (2). Et son programme de rénovation par l'étude, par les synodes diocésains ou provinciaux, est celui que le catholicisme français a plusieurs fois tenté de réaliser depuis quatre-vingts ans.

Lamennais écrivait à un ami que son ouvrage ne serait pas compris tout de suite. Le livre eut pourtant un succès rapide, puisque 6.000 exemplaires furent enlevés en moins de quinze jours (3) ; mais le scandale fut grand chez les conservateurs. Un de ses correspondants lui écrivait, le 26 février 1829 : « Quel

---

(1) « Le reproche d'envahissement qu'on adresse au *parti prêtre*, l'intention qu'on lui attribue d'usurper le pouvoir civil, a pour cause, non des faits réels, mais un sentiment vague de cette nécessité. » (Chap. III.)

(2) Il observe que la distinction entre les partis et leurs doctrines est utile à faire : elle « adoucit les haines, rapproche les esprits ». (Chap. II.)

(3) *Mémorial catholique*, XI, p. 115.

effet, monsieur l'abbé, a produit votre dernier ouvrage ! Le corps diplomatique assemblé pour demander à chaque cour la provocation de la condamnation
en cour de Rome ; les évêques accourant à Paris
comme si le feu était à leurs diocèses ; l'archevêque
de Paris fulminant, les autres se préparant à l'imiter;
le nonce lui-même effrayé ; les Jésuites et leurs amis
humiliés et mécontents (1)... » Lamennais s'inquié-
tait peu de ces colères ; il fut heureux de constater
que son livre désarmait les défiances de certains libéraux contre la religion (2).

Un seul publiciste de droite approuva presque sans
réserve les opinions audacieuses de Lamennais : ce
fut le baron d'Eckstein. Ce personnage, de famille
juive, s'était converti au protestantisme, puis au
catholicisme ; né en Danemark, ennemi de la
France et de la Révolution, il était devenu après
1815 l'agent du ministère français des Affaires
étrangères. Sa vie mouvementée ne l'avait pas
empêché d'acquérir une science prodigieuse ; il
connaissait l'histoire des religions, la mythologie
comparée, toutes les études nouvelles cultivées dans
les universités allemandes, et tâchait d'initier les
Français à ces travaux en publiant un recueil périodique, *le Catholique*. Il rebutait les lecteurs par un
esprit et un style germaniques ; mais cette revue
exerça une influence profonde sur un petit nombre
de disciples qui allèrent plus tard grossir le bataillon
des catholiques libéraux (3).

(1) *Correspondance* de Lamennais, p.p. Forgues, éd. de 1863,
I, p. 81 : lettre de Waille dans les *Notes et Souvenirs* qui
précèdent la correspondance.

(2) « Ici, en Bretagne, à Dinan, à Paimpol, les libéraux
sont enchantés de ce que j'ai dit, et cela les rapproche de
la religion. » (Lettre du 3 mai 1829.)

(3) V. l'article de Foisset sur d'Eckstein (*Correspondant*,
janvier 1862) ; Garné, *Souvenirs*, p. 161 ; *Journal politique* de
Charles de Lacombe (p. X de la notice biographique).

Weill. — Catholicisme. 2

D'Eckstein apprécia aussitôt le nouvel écrit de Lamennais : celui-ci a tort, disait-il, de ressusciter les prétentions des papes à la suprématie temporelle ; mais il a raison de réclamer l'indépendance pour l'Église, d'exhorter le clergé à s'instruire, à se pénétrer de l'esprit moderne. L'union du trône et de l'autel est un principe dangereux, dont on voit maintenant les inconvénients (1). « Aujourd'hui le parti royaliste en revient à la liberté. Il demande, ou plutôt il semble demander, avec les catholiques des Pays-Bas, la liberté de l'enseignement, l'indépendance de la religion, le droit des associations religieuses. Mais comme ces réclamations sont en discordance avec son ancienne conduite, il se montre faible, timide, incertain... Qu'il adopte franchement la liberté, tous les embarras disparaîtront (2). » D'Eckstein ajoute que Lamennais agit « comme un dissolvant énergique et utile » sur le parti ultra-royaliste (3).

Approuvé par d'Eckstein, Lamennais entraînait à sa suite le groupe de jeunes prêtres qui s'étaient faits ses disciples. Ils écrivaient dans *le Mémorial catholique*, fondé par Salinis et Gerbet ; cette revue approuva pleinement le nouvel ouvrage du maî-

(1) *Le Catholique*, t. XIII, pp. 49 sqq.

(2) T. XIII, p. 74.

(3) T. XIV, p. 344. D'Eckstein expose en même temps ses espérances : « Quand on verra les catholiques sages, conservant et affermissant, sur de solides bases, leur amour pour la monarchie, embrasser les principes d'une juste liberté, renoncer à un régime de faveurs de cour ou de ministère, s'unir librement à un gouvernement fort et intelligent, devenir ainsi les soutiens du peuple et de la royauté ; quand les libéraux vraiment tolérants, sacrifiant leurs penchants démagogiques, reconnaîtront avec franchise les droits de leurs adversaires, et soutiendront sans violence et mensonge leurs doctrines philosophiques, le temps nouveau aura été préparé, et je pourrai tirer quelque orgueil d'y avoir contribué pour ma faible part. » (XIV, p. 344.)

tre (1). Parmi ces fidèles, la plupart admiraient sur
tout en Lamennais le défenseur de l'ultramontanisme;
c'est ce qui attira vers lui un Guéranger, un Rohrbacher, un Jules Morel. Mais d'autres s'attachèrent
à lui quand ils le virent faire l'éloge de la liberté
Lacordaire, par exemple, se sentait isolé au milieu
d'un clergé réactionnaire qui jetait l'anathème
aux idées modernes; il songeait à partir pour
l'Amérique, afin de répandre sans entraves la parole
chrétienne. Les théories nouvelles de Lamennais
désarmèrent ses préventions contre le défenseur de
la théocratie, et Gerbet réussit à le ranger sous
l'étendard de son maître. Celui-ci d'ailleurs voulait
joindre l'exemple au précepte, et faire prospérer
une congrégation nouvelle qui ressusciterait ces
hautes études ecclésiastiques réclamées par lui. Ce
fut la congrégation de Saint-Pierre, qui eut sa maison
mère à Malestroit.

II

En dehors du clergé, Lamennais rencontra des
sympathies chez bon nombre de jeunes catholiques.
La jeune noblesse adoptait, en général, toutes les
idées ultra-royalistes enseignées par les ancêtres;
mais il y eut des exceptions. Les cadets, au fau-
bourg Saint-Germain, protestaient contre le projet
de rétablir le droit d'aînesse. Beaucoup de ces
jeunes gens faisaient partie de la Société des Bonnes
Etudes, qui possédait un grand établissement au
quartier latin; ils se plaignirent souvent de la surveillance étroite qu'on exerçait sur eux, des biblio-
thèques expurgées qu'on mettait à leur disposition.
Plusieurs avaient acclamé Lacretelle et Michaud,

(1) V. le compte rendu fait par O'Mahony (t. XI, p. 115).

les deux académiciens royalistes punis par Villèle
pour leur résistance à la loi de « justice et d'amour. »
Quand le duc de Rivière, gouverneur du duc de
Bordeaux, vint faire à la société des Bonnes-Etudes
sa visite annuelle, on l'accueillit par des cris de *Vive
la Charte* ! aussi nombreux que ceux de *Vive le roi* !
Ces jeunes gens avaient aussi devant eux l'exemple
de l'étranger : les catholiques belges commençaient
leur campagne, si admirée par Lamennais, contre
la maison d'Orange ; O'Connell, recevant la visite
de Louis de Carné, lui montra combien les catholiques français avaient tort de se compromettre dans
les tentatives réactionnaires, d'éloigner l'Eglise du
peuple (1).

Ces jeunes nobles avaient donc des tendances
libérales en politique ; en religion ils se déclarèrent
ultramontains, pour échapper à la domination rou-
tinière du vieux clergé gallican (2). Ils admiraient
beaucoup Lamennais, sans appartenir au groupe
étroit de ses disciples. Les ordonnances de 1828
accrurent chez eux le désir de prendre la parole, de
fonder un organe périodique sur le modèle du *Globe*.
Comme les fonds leur manquaient, ils les demandèrent à l'Association pour la défense de la religion
catholique. Lamennais avait préparé cette association, avant les ordonnances de juin 1828, pour favoriser les écrits d'apologétique et fonder une école (3).
Après les ordonnances, elle étendit son programme,
et ses statuts lui assignèrent cinq objets : faire
écrire des livres ; faire connaître les bons écrits
étrangers ; faire rectifier les faits calomnieux publiés

(1) Carné, pp. 28, 55, 107. Sur les opinions de cette jeunesse, voir la correspondance de Montalembert avec Léon
Cornudet (2ᵉ éd., 1884). Ils étaient liés avec des libéraux purs,
comme le prouvent les *Lettres* d'Alphonse d'Herbelot (1908).
(2) Carné, p. 167.
(3) V. Boutard, *Lamennais*, II, p. 172.

contre le clergé ; soumettre les questions litigieuses à un conseil de légistes ; plus tard, aider aux études supérieures de jeunes gens qui deviendraient des apologistes. Lamennais avait espéré beaucoup de ce groupement nouveau ; mais l'association, dirigée par les grands seigneurs, présidée par le duc d'Havré, prit un caractère plus royaliste que religieux et lui parut bientôt avoir manqué son but.

Cette association avait des fonds et désirait un journal ; la jeunesse catholique avait une rédaction toute prête, mais elle manquait d'argent. L'intermédiaire entre les deux groupes fut un homme très actif, lanceur infatigable de sociétés ou de journaux religieux, Bailly de Surcy, qui joua un grand rôle entre 1825 et 1840. L'association promit l'argent nécessaire, à condition que le nouveau journal serait l'organe des plaintes formulées par tout catholique français ou étranger contre les atteintes à la liberté religieuse ; pour en indiquer le caractère, elle appela cette feuille *le Correspondant*, bien que ce titre modeste déplût aux rédacteurs. Parmi eux, la politique était partagée entre Carné et Cazalès, plus tard prêtre et représentant du peuple en 1848 ; les autres étaient Franz de Champagy, Wilson, et puis des rédacteurs provinciaux, par exemple des Bourguignons comme le président Riambourg et Foisset (1). Tout cela se fit en dehors de Lamennais, qui aurait voulu réserver les secours de l'association au *Mémorial catholique* ; il désapprouva fort le nouveau journal et demeura étranger à la rédaction (2).

(1) Sur la fondation du *Correspondant*, voir CARNÉ, *Souvenirs*, et *le Correspondant*, 1860 (sur Charles Lenormant), 1861 (sur Bailly de Surcy), 1862 (sur Wilson.)

(2) « Ce journal, écrivait-il, représentera les idées étroites et les opinions méticuleuses d'une coterie que je n'ai pas besoin de vous désigner autrement, et si la crainte ne les retient pas, je serai bientôt contraint de séparer publique-

Le *Correspondant*, comme l'annonçait le prospectus, fut surtout un journal de doctrine, imité du *Globe*. Souvent ses rédacteurs examinent et analysent, avec beaucoup de courtoisie, les théories de la revue libérale, les leçons de Guizot et de Cousin, pour montrer que la philosophie nouvelle, imprécise et vague, ne peut remplacer le catholicisme. Mais leur principal effort est dirigé contre l'Université. On remarqua une série de lettres, signées par « un père de famille », datées de Bayonne, et très bien renseignées sur les défauts ou les erreurs du corps universitaire. Le *Correspondant* oppose au monopole le principe de la liberté d'enseignement ; il y ajoute celle de la presse et la liberté des réunions religieuses. Ainsi le « père de famille », dans sa septième lettre, accorde que la liberté d'enseignement a pour conséquence directe le droit légal d'enseigner l'erreur ; d'ailleurs la loi reconnaît aux protestants le droit d'enseigner leur foi, qui pour les catholiques est une erreur ; donc elle ne peut le refuser aux sectes nouvelles sans mettre les deux cultes protestants sur un pied d'égalité avec la religion de l'État. L'Église doit triompher en multipliant ses écoles, au lieu d'invoquer la protection de l'État qui finira toujours par la dominer (1).

Un tribunal vient d'acquitter le *Courrier français*, qui mettait en doute l'éternité du christianisme ; il a eu raison, et cet arrêt sera peut-être un jour une garantie pour la religion contre l'État (2). Un autre tribunal a eu tort d'interdire les réunions d'un groupe de protestants schismatiques (3). Non moins fautifs

ment de leurs politiques ménagements et de leurs idiotes condescendances la vraie cause catholique. » (Lettre du 21 février 1829.)

(1) *Correspondant*, 15 décembre 1829.
(2) 22 décembre 1829.
(3) 23 février 1830.

sont les juges qui, admettant n'importe quelle religion, veulent punir la propagation de l'athéisme ; un
État indifférent ne saurait proscrire aucune doctrine
irréligieuse : « Malheureux, qui réclamez des lois
répressives de la liberté, savez-vous à qui on les ap-
pliquera (1) ? » Seulement, puisque les catholiques
réclament la liberté, ils doivent être capables d'en
user : le clergé peut dès maintenant s'emparer de
l'enseignement primaire, ouvrir des salles d'asile,
multiplier les petites écoles (2).

Préoccupé surtout de la doctrine et de la religion,
le *Correspondant* ne pouvait quand même se désin-
téresser de la politique ; ses rédacteurs, bien que
gênés par le patronage d'actionnaires ultra-royalistes, se montrèrent favorables au ministère Martignac. Quand le ministère Polignac se forma, ils
l'accueillirent sans hostilité ni enthousiasme, et lui
demandèrent d'éviter une réaction, de ne pas cor-
rompre le clergé par ses faveurs, mais de supprimer
l'Université (3). Quelques mois plus tard, la démission
de La Bourdonnaye, que tout le monde interprète
comme une victoire du parti dévot, éveille leurs
inquiétudes : ne va-t-elle pas ranimer les attaques
violentes contre la religion ? Les exagérations de
Montlosier furent ridicules, « mais pourtant on n'y
aurait pas cru s'il n'y avait eu des prétextes pour y
croire ». Le ministère Villèle manqua de franchise et
protégea les jésuites en cachette. Le nouveau ministère doit éviter ces fautes (4) ; il doit aussi désavouer les journaux qui lui attribuent des opinions
contraires à la Charte (5).

Ce langage soulevait chez les catholiques des pro-

(1) 25 juin 1830.
(2) 30 mars 1830.
(3) 11 août 1829.
(4) 24 novembre 1829.
(5) 1ᵉʳ décembre 1829.

testations qui n'étaient pas sans embarrasser le *Correspondant*. L'organe de la politique traditionnelle, *l'Ami de la religion*, blâma ces hardiesses ; et il lui fut répondu dans le numéro du 3 novembre 1829. Le rédacteur du *Correspondant* se défend comme le feront si souvent les catholiques libéraux attaqués par les intransigeants : il montre que ses innovations portent seulement sur la méthode, sur la façon de présenter l'apologie. « Le christianisme est à la fois absolu et relatif, immuable et flexible ; les dogmes ne changent pas, mais la discipline varie, à plus forte raison la tactique, la *stratégie*, si je puis me servir de ce terme. » Ainsi la liberté d'enseignement est bonne aujourd'hui, parce qu'il ne peut y avoir dans l'instruction publique unité de direction : tout dépend, là comme partout, des variations de l'opinion.

N'exagérons point d'ailleurs le libéralisme du *Correspondant*. Dans son premier numéro, il ouvre la série des articles sur Guizot en se plaignant qu'on ait confié la chaire d'histoire moderne à un protestant (1). S'il réclame la liberté d'enseignement, c'est pour que les enfants catholiques soient élevés à part, loin des élèves dont le contact pourrait les habituer au pur déisme (2). Quant aux catholiques, le nouveau journal fait appel à tous, quelles que soient leurs nuances ; il s'abstient, par exemple, de prendre parti entre ultramontains et gallicans (3). Les rédacteurs glorifient Lamennais, sans être « des disciples fanatiques et exclusifs (4) » ; ils accueillent aussi des articles de Bonald et d'Eckstein.

(1) C'est « un véritable scandale ou au moins une éclatante violation des convenances » (10 mars 1829). Même langage dans la réponse à *l'Ami de la religion*.
(2) 4 mai 1830.
(3) 8 décembre 1829, 2 février 1830.
(4) 3 novembre 1829.

La guerre entre le ministère Polignac et la gauche allait s'aggravant. Le journal hésite à s'y engager, car on exagère l'importance de cette lutte ; mais il ajoute que, si la monarchie légitime était menacée, les rédacteurs sauraient faire tous les sacrifices (1). Il s'effraye devant la logique révolutionnaire du *National* et annonce avec un vrai désespoir la réélection des 221 ; c'est le contraire de la hautaine indifférence avec laquelle Lamennais annonçait la chute prochaine de la dynastie. Du reste, ces catholiques novateurs ne formaient qu'un groupe insignifiant qui n'avait même pas de nom. Ce furent, s'il faut en croire les souvenirs de Carné, les rédacteurs du *Globe* qui, dans une conversation avec eux, leur en donnèrent un ; réunissant deux mots sans cesse opposés l'un à l'autre, ils les appelèrent « catholiques libéraux (2) ».

La plupart des catholiques militants repoussaient les tendances nouvelles et combattaient dans Lamennais le libéral autant que l'ultramontain. L'*Ami de la religion* fit une critique détaillée de son dernier livre ; il lui rappela que l'Église, loin d'admettre la liberté de la presse, avait condamné les mauvais écrits, établi une congrégation de l'Index, et demandé souvent des mesures sévères contre les ouvrages hostiles à la religion ; il montra l'auteur en opposition avec les prélats de France, et conclut que cet ouvrage, rempli « de faits faux », de « raisonnements absurdes », révélait un auteur « étranger aux premières notions de la théologie (3) ».

Quant aux évêques, indifférents aux conseils qu'on leur donnait, ils demeurèrent les fidèles serviteurs de Charles X. Quand le roi et Polignac les appelè-

(1) 2 avril 1830.
(2) CARNÉ, *Souvenirs*, p. 180.
(3) *Ami de la religion*, t. LIX, p. 33 sqq.

rent au combat contre la Révolution, ils répondirent
avec empressement. Charles X leur demandait officiellement des prières et des mandements pour la
flotte qui appareillait vers Alger ; la plupart en profitèrent pour donner des conseils relatifs aux élections.
« Il s'agit dans ce moment, écrivait l'archevêque
d'Avignon, de composer une nouvelle Chambre, dont
les sentiments soient en harmonie avec ceux d'un
prince qui, sous tous les rapports, mérite notre confiance ». L'évêque de Nevers exhortait les électeurs
« à ne pas trahir l'espérance du prince et de la patrie. » Celui de Limoges rendait « les peuples attentifs à la voix du père de la patrie ». L'évêque de
Fréjus demandait qu'on nommât « des amis de la
religion, de notre bon roi, et de notre patrie ».
Beaucoup d'autres tenaient un langage semblable,
ou même plus accentué (1). Le *Correspondant* ne
craignit pas de critiquer ces mandements en termes
sévères ; il blâma leurs auteurs de se laisser assimi-
ler à des fonctionnaires en faisant « des espèces de
circulaires électorales (2) ». L'épiscopat, en effet,
devint ainsi le complice des ordonnances et du coup
d'État.

Si les catholiques libéraux trouvaient quelque
approbation, c'était dans le camp ennemi, chez les
« libéraux » proprement dits. La plus grande partie
de la gauche demeurait fidèle au gallicanisme des
anciens Parlements, comme la plus grande partie
de la droite au gallicanisme des anciens évêques ;
mais une minorité nombreuse ne voulait plus de
la mainmise de l'État sur l'Église. Benjamin Cons-

(1) *Ami de la religion*, t. LXIV, *passim*.
(2) 25 juin 1830. Lamennais écrivait, le 16 juin : « Nos évêques incorrigibles se jettent dans la mêlée, leurs ridicules
mandements à la main, et semblent avoir juré d'ensevelir,
sous le trône chancelant de la tyrannie qui les écrase, les
derniers restes du christianisme en France. »

tant, ennemi du monopole universitaire, accueillit
froidement les ordonnances de 1828. Corcelles
déclara plusieurs fois à la Chambre que le régime
de l'avenir serait la liberté religieuse pour tous,
avec la séparation de l'Église et de l'État (1). Le
Globe réclamait la liberté d'enseignement et n'admettait pas que l'écrasement des jésuites suffît aux
ambitions d'un grand parti. Ces idées se manifestèrent surtout dans la Société de la morale chrétienne ;
cette association, où catholiques et protestants voi-
sinaient, avait mis au concours la question de la
liberté des cultes. Le mémoire couronné en 1825 révéla
au public un nom destiné à devenir célèbre, celui de
Vinet, qui allait demeurer toute sa vie le défenseur
de l'individualisme religieux. Le principe une fois
démontré, la même société ouvrit un nouveau concours afin d'étudier la législation relative à l'exercice
de cette liberté. Le prix fut remporté, peu avant la
révolution de juillet, par un avocat parisien, Nachet.
Il montra, par une argumentation très serrée, qu'on
n'assurerait la liberté religieuse qu'en séparant
l'Église de l'État (2). Cette idée radicale était encore
étrangère aux catholiques, même les plus audacieux.
La révolution de 1830 y convertit Lamennais et le fit
marcher plus avant dans la voie du libéralisme.

(1) Corcelles déclare (séance du 29 mai 1828) qu'il n'invoque
pas contre les jésuites la rigueur des lois : la liberté vaut
mieux. Le 30 juillet suivant, il demande que le clergé vive
de l'impôt volontaire des fidèles, comme cela se pratique
aux États-Unis, le pays le plus religieux et le plus tolérant
du monde. Il regrette que les ordonnances de juin 1828
soient inspirées par un esprit d'absolutisme qui devrait
disparaître. Le 10 juin 1829, il demande qu'on fasse décroître
lentement le budget des cultes, « jusqu'au temps éloigné
sans doute, quoique inévitable, où chaque religion trouvera
toutes ses ressources dans ses croyants ».

(2) NACHET, *De la Liberté religieuse en France*, 2ᵉ édit.,
1833, in-8.

CHAPITRE II

« L'AVENIR » ET LA CONDAMNATION DE LAMENNAIS

I

La révolution de 183o sembla d'abord aussi hostile
au catholicisme qu'aux Bourbons : n'était-ce pas le
roi des jésuites qui avait violé la Charte ? Une explo-
sion de fureur populaire éclata contre le clergé : les
prêtres ne pouvaient plus circuler en soutane dans
les rues de Paris ; le froc des moines était odieux à
toute la France. Quelques évêques légitimistes, comme
Rohan-Chabot à Besançon, Forbin-Janson à Nancy,
durent fuir l'hostilité de leurs diocésains ; les autres
s'enfermèrent dans leurs palais, en prescrivant au
clergé de se tenir tranquille, d'éviter les imprudences,
de ne pas toucher à la politique ; les prêtres, quelquefois taquinés par des maires libéraux, demeurèrent
silencieux, attendant du ciel le retour de la dynastie légitime et priant pour Henri V (1). Beaucoup

(1) D'après Grenier (*Situation du gouvernement et du pays
au commencement de l'année 1835*, 1833, p. 32), le choléra
de 1832 « fut représenté, dans la chaire de vérité, comme un
châtiment envoyé sur la France par la colère céleste pour
nous punir de la révolution de Juillet ».

s'étaient demandé si l'on pouvait en conscience prêter serment à Louis-Philippe ; le pape les rassura
sur ce point (1). Mais parmi les fonctionnaires laïques
les démissions étaient nombreuses ; l'honneur semblait leur interdire de s'incliner devant le roi des
barricades.

Le groupe du *Correspondant* fut le premier à séparer publiquement les intérêts catholiques de ceux
des princes vaincus. Ses membres étaient tous légitimistes d'origine et de cœur, mais le langage tenu
par eux avant juillet leur permit de repousser toute
solidarité avec Polignac. Dans le numéro du 6 août
1830, le premier paru après la bataille, le journal
déclare que, la cause des Bourbons étant perdue,
il reste à défendre celle de la religion : la souveraineté du peuple a triomphé, de sorte que la république serait aujourd'hui le gouvernement le plus
logique ; puisque la république est impossible, les
catholiques accepteront tout gouvernement qui
assure l'ordre et lui demanderont la liberté religieuse.
Dans la suite le *Correspondant* s'adressa maintes
fois aux légitimistes, pour les détourner d'une abstention boudeuse et stérile. Aux fonctionnaires il
exposa, par une démonstration en règle, qu'on pouvait prêter serment au nouveau roi sans manquer à
l'honneur ; à tous les royalistes il conseilla d'entrer
dans le parti catholique, de défendre l'Eglise, puissance toujours vivante et jeune, au lieu de pleurer
sur les morts (2). Son langage fut bien accueilli par
quelques hommes de droite, et plus d'un carliste
garda ses fonctions en invoquant les arguments
donnés par le journal.

(1) Cela ne suffit pas à tous ; à la Faculté de théologie de
Toulouse, un seul professeur consentit à prêter serment.
(BATIFFOL, *Questions d'enseignement supérieur ecclésiastique*,
1907, p. 97.)
(2) 31 août, 24 septembre 1830.

Mais celui-ci vit bientôt surgir la redoutable concurrence de l'*Avenir* ; il se trouva dépassé par ce nouveau venu qui possédait non-seulement la supériorité du talent, mais celle de la franchise et de la logique. Ce que le *Correspondant* murmurait timidement, l'*Avenir* le dit tout haut ; l'un conseillait, en termes imprécis, de supprimer la solidarité entre l'Église et le pouvoir ; l'autre prononça la formule décisive, demanda la séparation de l'Église et l'État. « Vous êtes trop vieux, disait Montalembert à Carné ; à vingt-cinq ans vous parlez toujours comme si vous en aviez déjà cinquante (1). » En même temps la réprobation que soulevaient chez les légitimistes les audaces de l'*Avenir* nuisit à son modeste rival, qui recrutait exclusivement ses abonnés dans ce parti. Le 31 août 1831, le *Correspondant* cessa de paraître : au nom des rédacteurs, Cazalès promit de travailler toujours « à la formation d'un parti catholique », et supplia une dernière fois les anciens ultra-royalistes d'accepter la liberté politique et les idées modernes.

Quant à Lamennais, la nouvelle de la révolution de Juillet lui était parvenue à Chesnaie. Il l'accueillit sans douleur ni surprise : elle justifiait ses prédictions, et les vaincus lui semblaient mériter leur défaite ; la résistance des Français à Charles X était aussi louable que celle des Belges à Guillaume Ier. « Chacun, écrivit-il à un ami, doit aujourd'hui chercher sa sûreté dans la sûreté de tous, c'est-à-dire dans une liberté commune (2). » Le fidèle Gerbet lui communiqua bientôt les offres pécuniaires d'un écrivain obscur, Harel du Tancrel, pour la fondation d'un grand journal quotidien. Le *Mémorial catho-*

----

(1) CARNÉ, *Souvenirs*, p. 178. Le *Correspondant* répondit de son mieux (24 décembre 1830) aux reproches de timidité que lui adressait l'*Avenir*.

(2) Lettre du 6 août 1830.

lique avait peine à vivre, et sa clientèle était purement ecclésiastique ; le nouveau journal parlerait à la France entière (1). Lamennais accepta aussitôt, son impatience hâta la fin des préparatifs, et *l'Avenir* parut le 16 octobre 1830. *L'Avenir*, c'est Lamennais ; les Gerbet, les Lacordaire, les Montalembert ne font que développer sa pensée ; néanmoins c'est dans ses propres articles qu'on doit chercher l'exposé du catholicisme libéral.

Dans le premier numéro, Lamennais montra en termes saisissants pourquoi une méthode nouvelle était devenue indispensable. En moins de cinquante ans, dit-il, toutes les formes de gouvernement ont succombé en France. Qu'est-ce qui survit ? « Deux choses, seulement deux choses, Dieu et la liberté. — Unissez-les, tous les besoins intimes et permanents de la nature humaine sont satisfaits, et le calme règne dans l'unique région où il puisse régner sur la terre, dans la région de l'intelligence ; séparez-les, le trouble aussitôt commence et va croissant, jusqu'à ce que leur union s'opère de nouveau. » Le trouble actuel vient de ce que des circonstances déplorables ont mis en guerre la religion et la liberté. Le clergé français, au dix-septième siècle, se fit le complice du despotisme : « trouvant la servitude près de l'autel, les hommes s'effrayèrent de Dieu ». La philosophie du dix-huitième siècle fut donc irréligieuse, la Révolution persécuta l'Eglise ; dès lors les catholiques se défièrent de tout ce qui se présentait sous le nom de liberté. Les préjugés ont pourtant diminué ; déjà le vrai libéralisme comprend que la liberté doit appartenir à tous, y compris les catholiques ; et ceux-ci reconnaissent que la religion a trouvé dans

(1) Avant la révolution déjà, Lamennais avait voulu fonder un organe politique en joignant au *Mémorial* la *Revue catholique* (V. le *Mémorial catholique*, t. XII, p. 277).

le pouvoir un appui dangereux, que la protection des gouvernements ne vaut pas l'indépendance. Nous sommes dans une époque d'exception, qui exige des pratiques nouvelles. « Lorsque rien n'est fixé dans le monde, ni l'idée du droit et du pouvoir, ni l'idée de justice, ni l'idée même du vrai, on ne peut échapper à une effroyable succession de tyrannies que par un développement immense de liberté individuelle, qui devient la seule garantie possible de la sécurité de chacun jusqu'à ce que les croyances sociales se soient raffermies, et que les intelligences, dispersées, pour ainsi dire, dans l'espace sans bornes, recommencent à graviter vers un centre commun. » Que les catholiques se servent des libertés qui existent déjà, qu'ils réclament les autres, en acceptant sans murmure tout pouvoir fondé sur la justice et le respect des droits de tous (1).

Voilà le programme de l'*Avenir*, et le journal y demeurera fidèle jusqu'à son dernier jour. Quant aux libertés que les catholiques et tous les citoyens doivent réclamer, Lamennais les indiquera bientôt avec sa précision ordinaire (2). Elles sont au nombre de six. La première est la liberté de conscience ou la liberté de religion, « pleine, universelle, sans distinction comme sans privilège »; cela entraîne la séparation de l'Église et de l'État, c'est-à-dire la suppression du budget des cultes et l'indépendance absolue du clergé dans l'ordre spirituel. Le gouvernement doit s'entendre sans retard avec le pape afin

(1) Lamennais, généralement si âpre dans la polémique, se montre cette fois enclin à la conciliation : « Qu'un sentiment d'amour mutuel et de compassion délicate, nous rapprochant les uns des autres malgré les dissidences d'opinion, adoucisse l'amertume des regrets, et ferme peu à peu des blessures profondes, qui ne laisseront, après tout, que d'honorables cicatrices. »

(2) *Avenir*, 7 décembre 1830.

de résilier le Concordat : le traité de 1801 est devenu inexécutable depuis que la Charte de 1830 a supprimé toute religion d'État. Les diverses Églises doivent être libres dans leurs doctrines, leur enseignement, leur culte, leur régime intérieur : « de même qu'il ne peut y avoir aujourd'hui rien de religieux dans la politique, il ne doit y avoir rien de politique dans la religion ». — En second lieu vient la liberté de l'enseignement ; elle est de droit naturel, c'est la condition de la liberté religieuse, enfin la Charte récente l'a promise expressément. Les ordonnances illégales de 1828 n'ont plus de valeur. — La troisième, la liberté de la presse, débarrassera les journaux de nombreuses entraves, fiscales et autres. On parle trop des dangers de la presse : « ayons foi dans la vérité, dans sa force éternelle, et nous réduirons de beaucoup et ces précautions soupçonneuses et ces vengeances contre la pensée, qui n'ont jamais étouffé aucune erreur, et qui souvent ont perdu le pouvoir en l'endormant dans une niaise confiance et dans une fausse sécurité ». — La quatrième liberté, celle d'association, est encore de droit naturel. L'homme est faible et misérable tant qu'il reste seul ; les individus isolés ne peuvent se défendre contre l'arbitraire. D'ailleurs les gouvernements d'aujourd'hui doivent suivre l'opinion publique ; donc il faut qu'elle puisse se former et se manifester, en dehors d'eux, avec une force qui ne permettra point de la méconnaître. C'est une garantie de stabilité pour le pouvoir. — 5º Il faut développer le principe d'élection « de manière à ce qu'il pénètre jusque dans le sein des masses ». Le pouvoir y gagnera, car le désir de l'ordre n'existe nulle part aussi vif que dans le peuple. Le gouvernement, quand il distribue les places, donne satisfaction à quelques heureux et mécontente d'innombrables solliciteurs ; qu'il laisse les ambitions régler leurs querelles en dehors de lui. — Enfin la sixième ré-

forme aura pour objet d'abolir la centralisation; il
faut donner la liberté aux provinces et aux communes, sous la surveillance de l'État qui empêchera
la collision des intérêts locaux.

Voïlà un programme net, pratique et large à la
fois, que la France a réalisé en partie depuis 1831.
Lamennais, pour le justifier, s'appuya sur la science
aimée de ses contemporains, la philosophie de l'histoire; la démonstration éloquente qu'il présenta devait bien des fois revenir sous la plume des catholiques libéraux (1).

Le monde moral, malgré des apparences contraires,
est soumis, dit-il, comme le monde physique, à des
lois providentielles. « Ces lois, dont l'histoire est
l'expression de plus en plus nette et précise à mesure
que s'écoulent les siècles, se manifestent principalement aux grandes époques où se termine une période
de la société et commence une autre période, alors
que, se dégageant de la vieille enveloppe d'un passé
à jamais éteint, tout renaît, tout change, tout se
transforme, et que les brises de l'avenir apportant
aux peuples comme les parfums d'une terre nouvelle, ils s'élancent impatients, à travers les flots,
vers ce but inconnu de leurs vœux. » C'est là aujour-
d'hui l'état de l'Europe entière, et de tous les pays
où le christianisme a pénétré. Cela résulte d'un
grand mouvement, qui a passé des régions de l'intelligence au monde politique vers 1789; la révolution de Juillet, malgré tout ce qu'elle offre de fortuit
et de soudain, n'en est que la continuation. Ce mouvement vient de Dieu; il a son origine dans la loi fondamentale en vertu de laquelle l'humanité se dégage
progressivement des liens de l'enfance. Les peuples
éduqués par le christianisme atteignent l'un après

(1) Elle est exposée surtout dans les deux articles ayant
pour titre : *De l'Avenir de la société (Avenir,* 28 et 29 juin 1831),
je les résume ici.

l'autre à l'âge d'homme ; l'esprit domine de plus en plus la matière, et l'idée du droit se sépare de celle de la force. Le progrès est particulièrement visible chez les aînés du genre humain, chez les Français. « S'il est quelque chose d'évident, c'est que la France, par un instinct irrésistible et en vertu d'une nécessité contre laquelle lutte vraiment une multitude confuse de préjugés, de passions et d'intérêts divers, tend à réaliser un ordre social fondé sur l'indépendance spirituelle la plus absolue à l'égard du gouvernement, qui ne sera désormais qu'un simple régulateur placé, par la délégation nationale, à la tête d'un système d'administrations libres, pour les unir entre elles et en former un tout harmonique et vivant. » Cet ordre social s'établira en France, puis dans les autres pays. Considérées du haut de ce principe, les discussions actuelles sur le droit divin et la souveraineté du peuple paraissent oiseuses ; tout pouvoir vient de Dieu, mais Dieu ne donne aucun droit sacré à tel ou tel prince. On le comprendra mieux quand le pouvoir ne sera plus qu'un simple agent administratif, semblable, dans une sphère plus étendue, au maire dans la commune : qui a jamais parlé du droit divin des maires ? Le pouvoir politique est en train de perdre l'autorité sur la pensée des individus ; cet affranchissement de l'ordre spirituel sera la plus belle conquête du catholicisme sur la barbarie civilisée. Dans l'ordre administratif lui-même le pouvoir central baisse, puisque le système nouveau reconnaît les libertés nécessaires de la famille, de la commune, de la province, de la nation. La souveraineté du peuple se réduit ainsi au droit le plus naturel de tous, le droit de s'administrer soi-même.

Le catholicisme n'a pas à craindre cet ordre nouveau, dont il est le principal auteur. Ce sont les peuples catholiques, la Belgique, l'Irlande, la Pologne, qui revendiquent aujourd'hui l'indépendance.

Le catholicisme arracha autrefois le monde païen à l'esclavage et proclama la suprématie de l'esprit sur la chair; il assura, par étapes successives et réglées, le développement de l'humanité. D'abord il créa le peuple, en affranchissant les esclaves; comme ce peuple enfant n'était pas encore capable de se conduire, l'Église lui donna l'éducation nécessaire, le traita comme le père traite son enfant. C'est ce qui fit le caractère des institutions du moyen âge, appropriées seulement aux besoins d'une certaine époque. De même que l'enfant devenu grand possède la liberté comme son père, les peuples qui ont grandi en intelligence acquièrent le droit de se conduire eux-mêmes; ce temps est venu pour les peuples chrétiens, il viendra pour les autres.

L'ordre nouveau procurera au catholicisme une puissance considérable. Depuis le seizième siècle, le progrès religieux a été ralenti par deux causes, la scission entre la science et la foi, la servitude de l'Église envers le pouvoir politique : aussi l'esprit humain a-t-il marché en avant sans l'Église. L'union de la science et de la foi ne peut se refaire que par la liberté (1). La servitude envers le pouvoir disparaît grâce aux révolutions, qui préparent ainsi les victoires futures de la religion. Dans l'avenir, en effet, on verra se réaliser tout ce que nos contemporains ont considéré comme une prétention exorbitante de l'Eglise. Plus la liberté sera entière, plus le catholicisme grandira, car il possède la puissance de la vérité, de l'amour, la puissance de Dieu. Le système du Saint-Empire romain, si brillant en apparence, engendra des guerres continuelles entre les deux pouvoirs. Dans le système futur, le peuple,

(1) « Aussi, partout où s'est établie la liberté de penser et d'écrire, il se manifeste une tendance visible de la foi vers la science et de la science vers la foi; tandis qu'ailleurs elles vont se divisant de plus en plus. »

revenu librement à la foi, aura un gouvernement dépourvu de tout pouvoir sur les idées : c'est donc à l'Église seule et à son chef qu'il obéira dans les choses spirituelles. « La liberté s'alliera tellement à cette haute souveraineté qu'elles seront le fondement et la condition l'une de l'autre, et ne pourront ni exister, ni être conçues séparément. » Le genre humain reviendra ainsi à l'unité : *et fiet unum ovile et unus pastor.*

Telles sont les idées maîtresses de l'*Avenir.* Lamennais proposait aux chrétiens un magnifique idéal ; mais tous devaient commencer par accepter les résultats de la Révolution. Ses élèves insistaient sur ce dernier point avec une conviction passionnée, une fougue juvénile qui ne redoutait pas les hyperboles belliqueuses. Il suffit de relire les articles où Lacordaire demanda la suppression du budget des cultes. Le jeune prêtre affirme, selon la tradition du clergé français, que ce budget n'est qu'une indemnité due pour les biens confisqués en 1789 ; mais l'État le considère comme un salaire : cela suffit pour que les prêtres doivent y renoncer. Des catholiques prétendent qu'il n'y a plus assez de foi pour faire vivre le clergé par les dons volontaires. « Ne pouvez-vous, répond Lacordaire, conquérir une seconde fois le monde, et, si vous ne le pouvez pas, pourquoi voulez-vous que le monde entretienne à grands frais une ombre décédée (1) ? » — Un préfet du Jura vient de rappeler aux prêtres qu'ils reçoivent les bienfaits de l'État. « A-t-on jamais traité des hommes avec plus de mépris ? Ils se moquent de vos prières, et ils vous ordonnent de les chanter (2) ! » — On dit que le prêtre, s'il demande aux fidèles son pain quotidien, subira de continuelles humiliations. Mais c'est une

(1) *Avenir,* 27 octobre 1830.
(2) 30 octobre.

Église pauvre, subsistant par l'aumône, qui a résisté aux persécutions des Césars (1).

Tout à coup Lacordaire apprend ce qui vient de se passer à Aubusson. Le curé a refusé les dernières prières à un homme qui n'était plus catholique ; il a eu raison : « Sommes-nous les fossoyeurs du genre humain ? » Le sous-préfet a forcé la porte de l'église à la tête du cortège funèbre. « Que ferez-vous, catholiques ? » s'écrie Lacordaire. « Si vous mettiez vos autels dans une grange qui fût à vous, au lieu de les mettre dans un édifice qui appartient à l'État de près ou de loin, vous seriez libres à jamais de ces orgies du pouvoir. » La liberté n'est plus dans l'église. « Fermons donc la porte, et que la servitude y dorme en paix sous la garde des sous-préfets (2). »

Lacordaire n'est pas moins ardent quand il défend la liberté de la presse contre les appréhensions de certains catholiques. Préféreraient-ils la censure gouvernementale ? C'est un pur despotisme ; « c'est M. de Montalivet fait Dieu ». Demandent-ils la censure de l'Église ? C'est impossible aujourd'hui. « Reste donc la liberté, et Dieu soit béni ! Dieu soit béni d'avoir fait l'homme une créature si élevée que la force conspire vainement contre son intelligence, et que la pensée n'ait ici-bas d'autre juge que la pensée (3) ! »

(1) « Ce fut le jour d'une spoliation, la veille d'un schisme, que l'État nous promit pour la première fois un salaire ; des flots de sang emportèrent sa promesse. Ce fut le lendemain de l'anarchie, la veille du despotisme, que l'État nous promit une seconde fois un salaire : huit années après, notre Pontife, le Vicaire de Dieu, fut prisonnier de la main qui nous payait notre solde. Je n'y avais pas encore pensé ; malheur à moi maintenant si je reçois jamais de l'État une obole souillée de ce souvenir ! » (2 novembre 1850.)

(2) 5 novembre 1830.

(3) 12 juin 1831. Ces articles ont été réimprimés par Fesch dans *Lacordaire journaliste*, 1897.

J'en ai assez dit pour montrer combien un pareil langage dut surprendre à la fois catholiques et incroyants. Aussi l'*Avenir* se tient-il soigneusement à l'écart de tous les partis. Les carlistes représentent aux yeux de Lamennais un passé qui doit disparaître, c'est-à-dire l'union du trône et de l'autel. Leur manifestation à Saint-Germain-l'Auxerrois lui inspire des paroles indignées (1). La République lui paraît l'aboutissant de la révolution de Juillet ; mais les républicains, admirateurs de 1793, plagiaires de la Convention, ne sont que des sectaires dangereux et antichrétiens. Le gouvernement de Louis-Philippe est acceptable, mais se déshonore par sa timidité, sa prudence bourgeoise, ses ruses mesquines vis-à-vis de la Révolution. Par contre, Lamennais s'adresse plus d'une fois aux libéraux sincères, mais incroyants, et leur propose de conclure avec les catholiques une alliance pareille à celle qui assurait alors l'indépendance de la Belgique.

Non contents de glorifier la liberté, les hommes de *l'Avenir* voulurent l'utiliser. Le journal leur servit d'abord à dénoncer les outrages au culte, les vexations des maires ou des fonctionnaires locaux à l'égard des desservants. Puis ils allèrent plus loin le 25 novembre 1830. Lacordaire invita les évêques français à repousser les premières nominations épiscopales faites par Louis-Philippe ; cet article, et celui de Lamennais sur l'oppression des catholiques, furent déférés au jury qui acquitta les deux prévenus. Ils avaient ouvert, pour couvrir les frais du procès, une souscription où l'on acceptait depuis cinq centimes jusqu'à cinq francs ; elle atteignit vite

(1) Catholiques, dit-il, « rompez pour toujours avec les hommes dont l'incorrigible aveuglement met en péril cette religion sainte, qui sacrifient leur Dieu à leur roi et qui, s'ils prévalaient, dégraderaient vos autels jusqu'à n'être plus qu'un trône ». (18 février 1831.)

le chiffre de vingt mille francs. Cela décida Lamennais à fonder l'Agence générale pour la défense de la liberté religieuse. Cette association devait poursuivre devant les tribunaux tout acte commis contre la liberté du clergé, défendre les maisons d'enseignement libre contre l'arbitraire, maintenir le droit de réunion, grouper les associations locales qui se proposaient d'assurer la liberté religieuse. Les débuts furent encourageants ; plusieurs sociétés locales se formèrent ; Montalembert alla faire une tournée dans le Midi, où son enthousiaste prédication gagna des adhérents ; l'Agence générale rendit service aux capucins d'Aix et aux trappistes de la Meilleraye.

Mais la liberté d'enseignement intéressait plus encore les amis de Lamennais. Elle fut demandée par des pétitions qui portaient 15.000 signatures ; la Chambre des députés passa rapidement à l'ordre du jour. On résolut alors d'ouvrir une école libre ; la Charte ayant promis la liberté d'enseignement, Lacordaire et ses amis concluaient que celle-ci existait en droit et voulurent passer du droit au fait, « attendu que la liberté ne se donne pas, mais qu'elle se prend ». Une déclaration affichée sur les murs de Paris annonça l'ouverture d'une école gratuite d'externes, où l'on apprendrait les éléments de la religion, du français, du latin, du grec, de l'écriture et du calcul ; Lacordaire, Montalembert et de Coux devaient faire eux-mêmes la classe. L'école fut inaugurée le 9 mai 1831 ; le lendemain le commissaire de police vint sommer les « instituteurs » de la fermer ; ils refusèrent et attendirent que, le jour suivant, l'autorité les chassât de force. La question se trouvait, selon leur désir, portée devant la justice : le gouvernement voulait le tribunal correctionnel ; ils réclamaient la Cour d'assises, comme prévenus d'un délit politique. L'entrée de Montalembert à la Chambre des pairs leur donna une juridiction plus élevée ; ils défendirent avec chaleur devant la Cour des pairs la cause de la liberté d'enseignement, et, malgré une condamnation peu grave, le procès ne fut pas inutile au mouvement religieux.

Les hommes de l'*Avenir* gagnaient ainsi dans l'opinion du grand public ; mais leur audace irritait chaque jour davantage les légitimistes, et ceux-ci obtinrent l'appui du haut clergé. L'ultramontanisme de Lamennais, qui charmait les jeunes prêtres, indignait les évêques. « Dans la plupart des séminaires, a dit Carné, on aurait brûlé avec joie tous les théologiens gallicans, depuis le grand Bossuet jusqu'à l'honnête Bailly ; dans la plupart des évêchés, où l'on n'aspirait guère qu'à voir reprendre, par la branche cadette, la politique de la branche aînée, on aurait en revanche brûlé vifs tous les docteurs ultramontains, en réservant sur le bûcher la place d'honneur pour l'auteur de l'*Essai sur l'indifférence* (1). »

Malheureusement pour eux, ces théoriciens de l'ultramontanisme soulevèrent l'hostilité du Saint-Siège. Le bruit qu'ils faisaient devait déplaire à la prudence romaine ; d'ailleurs ils fûrent desservis à Rome par de nombreux adversaires. Les évêques français accusaient Lamennais, simple prêtre, de vouloir détruire la hiérarchie sacerdotale, de pousser le bas clergé à la révolte contre eux. Les jésuites avaient été gravement offensés par quelques phrases de son dernier livre ; d'ailleurs sa philosophie leur semblait dangereuse (2). Le clergé légitimiste signa-

---

(1) Carné, *Souvenirs*, p. 260.

(2) Lamennais avait dit : « Que leur institut, si saint en lui-même, soit exempt d'inconvénients, mêmes graves, qu'il soit suffisamment approprié à l'état actuel des esprits, aux besoins présents du monde, nous ne le pensons pas. » (*Des Progrès de la Révolution...*, chap. VI.) Sur les rapports de Lamennais avec les jésuites, voir les versions opposées de Boutard et du P. Dudon (*Études* p. p. les jésuites, 5 juin 1908).

lait en lui un révolutionnaire : le cardinal de Rohan-Chabot, retiré à Rome, fut un de ses principaux ennemis (1).

Les imprudences de l'*Avenir* facilitaient ces attaques. Sa campagne pour la séparation de l'Église et de l'État mécontenta le Saint-Siège, qui a pu supporter quelquefois ce régime en fait, mais qui ne l'a jamais admis en droit. Lamennais acheva d'inquiéter, d'irriter les pouvoirs conservateurs en exposant un projet nouveau : il s'agissait d'unir les catholiques militants, non plus seulement de France, mais de tous les pays, dans une vaste confédération. En bons termes avec les catholiques belges, avec Gœrres en Allemagne, O'Connell en Irlande, avec tous les partis polonais, il jugeait l'idée facile à réaliser. Un « Acte d'union » fut proposé, non seulement aux catholiques, mais aux libéraux de tous les pays ; son programme contenait à peu près les six libertés énumérées par Lamennais comme nécessaires à la société moderne. Les gouvernements virent là une sorte de Charbonnerie nouvelle ; plusieurs s'émurent et dénoncèrent le projet au pape.

Le premier avertissement de Rome fut donné par la lettre publique d'un moine que Lamennais considérait jusque-là comme un ami, le P. Ventura ; d'autres avis suivirent celui-là. En France, les évêques employèrent un procédé qui a souvent reparu dans les conflits entre catholiques ; ils s'appliquèrent à ruiner le journal dangereux en provoquant ou même en imposant les désabonnements. L'*Avenir* avait compté un moment près de 2.000 abonnés dans le jeune clergé (2) ; on leur fit la chasse. « A chaque

---

(1) L'abbé Dupanloup, très lié avec le cardinal, le pressa de faire condamner l'homme qui entraînait les jeunes prêtres « dans l'indépendance politique et la rébellion religieuse ». (LAGRANGE, *Vie de Mgr Dupanloup*, I, p. 121.)

(2) BAUNARD, *Un Siècle de l'Église de France*, p. 60.

trimestre, écrivait Lamennais, de nombreux abonnés nous quittent en pleurant, pour ne pas être obligés de quitter qui son professorat, qui sa cure, c'est-à-dire son dernier morceau de pain (1) ». La caisse du journal était vide ; après un entretien décisif avec Lacordaire et Montalembert, la suspension de l'*Avenir* fut résolue, et bientôt les « pèlerins de Dieu et de la liberté » partirent pour l'Italie.

Au moment de quitter l'*Avenir*, il est intéressant de comparer ce journal avec celui que rédigeaient à la même époque les saint-simoniens, le *Globe*. Tous les deux croient l'Europe arrivée à une époque critique, où l'absence de religion dissout les liens sociaux ; tous les deux veulent préparer une nouvelle époque, une « époque organique », dans le langage du *Globe*, où la religion, acceptée par tous, redeviendra le lien nécessaire. Comme l'*Avenir*, le *Globe* se tient en dehors des partis politiques, et reproche au gouvernement ainsi qu'à l'opposition de méconnaître les grands intérêts de la société ; comme l'*Avenir*, il pense que la rénovation doit être internationale, et cherche des correspondants, des amis dans tous les pays européens. Seulement, les menaisiens pensent que la religion des temps futurs sera le catholicisme, rajeuni dans sa politique et dans ses méthodes d'enseignement ; les saint-simoniens croient à la nécessité d'une religion nouvelle. Enfantin attend le salut d'une transformation économique ; Lamennais le demande à la liberté politique, et ne fait pas encore aux questions sociales la place qu'il leur accordera plus tard. Tous deux réservent la primauté future au pouvoir spirituel : mais Lamennais le voit régnant sur des nations à peu près libérées du pouvoir temporel ; Enfantin place la papauté nouvelle au-dessus de pouvoirs temporels puissants,

(1) Lettre du 9 novembre 1831.

directeurs de l'industrie, faisant circuler la richesse à travers toutes les classes.

II

Lamennais et ses deux disciples arrivèrent à Rome pleins d'illusions ; quelques amis imprudents exagéraient les sympathies des cardinaux, et l'accueil bienveillant de ces derniers ne fut point pour les décourager. Mais la campagne persévérante de leurs adversaires avait porté ses fruits, et le moment choisi par eux pour ce pèlerinage était inopportun. Le gouvernement pontifical, à peine sorti d'une première insurrection, voyait commencer une seconde révolte. Ses troupes remportaient parfois, comme le dit Lamennais, « une de ces grandes victoires où il périt jusqu'à quatre hommes (1) » ; elles eurent quand même besoin d'appeler à leur aide les Autrichiens, ce qui provoqua l'occupation d'Ancône par Casimir Périer. L'heure était peu favorable pour venir faire à la cour de Rome l'éloge de la liberté ou des idées françaises. Grégoire XVI le prouva en publiant, sur les instances de Nicolas Ier, le bref aux évêques polonais qui flétrissait la révolution admirée par tous les catholiques libéraux de France et d'Europe.

Lacordaire fut chargé par son maître de rédiger le mémoire à présenter au pape ; en avocat prudent, il laissa de côté les questions de doctrine et plaida en faveur de l'*Avenir* au nom des circonstances : depuis la révolution de Juillet les catholiques français, d'après lui, devaient mettre la liberté religieuse sous la sauvegarde des libertés publiques. Quant à

(1) Lettre du 7 février 1832. L'*Avenir* avait blâmé (30 avril 1831) l'édit par lequel le gouvernement pontifical abandonnait les rebelles à une justice sommaire.

Lamennais, le spectacle de la misère dans l'Italie asservie, de l'arbitraire politique à Rome, l'avait fortifié dans ses idées. Pendant son séjour à Frascati, en attendant la réponse du pape, il commença un nouveau travail intitulé : *Des maux de l'Église et de la société et des moyens d'y remédier*. La source de tous ces maux, disait-il, c'est le silence de la papauté, alliée avec le despotisme ; de là viennent l'impopularité du clergé, la passion des foules non point contre la religion, mais contre le prêtre asservi au pouvoir ; cela changera quand l'Église, abandonnant les partis conservateurs, apportera au peuple la parole de vie.

Grégoire XVI avait reçu les pèlerins français avec bienveillance, mais le jugement réclamé par eux se faisait toujours attendre. Lamennais était fatigué de cette incertitude, fatigué de vivre dans ce monde prudent et silencieux (1). Il partit, assez rassuré d'ailleurs puisque l'on ne l'avait ni encouragé ni blâmé : n'était-ce pas une permission tacite de recommencer l'*Avenir* ? Le retour se fit par l'Allemagne ; à Munich, les catholiques bavarois le reçurent brillamment ; c'est là, pendant un banquet d'adieu, que l'encyclique *Mirari vos* lui fut apportée.

Cette encyclique, la première adressée au monde catholique par Grégoire XVI, explique d'abord que les révolutions ont empêché depuis deux ans le pape de parler aux fidèles. Puis il expose les maux dont souffre l'Église. Cette Église, instruite par Jésus-Christ et les apôtres, on lui fait injure en proposant « une certaine restauration et régénération comme nécessaire à sa conservation et à son développe-

(1) « J'ai besoin d'air, de mouvement, de foi, d'amour, de tout ce qu'on cherche vainement au milieu de ces vieilles ruines, sur lesquelles rampent, comme d'immondes reptiles, dans l'ombre et le silence, les plus viles passions humaines. » (Lettre du 10 février 1832).

ment ». Un autre danger apparaît avec la ligue formée contre le célibat des prêtres. Mais le grand
mal de l'époque, c'est l'indifférentisme ; de là viennent les maximes absurdes en faveur de la liberté de
conscience (1). De là vient l'exécrable et détestable
liberté de la presse (2). De là sortent des associations
entre gens de religions (3) diverses, où l'on préco-
nise toute espèce de liberté. On présente aussi des
vœux dangereux en faveur de la séparation de l'Église
et de l'État, dont l'alliance a été toujours bonne pour
l'un et pour l'autre (4). Finalement c'est aux princes
que le pape s'adresse pour les exhorter à défendre la
religion.

L'encyclique *Mirari vos* marque la première défaite
du catholicisme libéral. Le pape négligeait les idées
philosophiques ou théologiques de Lamennais ; il ne
se laissait point toucher par sa ferveur ultramontaine.
Ce que le Saint-Siège condamnait, c'était sa politique : l'alliance entre la religion et la liberté, le
rapprochement des catholiques avec les incroyants, la
rupture avec les gouvernements absolus menacés par
de nouvelles révolutions, voilà les fautes que Grégoire XVI réprouvait chez le fondateur de l'*Avenir*.

(1) « Atque ex hoc putidissimo indifferentismi fonte absurda
illa fluit ac errouea sententia, seu potius deliramentum,
asserendam esse, ac vindicandam cuilibet libertatem con-
scientiæ. »

(2) « Huc spectat deterrima illa, ac nunquam statis exe-
cranda et detestabilis libertas artis librariæ ad scripta
quælibet edenda in vulgus, quam tanto convicio audent
nonnulli efflagitare ac promovere. »

(3) «... Consociationes quædam statique cætus, quibus,
agmine facto, cum cujuscumque etiam falsæ religionis ac
cultus sectatoribus, simulata quidem in religionem pietate,
vere tamen novitatis seditionumque ubique promovenda-
rum cupidine, libertas omnis generis prædicatur. »

(4) « Constat quippe, pertimesci ab impudentissimæ liber-
tatis amatoribus concordiam illam, quæ semper rei et sacræ
et civili fausta exstitit ac salutaris, »

Je ne fais pas ici la biographie de Lamennais, et je ne raconterai pas en détail cette année tragique où il hésita entre l'esprit d'obéissance et les affirmations de sa raison. Il suffit d'indiquer les principales péripéties. Lamennais se soumit d'abord, supprima définitivement l'*Avenir* et l'Agence générale. Mais ses ennemis veillaient, guettant les imprudences du maître ou des disciples. Montalembert publie une traduction du *Livre des pèlerins polonais*, par Mickiewicz ; dans un avant-propos vibrant, il flétrit l'égoïsme des gouvernements européens, approuve la révolution de 1830. Aussitôt, l'*Ami de la religion* signale cette désobéissance à l'encyclique ; le pape autorise l'archevêque de Toulouse à publier un bref hostile aux menaisiens, et charge l'évêque de Rennes d'exiger une soumission complète et absolue de Lamennais à la volonté de Rome. L'évêque, heureux de cette mission, aggrave le coup par une circulaire blessante pour l'hôte de la Chesnaie ; d'autres ennemis réussissent à le pousser à bout.

Toutefois on a trop insisté sur ces incidents personnels pour expliquer la rupture de Lamennais avec Rome. Le vrai motif est ailleurs. Le fondateur de l'*Avenir* avait espéré orienter le catholicisme dans une direction nouvelle ; la papauté s'y refusait. Il résolut alors de renoncer aux questions religieuses, mais de continuer son œuvre politique et sociale. De plus en plus les fautes des rois, des classes conservatrices, l'attachaient au peuple. Très sévère jusque-là pour les républicains, il admirait les progrès moraux accomplis par eux (1). Très sincèrement il croyait échapper à tout reproche, à toute surveillance de l'Église en réservant ses efforts à la politique pure (2).

(1) « Si vous lisez les journaux républicains, vous devez être frappée du progrès moral qui s'est fait dans ce parti. » (Lettre du 26 mars 1833.)

(2) « Renfermons notre action dans la sphère politique et

Voilà pourquoi sa lettre de soumission, écrite le 5 novembre 1833, contenait la phrase suivante: «Afin que, dans l'état actuel des esprits, particulièrement en France, des personnes passionnées et malveillantes ne puissent donner à la déclaration que je dépose aux pieds de Votre Sainteté de fausses interprétations,... ma conscience me fait un devoir de déclarer en même temps que, selon ma ferme persuasion, si, dans l'ordre religieux, le chrétien ne sait qu'écouter et obéir, il demeure à l'égard de la puissance spirituelle entièrement libre de ses opinions, de ses paroles et de ses actes, dans l'ordre purement temporel (1). »

Rome n'acceptait pas une pareille distinction ; elle exigeait du prêtre une obéissance complète, sans réserve. Obligé de choisir entre l'Eglise et la démocratie, Lamennais opta pour la démocratie : les *Paroles d'un croyant* parurent en 1834. Inutile d'insister sur ce livre, sur le prodigieux succès qu'il obtint : ce n'est plus l'œuvre d'un catholique. Grégoire XVI lança une encyclique spéciale contre cet

dans celle de la science. C'est la résolution que j'ai prise pour mon compte, très convaincu qu'il n'y a rien à espérer de Rome, et que, sans Rome, on ne peut défendre avec succès le catholicisme... » (Lettre du 5 février 1833.)

« En dehors de l'Eglise, dans l'ordre purement temporel, et plus particulièrement en ce qui touche les intérêts de mon pays, je ne reconnais point d'autorité qui ait le droit de m'imposer une opinion ni de me dicter ma conduite. » (Lettre du 1er août 1833.)

(1) Lamennais expliqua cette phrase dans un mémoire au pape, du 6 décembre 1833 : s'il ne l'avait pas écrite, dit-il, les Français auraient cru que le pape confondait l'ordre temporel avec l'ordre spirituel, et ils auraient conclu que les catholiques ne peuvent prendre part aux affaires publiques; certains catholiques auraient été amenés à se séparer de l'Église. Enfin Lamennais lui-même, devant peut-être bientôt se lancer dans la politique pour prévenir une seconde Terreur, doit se montrer libre de tout engagement. (*Correspondance*, I, p. 337 sqq.)

écrit, « peu considérable par son volume, mais immense par sa perversité, détestable production d'impiété et d'audace, sortie des ténèbres pour la ruine de la société... » Ce fut la rupture définitive.

Pendant que l'*Avenir* poursuivait sa brillante et orageuse carrière, les rédacteurs du *Correspondant* avaient fondé la *Revue européenne* en septembre 1831. Ce recueil promit de développer la philosophie chrétienne de l'histoire et de défendre une politique de liberté, de décentralisation. D'illustres encouragements lui vinrent au début : Lamartine lui donna son étude sur la politique rationnelle ; Chateaubriand félicita les rédacteurs d'entreprendre comme lui l'union de la religion et de la liberté. Mais la *Revue européenne*, lue seulement par les légitimistes, n'osait pas contredire leurs espérances ou leurs passions : un article de Cazalès, poursuivi pour offense à la personne de Louis-Philippe, lui attira une condamnation sévère. Puis survint l'encyclique *Mirari vos*, que la revue accueillit par un article soumis et attristé (1). L'encyclique, disait-elle, n'est pas un jugement dogmatique, c'est « un acte de gouvernement auquel nous devons tous obéissance. » Lamennais est désapprouvé, il n'est pas condamné. Le pape a jugé ses vues politiques erronées ou du moins prématurées. « Tout est donc dit, et quelque opinion que l'on conserve sur des systèmes où il s'agit non de foi, mais de conduite, il faut se taire et aller où nous guide le pasteur des pasteurs. » Nous ne comptons plus beaucoup sur le pouvoir ; mais s'il nous vient des Théodoses ou des saint Louis, nous les accepterons. Le pape défend de louer la liberté de la presse ; mais comme c'est un fait, nous avons le droit d'en user. « L'impression générale qui reste après la lecture de l'Encyclique est une impression de profonde tristesse. »

(1) T. V, p. 330 sqq. L'article était de Cazalès.

WEILL. — Catholicisme. 4

La revue conservait une grande sympathie pour Lamennais. Quand les *Paroles d'un croyant* parurent, elle inséra un article ému de Ballanche ; mais elle se soumit à la nouvelle encyclique, tout en essayant d'en atténuer le sens réactionnaire (1). Mais elle perdait ses lecteurs et ne comptait plus que cent abonnés quand elle disparut à la fin de 1834, absorbée par l'*Université catholique* (2). Le catholicisme libéral n'avait plus d'organe périodique.

(1) T. VI, p. 602 sqq. « Ce n'est pas la liberté qui est condamnée, disait-elle, mais l'anarchie... »
(2) *Annales de philosophie chrétienne*, mars 1875.

CHAPITRE III

LE RÉVEIL CATHOLIQUE

I

Le règne de Louis-Philippe fut l'époque d'un véritable réveil catholique. Ce réveil était dû à des causes générales, qui agissaient aussi à l'étranger : la grande école de Munich publiait ses premiers écrits, Droste-Vischering soulevait les catholiques rhénans, Gioberti et Rosmini prêchaient à l'Italie une religion modernisée, Newman abandonnait le protestantisme, Balmès rendait vigueur à l'apologétique. En France, le réveil fut stimulé par la révolution de 1830 et par l'influence de Lamennais. La révolution, supprimant toute religion d'État, força les catholiques à ne plus compter sur la protection du pouvoir. Lamennais fut un puissant remueur d'idées et laissa partout où il avait passé une trace ineffaçable. Remarquons, en effet, que le grand écrivain a soutenu successivement trois systèmes différents. Le Lamennais des premiers temps, celui de *l'Essai sur l'indifférence*, a donné à l'école catholique intransigeante des évêques tels que Salinis et Gerbet, des publicistes comme Jules Morel et Guéranger, des prédicateurs comme Combalot ; Louis Veuillot et ses collaborateurs de l'*Univers* ont toujours gardé une réelle sympathie pour leur grand précurseur, malgré sa rupture avec l'Eglise. Le Lamennais de la seconde époque, celui de 1830, a fourni à l'école catholique libérale ses chefs les plus brillants, Lacordaire et Montalembert, sans parler d'auxiliaires tels que Maret. Le Lamennais de la troisième période, après la rupture, a fourni des idées à nombre d'écrivains démocrates et formulé d'avance les meilleurs arguments de l'anticléricalisme. Ainsi les militants qui avaient formé le bataillon sacré de *l'Avenir* devaient suivre bientôt des voies opposées ; mais, au début la plupart manifestèrent des tendances libérales. Nous allons les voir à l'œuvre, essayant d'enseigner aux catholiques français le travail intellectuel, l'esprit d'initiative, l'accord avec la société politique.

L'effort des écrivains catholiques porta principalement sur l'histoire. Cette science avait alors pour tous les esprits cultivés un incomparable attrait. Les grandes révolutions qui venaient de bouleverser l'Europe rendaient les hommes attentifs aux révolutions du passé. La poésie romantique évoquait les temps oubliés du moyen âge. La politique faisait chercher à tous les partis des arguments dans l'histoire : Bonald louait dans l'ancien régime les libertés garanties par les Etats Généraux, les Etats provinciaux et les Parlements ; Augustin Thierry et Guizot racontaient la victoire des Francs sur les Gaulois au temps de Clovis et la revanche des vaincus en 1789 ; Thiers célébrait la Révolution bafouée par les historiens de droite. Chateaubriand, dont le nom domine tout le mouvement littéraire de cette génération, avait inauguré l'apologétique historique dans les *Martyrs*. Joseph de Maistre avait dit aux catholiques : « toute l'histoire est à refaire » ; Lamennais, comme nous l'avons vu, les encourageait à raconter le passé de l'Église (1).

Montalembert fut un des premiers à suivre ses conseils. Voyageant en Allemagne, il avait passé à Marbourg et s'était épris de la légende de sainte Elisabeth de Hongrie ; après la rupture avec son maître et la soumission à Rome, il voulut se distraire de ses chagrins en écrivant la biographie de la sainte : cette histoire brillante, poétique, romantique parut en 1836. Dans la préface, l'auteur dit son admiration pour le treizième siècle, le temps d'Innocent III et de saint Louis, de saint Dominique et de saint François, des cathédrales et des grands théologiens ; il parle avec amour des fictions qui alors enveloppaient la terre (2). Sans regretter les institutions disparues, il regrette « le souffle divin qui les animait ».

Montalembert encourageait ses amis à l'imiter, à chercher dans l'histoire des arguments en faveur du catholicisme. L'un d'eux, Aurélien de Courson, devrait écrire l'histoire de Bretagne ; Foisset, l'ami de Lacordaire, prendra pour sa part l'histoire de Bourgogne ; un Lorrain, Guerrier de Dumast, lecteur fidèle de *l'Avenir*, est invité à commencer l'histoire de Lorraine. « Il faut absolument, écrivait Montalembert, sortir des apologies générales du catholicisme, il faut descendre dans les faits, dans les spécialités ; il faut surtout concentrer toutes nos forces sur le terrain de l'histoire, et nous y sommes invincibles. Elle est tout entière à refaire ; et il est

----

(1) V. sa correspondance avec Guéranger dans *Demain*, 24 novembre et 1er décembre 1905.

(2) « Oui, le monde était alors enveloppé par la foi comme d'un voile bienfaisant qui cachait les plaies de la terre, qui devenait transparent pour les splendeurs du ciel. Aujourd'hui c'est autre chose : tout est à nu sur la terre, tout est voilé dans le ciel. »

pas une de ses reconstructions qui ne profite au catholicisme... (1). »

Un autre protagoniste du réveil catholique, Ozanam, recommandait aussi l'histoire à ses coreligionnaires : il voulait une étude sérieuse du moyen âge, et ne se contentait point de l'engouement que le romantisme avait excité en faveur de cette poétique époque. Mais en même temps ce catholique sincèrement libéral craignait qu'une admiration excessive pour le temps de saint Louis n'encourageât les conservateurs à s'obstiner dans des regrets stériles (2). Ozanam entreprit d'ailleurs de faire lui-même ce travail historique dans ses cours de littérature étrangère à la Sorbonne ; avant chaque leçon, il s'agenouillait chez lui, priait quelques instants, puis allait parler au nombreux auditoire qui aimait sa parole douce et grave (3). Quand la maladie l'interrompit, son suppléant Charles Lenormant apporta aussi dans l'enseignement une constante pensée apologétique.

Les mêmes idées inspiraient un recueil fondé en 1830 par un admirateur de Lamennais, Augustin Bonnetty : ce furent *les Annales de philosophie chrétienne*. Le prospectus de cette nouvelle publication venait de paraître quand survint la révolution de juillet ; loin de se décourager, Bonnetty jugea son entreprise plus opportune que jamais : vaincu en

(1) Cité par LECANUET, *Montalembert*, II, p. 51. Cf. la lettre de Montalembert à Canéto, citée par BATIFFOL, *Questions d'enseignement supérieur*, p. 177.

(2) « Pendant que les catholiques, dit Ozanam, s'arrêtaient à la défense de la doctrine, les incroyants s'emparaient de l'histoire... L'excès même de l'admiration qui s'est attachée au moyen âge a ses dangers. On finira par soulever de bons esprits contre une époque dont on veut justifier les torts. » Cité par FOISSET dans *le Correspondant*, octobre 1855.

(3) BESLAY, *le Professorat de M. Ozanam*, dans *le Correspondant*, 1863.

politique, le catholicisme devait s'attacher à conquérir la supériorité intellectuelle. Le fondateur allait se consacrer pendant près de cinquante ans à cette lourde tâche. Les *Annales*, malgré leur titre, furent consacrées d'abord à l'histoire plus qu'à la philosophie : Bonnetty, adoptant la doctrine traditionnaliste exposée dans *l'Essai sur l'indifférence*, chercha dans le passé les preuves du consentement universel en faveur de la religion (1). Mais avant l'histoire il y a la préhistoire ; Bonnetty se passionne pour les sciences nouvelles, géologie, paléontologie, archéologie préhistorique, parce qu'il pense y trouver une confirmation éclatante de la Genèse. Ne lui demandons pas la prudence et la curiosité du vrai savant : c'est un apologiste. Si la géologie lui plaît, c'est parce que le grand Cuvier l'a proclamée d'accord avec le récit biblique. Les systèmes étaient alors nombreux dans cette science toute récente ; Bonnetty s'inquiète peu de leur valeur réelle et dit, avec une belle naïveté, à propos de l'un d'eux : « n'importe pour nous quel système on adopte, pourvu que ce système s'accorde avec celui de Moïse (2) ». Il attend beaucoup aussi de l'archéologie préhistorique : ne fournit-elle pas des objets semblables à ceux dont parle la Genèse ?

D'autres études l'intéressent plus encore : ce sont les nouvelles découvertes de la philologie, de la linguistique, et en particulier les recherches des orien-

(1) « On commence maintenant à comprendre que la religion tout entière repose sur la tradition, c'est-à-dire sur l'histoire, et non sur le raisonnement. Aussi faut-il reconnaître que si depuis quelque temps on a mieux apprécié le christianisme et l'influence bienfaisante de l'Eglise sur les destinées des peuples, c'est aux découvertes historiques qu'on en est redevable, et surtout aux progrès de cette partie de la science historique que l'on appelle *philosophie de l'histoire.* » (*Annales*, t. XI, p. 401.)

(2) *Annales de philosophie chrétienne*, t. IV, p. 346, note.

talistes ; membre de la Société asiatique de Paris, Bonnetty s'y croit particulièrement compétent. Il parle avec enthousiasme de Champollion : « la lecture des hiéroglyphes égyptiens est peut-être l'avènement le plus grave, le plus important de notre époque (1). » Les *Annales* insèrent les articles aventureux du chevalier de Paravey sur les ressemblances entre les hiéroglyphes et les écritures anciennes de l'Asie : cela prouve « qu'il n'a existé qu'un seul et unique centre de civilisation pour toute la terre, ce qui est conforme à ce que nous apprend la Bible (2) ». Les antiquités américaines sont plus d'une fois mentionnées, car elles prouvent que Maistre et Bonald avaient raison de voir dans les peuples sauvages les descendants de civilisés tombés en décadence (3). L'Océanie fournit son contingent d'exemples après le voyage de Dumont d'Urville à Taïti. Ce qui frappe surtout Bonnetty, c'est qu'on retrouve partout certaines traditions, certains récits de la Bible, tels que l'histoire du serpent (4) : n'est-ce pas la preuve que Dieu a voulu donner à tous les peuples quelques notions de la vérité ? Le directeur des *Annales* emprunte beaucoup à l'Allemagne, qui poussait alors si loin les travaux de philologie comparée.

(1) *Annales*, II, p. 422 (dans la 2ᵉ édit., de 1833). Et il indique ce qu'on peut espérer : « Que diraient ces incrédules, reste de la philosophie moqueuse du dernier siècle, si l'on venait à découvrir une relation des événements racontés dans la Bible sous le nom des dix plaies d'Egypte ? Qu'opposeraient-ils au témoignage des écrivains égyptiens racontant le désastre de Pharaon dans la mer Rouge ? Or tout cela doit avoir été écrit. » (*Ibid.*) — Il reproche à l'abbé Affre (un adversaire de Lamennais) de combattre l'étude des hiéroglyphes (IX, p. 219).

(2) *Annales*, II, p. 286. Les articles de Paravey reviennent souvent.

(3) *Annales*, I, *passim*; XII, p. 441.

(4) *Annales*, IV, p. 59, et *passim*. Il explique également que *choléra* est un mot hébreu (VI, p. 158).

Mais l'Allemagne est en même temps la patrie d'une science dangereuse, l'étude comparée des religions, qui réduit les histoires de faits surnaturels au rang des phénomènes naturels ; aussi est-ce un bonheur pour lui de railler ces tentatives, en insérant la fameuse plaisanterie sur la vie de Napoléon, considérée comme un simple mythe solaire (1).

Ses collaborateurs aussi recommandent au clergé la science, mais toujours comme simple auxiliaire de l'apologétique. Ils donnent tous la place d'honneur à l'histoire. « L'histoire — écrit un supérieur de grand séminaire, frère de Théophile Foisset — l'histoire est l'élément essentiel et primitif de l'éducation... Catholiques, étudions l'histoire ; là gît aujourd'hui notre force, là aussi notre gloire (2). » Foisset recommande aussi d'étudier les questions modernes, de faire une apologie compréhensible pour notre époque : laissons-là, dit-il, les Pélagiens et les Donatistes, pour réfuter Benjamin Constant et Saint-Simon (3). Son goût pour l'histoire le mène jusqu'à ce projet audacieux, d'exposer aux séminaristes l'évolution du dogme (4).

La partie réservée à la philosophie est, dans les premières années, assez restreinte ; Bonnetty se borne à indiquer brièvement sa sympathie pour les traditionalistes, pour Lamennais avant la rupture, pour Bautain avant la condamnation de Rome. C'est plus tard que les questions philosophiques prendront la première place dans les *Annales*. Ce recueil, qui

(1) *Annales*, XIII, p. 217.
(2) *Annales*, III, pp. 129-30.
(3) *Annales*, IV, p. 139.
(4) « Pourquoi donc ne ferait-on pas de l'histoire la base de l'enseignement théologique ?... C'est dans cette évolution successive du dogme chrétien, se révélant de jour en jour par les conciles et la tradition, que nous voudrions concentrer l'enseignement théologique. » (*Ibid.*, IV, pp. 143-4.)

a eu le mérite et la force de subsister jusqu'à nos jours, montre bien la confiance avec laquelle les catholiques d'avant-garde envisageaient l'état du monde vers 1840, l'espoir qu'ils avaient de mener jusqu'au bout la réaction contre le dix-huitième siècle, d'utiliser les sciences nouvelles, la poésie nouvelle, c'est-à-dire le romantisme, et la politique nouvelle, reposant sur la liberté de la presse et la liberté d'enseignement. Les *Annales* ne comptaient qu'un petit nombre d'abonnés ; mais comme elles étaient lues par beaucoup d'évêques, de supérieurs de séminaires, leur influence fut assez grande sur l'élite des catholiques français.

2. Moins recherchée que l'histoire, la philosophie avait cependant sa part dans le réveil catholique. Les maîtres de la génération précédente, Maistre, Bonald, Lamennais, avaient mené la guerre contre la raison individuelle. Leurs successeurs hésitèrent entre l'appel à la raison et l'appel à la foi : la première tendance fut celle de Maret, la seconde celle de Bautain. Maret, sectateur passionné de *l'Avenir* pendant sa jeunesse, en garda l'esprit religieux et les tendances démocratiques ; mais il en abandonna les convictions ultramontaines et le système philosophique. Ce fut au nom de la raison éclairée par la foi qu'il combattit la « philosophie séparée », surtout celle des éclectiques. Chez Cousin et Jouffroy comme chez les saint-simoniens et Pierre Leroux il découvrait la même source d'erreur, un panthéisme avoué ou déguisé ; pour lui, la logique ne laissait le choix qu'entre le panthéisme et le catholicisme (1). Son livre eut un grand succès chez les catholiques français.

Bautain, au contraire, se fit l'héritier des traditionnalistes. Ancien élève de Cousin, puis converti

______

(1) *Essai sur le panthéisme*, 1839.

à la religion, ce professeur de la Faculté de Strasbourg avait quitté sa chaire de philosophie pour devenir prêtre ; aidé par Mlle Humann, il forma autour de lui en Alsace un groupe de disciples ; son action sur eux était analogue à celle que Lamennais exerça dans un cercle plus étendu. Plusieurs, comme Ratisbonne et Goschler, étaient israélites d'origine ; d'autres avaient d'abord vécu dans le monde, comme cet ancien avocat général qui fut plus tard le cardinal de Bonnechose. Un ancien polytechnicien, Gratry, vivait dans l'intimité du groupe sans en faire précisément partie. Persuadé que la raison humaine toute seule ne peut arriver à la certitude, Bautain se rapprochait de Lamennais par certains côtés (1). L'évêque de Strasbourg, Trévern, vieux gallican, fut choqué par les idées ultramontaines de Bautain ; élevé dans la philosophie classique des séminaires, il s'effraya d'une doctrine qui n'admettait comme preuves de la religion ni le raisonnement, ni la révélation mosaïque, ni les miracles de Jésus-Christ. Bautain, blâmé publiquement par son évêque (1834), parut se soumettre, puis développa de nouveau des théories qu'il espérait voir bien accueillies à Rome ; il en résulta un nouveau conflit où l'évêque, approuvé par Grégoire XVI, obtint une soumission expresse (1840).

Entre tous ces catholiques militants, sauf Maret, c'était l'ultramontanisme qui servait de trait d'union. Les trois grands maîtres de l'époque précédente avaient formulé la doctrine ; les disciples en poursuivirent les applications dans toutes les parties du domaine religieux. En histoire, ce fut l'œuvre de Rohrbacher. Il avait travaillé avec Lamennais dans la maison de Malestroit et collaboré à *l'Avenir*. Après

(1) Bautain a montré, dans une lettre à la *Revue européenne* (t. VI, p. 637), sur quels points il se rapprochait ou différait de Lamennais.

la dispersion des élèves, ce laborieux Lorrain voulut donner au clergé français une histoire de l'Église qui chasserait celle du gallican Fleury; avec une patience obstinée il poursuivit pendant trente ans ce formidable travail qu'il devait mener jusqu'à 1852. C'est une œuvre médiocre, qui ne compte plus aujourd'hui comme histoire scientifique; mais elle demeure un exemple des prodiges que la foi ultramontaine rendait possibles chez les anciens menaisiens.

Ce que Rohrbacher faisait pour l'histoire, Gousset l'accomplit pour la théologie morale. Il était sorti du grand séminaire de Besançon, qui donna au Saint-Siège d'autres champions convaincus, Gerbet, puis Gaume; devenu professeur dans cette même maison, il abandonna de bonne heure les opinions de l'ancien clergé. En 1830 cet ennemi du gallicanisme conseilla un des premiers aux prêtres de rompre les liens qui les attachaient à la dynastie renversée. L'Église de France imposait aux confesseurs une morale rigoriste où apparaissait l'influence du jansénisme; l'Église romaine préférait une morale plus indulgente, qui avait eu un grand théoricien dans Liguori. Gousset enseigna le liguorisme à Besançon, et plus tard composa une *Théologie morale* qui en est tout inspirée. Cet ouvrage plaça l'auteur, devenu archevêque de Reims, au premier rang des ultramontains français.

L'école nouvelle entendait imposer aussi à l'épiscopat la liturgie romaine. L'autonomie laissée aux évêques par l'ancien gallicanisme avait amené la plupart des diocèses à faire dans le recueil des prières quelques modifications. Celui de Langres, par exemple, formé après 1801 des morceaux de cinq diocèses, possédait cinq liturgies différentes. Cela choquait les fervents de l'unité romaine; l'un d'eux, Guéranger, lui aussi menaisien de la première heure, se chargea de la réforme. Il obtint du pape la faculté de restaurer l'ancienne congrégation de Saint Benoit, et devint abbé de Solesmes en 1837. Deux ans plus tard un prélat plein d'initiative, Parisis, ordonna l'adoption de la liturgie romaine dans le diocèse de Langres. En 1840, Guéranger publia le premier volume des *Institutions liturgiques*; il réclamait le retour à l'unité, en disant que la plupart des liturgies employées en France dataient du dix-huitième siècle, de la décadence gallicane, et portaient la trace des erreurs jansénistes. Cette vive attaque suscita des ripostes; le vieil archevêque de Toulouse, d'Astros, qui avait combattu Lamennais, reprit la lutte contre l'esprit menaisien; puis Fayet, le spirituel évêque d'Orléans, vint à la rescousse, mais l'abbé novateur avait Rome pour lui et devait triompher plus tard.

L'ultramontanisme, il faut le répéter, apparaissait alors comme une doctrine de libération pour l'Église de France vis-à-vis d'un gouvernement qui n'était plus chrétien. Aussi plaisait-il aux jeunes séminaristes : l'un d'eux, Pie, le futur évêque de Poitiers, criblait son professeur gallican d'objections embarrassantes (1); à Lyon, Davin, le futur « démolisseur » de Bossuet, se moquait avec ses compagnons du maître qui leur prêchait la doctrine de 1682 (2). Mais c'était surtout le clergé paroissial, composé de desservants révocables à volonté, soumis à l'arbitraire des évêques et de leur entourage, qui attendait le salut de l'ultramontanisme. Ces sentiments furent exprimés par deux curés du diocèse de Viviers, les frères Allignol (3) : ils énumérèrent toutes les garanties que possédait le clergé de second ordre sous

(1) BAUNARD, *Histoire du cardinal Pie*, I, p. 50 (5° éd.)
(2) J. FÈVRE, Notice biographique en tête de *l'Étude critique sur Bossuet*, par DAVIN, 1904.
(3) *De l'État actuel du clergé en France*, 1839.

l'ancien régime et, présentant ensuite le tableau de l'organisation établie par le Concordat, ils invoquèrent l'appui de Rome contre le despotisme épiscopal. Les gallicans virent encore dans cette révolte l'esprit de l'*Avenir*; le sulpicien Boyer, un des plus ardents adversaires de Lamennais, répondit aux deux frères par une brochure qui flétrissait la liberté de la presse. Un des deux prêtres menacés put aller jusqu'à Rome, et obtint de l'Index un examen sans condamnation. Mais bientôt l'évêque de Viviers, Guibert, personnage intelligent et ferme, frappa les frères Allignol, et Grégoire XVI, toujours ami de l'autorité, l'approuva publiquement (1). Quelques autres prêtres essayèrent d'utiliser la presse contre l'épiscopat : l'un d'eux fonda le *Bien public*, arrêté par une condamnation de l'archevêque de Paris. Un autre, un lanceur d'affaires débrouillard, peu scrupuleux, mais dont l'activité débordante a rendu de grands services à la librairie ecclésiastique, l'abbé Migne, créa la *Voix de la Vérité*, qui bientôt proposa une pétition générale des desservants au pape contre le pouvoir absolu des évêques ; Affre le condamna en 1847 (2), sans parvenir à tuer le journal qui se vanta sans cesse d'obéir à « une pensée toute romaine ». Un seul prélat, qui avait lui aussi admiré l'*Avenir*, Sibour, évêque de Digne, osa dire que la nouvelle discipline offrait au bas clergé des garanties médiocres, et proposer le rétablissement des officialités (3). Pie IX devait faire mieux en déclarant que tout prêtre avait le droit d'invoquer le recours au Saint-Siège.

Si le bas clergé se détachait du gallicanisme, il

(1) Paguelle de Follenay, *Vie du cardinal Guibert*, II, p. 42 sqq.

(2) *Secrétariat de l'archevêché de Paris. Note concernant M. Migne.* (Bib. nationale, Ln 27, 14.177.)

(3) Les *Institutions diocésaines* de Sibour sont de 1845.

restait en majorité légitimiste. Cependant une minorité assez nombreuse adoptait l'idée nouvelle, la
séparation de l'Église et de la vieille dynastie. Un
jeune gentilhomme de famille carliste, M. d'Arbois
de Jubainville, fut très étonné quand un prêtre lui
apprit, au nom de la théologie, que l'Église acceptait
les gouvernements les plus divers et n'avait aucune
préférence dogmatique pour les Bourbons (1).

II

La liberté d'enseignement n'existait pas encore :
tout en la réclamant, les catholiques se préoccupaient
fort des questions pédagogiques. L'enseignement
des petits séminaires, fort éprouvés par les ordonnances de 1828, était médiocre en général : il y avait
pourtant des exceptions brillantes, comme le petit
séminaire de Notre-Dame-des-Champs à Paris qui
obtint des succès éclatants sous la direction de l'abbé
Dupanloup. Les grands séminaires étaient encore
plus insuffisants : le supérieur d'un de ces établissements, Foisset, avec la réserve que lui imposaient
ses fonctions, critiqua la façon dont on étudiait l'histoire, la philosophie, la théologie (2). Ses reproches
n'étaient pas exagérés : on n'avait pour la philosophie
qu'un manuel latin, la « Philosophie de Lyon », pour
la théologie le vieil ouvrage de Bailly ; quant à l'histoire de l'Église, on ne l'apprenait que par les lectures
faites au réfectoire pendant les repas (3). Les essais

(1) D'ARBOIS DE JUBAINVILLE, *Deux manières d'écrire l'histoire*, 1896, préface.
(2) *Annales de philosophie chrétienne*, t. II, III et IV.
(3) BAUDRILLART, *le Renouvellement intellectuel du clergé*
(*Correspondant*, 25 janvier 1903.) Montalembert écrivait en 1837 :
« Il n'y a peut-être pas, à l'heure qu'il est, cinq séminaires

d'amélioration étaient rares et mal conçus ; ainsi
Dufêtre, vicaire général de Tours, voulut former de
bons professeurs pour son diocèse et fit envoyer quelques jeunes prêtres passer leurs études à Paris. L'un
des plus brillants, l'abbé Bourrassé, fut ainsi préparé
aux sciences naturelles ; mais, revenu à Tours
comme professeur. il fut bientôt chargé d'enseigner
l'archéologie, puis la théologie (1). Quant aux études
ecclésiastiques supérieures, le clergé ne possédait
pas d'école où il pût les faire. Les Facultés de théologie étaient suspectes car elles faisaient partie de
l'Université de France et relevaient de l'État plus
que l'Église ; les essais de Lamennais à Malestroit,
de Bautain à Molsheim, n'avaient pas duré. Affre fut
plus heureux en créant la Maison des Carmes ; toutefois l'esprit gallican de l'archevêque rendait son
œuvre suspecte au jeune parti ultramontain.

Ce parti, en attendant la liberté d'enseignement,
essaya de créer un modèle d'école religieuse pour
élèves laïques ; ce fut l'institution de Juilly, qu'une
tolérance déjà ancienne laissait vivre en dehors de
l'Université. Elle avait été acquise en 1828 par les
abbés de Scorbiac et de Salinis ; le second surtout
y porta l'esprit de Lamennais. L'éducation réservée
à la jeunesse depuis la Renaissance lui semblait trop
païenne ; il fit du cours d'instruction religieuse le
centre des études (2). Salinis donnait lui-même ces

en France, sur quatre-vingts, où l'on enseigne à la jeunesse
ecclésiastique l'histoire de l'Église. Chose merveilleuse et
déplorable à la fois : l'histoire de l'Église, cette série d'événements et de personnages gigantesques, qui préoccupe
aujourd'hui tant d'esprits étrangers, sinon hostiles, aux
convictions religieuses, semblerait, au premier abord, n'être
indifférente qu'au clergé catholique. » (Cité par Baudrillart.)

(1) CHEVALIER (Abbé CASIMIR), *l'Abbé Bourrassé et le mouvement intellectuel en Touraine*, Tours, 1873, in-8.

(2) Ce cours était ainsi divisé : en septième et sixième,
explication du catéchisme ; en cinquième, enseignement plus

leçons, depuis la troisième jusqu'à la philosophie, secondé par son ami Gerbet qui dirigeait une conférence des hautes études, préparatoire à l'enseignement supérieur. Celui-ci appartenait exclusivement à l'État ; les deux amis voulurent au moins fonder une revue qui fournirait aux fidèles un enseignement supérieur catholique. Gerbet, qui a pris l'initiative de nombreux périodiques religieux, créa l'*Université catholique* (1835). Elle devait publier des cours, groupés en cinq « Facultés » : sciences religieuses et philosophiques ; sciences sociales ; lettres et arts ; sciences physiologiques, physiques et mathématiques ; sciences historiques. La *Revue européenne*, qui venait de mourir, légua ses cent abonnés au nouveau recueil. Celui-ci posséda aussitôt une forte clientèle de lecteurs ; ce furent les rédacteurs de mérite qui lui firent défaut pendant toute son existence (1). Quant à la maison de Juilly, Salinis la quitta en 1840, et la direction passa peu après à Bautain. Il y amena ses élèves de Strasbourg et fonda, en s'entourant d'eux, la congrégation de Saint-Louis. Mais huit ans d'efforts n'aboutirent pas, et Bautain découragé abandonna Juilly.

La liberté d'association n'existait pas plus que la liberté d'enseignement ; cependant les catholiques entreprirent également d'en user. L'Agence générale avait succombé comme l'Association pour la défense

raisonné sur le symbole, les sacrements et la morale ; en cinquième et en quatrième, histoire de la religion ; en troisième, étude des mystères, de la morale et du culte ; en seconde, histoire de chacune des vérités révélées, afin de montrer l'unité et l'immutabilité de la foi ; en rhétorique, preuves de l'autorité du christianisme et de l'Église ; en philosophie, étude générale des sciences exactes et naturelles destinée à montrer qu'elles s'accordent avec l'Écriture. (HAMEL, *Histoire de l'abbaye et du collège de Juilly*, 1868.)

(1) V. les détails donnés par BONNETTY dans les *Annales de philosophie chrétienne*, mars 1875.

WEILL. — Catholicisme. 5

de la religion catholique ; beaucoup plus heureuse
fut la société de Saint-Vincent-de-Paul. Parmi les
fondateurs, le principal était Ozanam, ce catholique
nettement libéral, professeur de l'Université, qui
tint une grande place dans le mouvement religieux du règne de Louis-Philippe. Au début,
c'était une association charitable, destinée à pro-
curer aux pauvres le patronage constant des riches ;
elle ne tarda pas à devenir un foyer d'action
catholique, dont les membres dirigeants s'entendaient pour la défense de la religion et les progrès de l'Église. Beaucoup d'œuvres nouvelles s'y
annexèrent. Les défiances des prélats contre le
caractère laïque de la société disparurent quand
Grégoire XVI lui adressa un bref approbateur en
1845.

Mais sous Louis-Philippe le vrai moyen d'action
pour un homme ou pour un parti, c'était la presse.
La disparition de l'*Avenir* laissait une place libre ;
les catholiques, voulant se séparer des légitimistes,
ne se contentaient pas de lire la *Gazette de France*
et la *Quotidienne*, organes carlistes et gallicans.
L'*Ami de la religion* (il avait supprimé les mots *et
du roi* après 1830), qui avait remporté son dernier
triomphe en combattant Lamennais, végéta depuis
lors, et surtout depuis la mort de Picot en 1840. Le
clergé lisait aussi le *Journal des villes et des campagnes*, feuille insignifiante, remplie de menus renseignements pratiques, mais incapable d'aborder les
grandes questions. Bailly et Gerbet tentèrent plusieurs fois de créer un journal catholique ; plus heureux qu'eux, l'abbé Migne parvint, en 1833, à commencer l'*Univers religieux* et le céda bientôt à
Bailly. Ce journal traîna longtemps une vie languissante, ballotté entre les « catholiques avant tout » et
les légitimistes ; cela changea seulement quand
Louis Veuillot s'y fit place (1838), et surtout quand

il eut une grande campagne à conduire, la lutte contre l'Université (1).

Nous venons de voir partout à l'œuvre les élèves de Lamennais. Mais le rôle principal revint aux deux hommes qui l'avaient aidé jusqu'au bout à rédiger l'*Avenir*, qui l'avaient accompagné à Rome, Lacordaire et Montalembert. L'un prit possession de la chaire, l'autre de la tribune.

Lacordaire était demeuré quelque temps désemparé après la rupture avec Lamennais ; l'empressement qu'il mit à publier, dès 1834, un livre contre son ancien maître n'était pas fait pour lui attirer la considération (2). Grand fut l'étonnement de tous lorsque l'archevêque de Paris, Quélen, l'intransigeant ami des Bourbons, lui offrit la chaire de Notre-Dame. Tous les contemporains ont marqué l'impression puissante que fit aussitôt le nouvel orateur. La prédication catholique appartenait depuis vingt ans aux disciples et aux imitateurs de Frayssinous: habitués à vanter l'union du trône et de l'autel, à réfuter Voltaire, ils dataient sous Louis-Philippe (3). Lacordaire ne leur ressemblait guère : issu de la bourgeoisie libérale, assez longtemps incroyant, il s'était converti à la religion, mais en gardant l'amour du régime nouveau. C'étaient des réflexions sur la société qui l'avaient ramené à l'Église ; il comprit que les arguments tirés de l'état social seraient les

(1) Sur les débuts de la presse catholique, voir LADOUE, *Mgr Gerbet*, t. II, et EUGÈNE VEUILLOT, *Louis Veuillot*, I, pp. 337-374.
(2) D'Eckstein lui reprocha vivement ce procédé. La réponse amère de Lacordaire, publiée dans l'*Univers*, a été réimprimée dans *Lacordaire journaliste*, par FESCH.
(3) Il suffit de rappeler cette phrase, tirée d'une allocution de Quélen à Notre-Dame : « Non seulement Jésus-Christ était fils de Dieu, mais encore il était de très bonne maison du côté de sa mère, et il y a d'excellentes raisons de voir en lui l'héritier légitime du trône de Juda. » (Cité par LECANUET, *Montalembert*, II, p. 3.)

plus propres à frapper les nombreux incroyants qui venaient l'écouter. Dans ses discours, point de regrets sur un passé défunt, point d'anathèmes au temps actuel. L'Église, il est vrai, a longtemps accepté la protection du pouvoir civil, et ce fut là, selon lui, une belle et noble alliance; mais il accepte sans murmure le principe nouveau de la liberté des cultes (1).

Ce langage nouveau, qui enthousiasmait ses auditeurs, inquiéta une partie du clergé; Lacordaire, fatigué de ces attaques, abandonna Paris pour aller prêcher en province. La routine, la timidité de l'épiscopat français l'exaspérait et lui faisait écrire, après un entretien avec un évêque des Etats-Unis : « Quelle autre race d'hommes, et comme on sent Jésus-Christ vivant dans leurs entrailles, au lieu de ces misérables subtilités humaines qui font d'une carrière un long tissu de faiblesses vaniteuses (2) ! »

Quand il résolut de rétablir en France l'ordre des dominicains, Lacordaire publia un mémoire où se retrouvent le langage et les pensées d'un libéral. S'il veut réaliser ce projet, c'est que la liberté d'association doit appartenir aux moines comme à tous les citoyens. On leur reproche l'Inquisition; mais les dominicains n'en furent ni les promoteurs, ni les principaux agents; l'Inquisition espagnole, la plus cruelle de toutes, si différente de l'indulgent tribunal romain, ne fut pas entre leurs mains. Ne doit-on pas, continue Lacordaire, mettre en regard les persécutions de la libre-pensée contre le catholicisme, celles des pays protestants et de la Russie contre les fidèles de Rome ? « Accordons si vous le voulez, con-

(1) « Puisse du moins cette liberté n'être pas un vain mot, et l'Église obtenir une fois de l'erreur l'exercice paisible et entier de ses droits spirituels, c'est-à-dire du droit de persuader le genre humain ! » (7e conférence de 1835. *De la Puissance coercitive de l'Église.*)

(2) A Mme Swetchine, 17 janvier 1837.

cluait-il, que la vérité et l'erreur furent également intolérantes. Eh bien ! qu'a gagné le monde à cette lutte funeste ? La vérité n'a pas détruit l'erreur et l'erreur n'a pas détruit la vérité ; victorieux sur un point, on a succombé sur un autre. N'est-il pas temps de sortir de voies si malheureuses ? Soixante siècles de vicissitudes sanglantes ne suffisent-ils pas à notre instruction ? Posons enfin la borne aux maux du passé, et que cette pierre pacifique, plantée d'un commun accord entre ce qui fut et ce qui sera, présage à nos descendants une meilleure solution des problèmes humains que celle qu'on avait espérée du glaive, et que le glaive n'a point donnée (1). » Bientôt il reparut à Paris en froc et se remit à prêcher, toujours écouté par d'immenses auditoires qui trouvaient en lui, à la fois, un grand orateur et un homme de leur temps.

Montalembert s'était séparé de Lamennais seulement quand celui-ci rompit avec l'Église. Peu de temps après il fit ses premiers discours à la Chambre des pairs : leur objet fut presque toujours de défendre la liberté. On l'entendit combattre la rigueur des lois de septembre contre la presse, glorifier la Pologne, opposer les droits de la Belgique affranchie aux prétentions de la Hollande. Il parlait ainsi par conviction ; mais c'était en même temps une tactique chez lui, de montrer un orateur catholique prenant position contre les pouvoirs rétrogrades. Il avait soin de répudier toute solidarité avec les légitimistes : les catholiques devaient se rallier au gouvernement de juillet, faire en sorte de « nationaliser le clergé et catholiser la nation (2) ». En rapports suivis avec l'*Univers* (3), bien vu à Rome, le brillant orateur se

(1) Mémoire pour le rétablissement en France de l'ordre des Frères Prêcheurs. (*Œuvres*, IX, p. 192.)
(2) V. son article de la *France contemporaine* (15 mai 1836).
(3) Il se plaignait d'ailleurs, dès ce moment, d'y être fort

trouvait prêt vers 1840 à devenir le chef du parti catholique.

Ce qui encourageait les catholiques militants, c'étaient les signes d'un retour de la société française vers la religion. Les passions anticléricales s'étaient calmées depuis que le clergé avait perdu sa puissance. La rupture avec les carlistes, proclamée par les menaisiens, rassurait les partisans de Louis-Philippe, « Pour nous, Français, esclaves des mots, écrivait Ozanam en 1838, une grande chose est faite : la séparation de deux grands mots qui semblaient inséparables, le trône et l'autel (1). » Délivrée de la Congrégation, la bourgeoisie se rapprocha de cette Église qui baptisait et mariait ses enfants. Les uns le faisaient par mode : « il n'y a rien de moins aristocratique que l'incrédulité », avait dit Talleyrand. Les autres le faisaient par conviction, par l'effet de la réaction générale qui s'était produite contre le rationalisme étriqué du dix-huitième siècle. Ceux qui suivaient une voie contraire, qui s'éloignaient peu à peu de l'Église, comme Lamartine, le faisaient sans colère, sans violence, et gardaient un fonds de religiosité (2).

Dans le peuple, il est vrai, chez les ouvriers surtout, l'irréligion faisait des progrès. Mais les catholiques militants s'inquiétaient assez peu des masses populaires ; c'était la bourgeoisie, le « pays légal » qui les intéressait. Pour la regagner complètement, il fallait donner à ses fils une éducation religieuse ; le réveil catholique amena la campagne pour la liberté de l'enseignement.

peu écouté, d'y jouer « le rôle de M. Gogo ». (Lettre à d'Alton-Shée, citée par LÉON SÉCHÉ dans la *Revue de Paris*, 1er décembre 1906.)

(1) Cité par THUREAU-DANGIN, *Histoire de la monarchie de Juillet*, III, p. 443.

(2) L'influence de Lamennais sur Lamartine est bien mise en relief par MARÉCHAL (*Lamennais et Lamartine*, 1907).

CHAPITRE IV

LA CAMPAGNE POUR LA LIBERTÉ DE L'ENSEIGNEMENT

I

Les luttes des catholiques pour la liberté d'enseignement sous Louis-Philippe ont été souvent racon-
tées. Je n'en rappellerai que ce qui est nécessaire
pour comprendre la formation du parti catholique,
ses idées sur la liberté, ses premières divisions intestines. Le premier projet de loi, présenté par Guizot
en 1836, avait disparu quand son auteur quitta le
ministère. Le second, rédigé par Villemain en 1841,
souleva la résistance unanime des évêques parce
que les petits séminaires y étaient visés ; mais les
prélats se bornèrent à défendre leurs écoles sans
aborder la question générale. Ce fut en 1842 et surtout en 1843 que le grand débat s'engagea : les
catholiques employèrent l'action de l'épiscopat,
celle de la tribune, celle de la presse.

Les évêques désiraient tous la liberté d'enseignement pour l'Église, mais ils n'étaient pas d'accord
sur les moyens de la demander. La plupart n'aimaient guère les manifestations publiques ; défiants
envers la presse, ils craignaient de rabaisser la

dignité sacerdotale en se faisant pamphlétaires ou
journalistes ; ils hésitaient, en défendant les revendications du clergé, à demander la liberté pour tous.
Les prélats gallicans aimaient s'entendre directement
avec le pouvoir civil ; l'archevêque de Paris, Affre,
discret, prudent, mais très ferme au besoin, usa
souvent des notes confidentielles adressées à Louis-
Philippe ; beaucoup d'autres firent comme lui. Il y
avait des exceptions : le vieil évêque gallican de
Chartres, Clausel de Montals, multiplia les brochures violentes comme il le faisait depuis longtemps ; mais son style suranné, ses anathèmes contre Voltaire laissaient le public indifférent. Il fallut
l'exemple de la Belgique, cet exemple tant de fois
invoqué par Lamennais, pour enseigner des méthodes nouvelles. L'évêque de Liège, Van Bommel,
avait combattu contre la maison d'Orange et salué
de ses éloges la révolution bruxelloise de 1830 ; il
avait approuvé cette union des catholiques et des
libéraux qui valut à la Belgique une Constitution
parlementaire et une Église à peu près indépendante
de l'État. Il figurait parmi les fondateurs de l'Université de Louvain, où les catholiques étaient chez
eux. Le plus ultramontain des évêques français,
Parisis, eut connaissance des écrits de Van Bommel ;
il voulut lui parler, se rendit à Liège en 1843, s'en-
tretint avec lui pendant quatre jours et comprit
comment le clergé pouvait user des moyens d'action
offerts par les pays libres (1).

En décembre 1843, l'évêque français fit paraître sa
première brochure : *Liberté de l'enseignement. Examen de la question au point de vue constitutionnel et
social*. L'auteur y déclare avec insistance qu'il agit

(1) Pour le rôle de Parisis depuis 1843 jusqu'à 1848, voir
FOLLIOLEY, *Montalembert et Mgr Parisis*, 1901. L'auteur a pu
consulter la correspondance et le journal manuscrit de
l'évêque de Langres.

non seulement comme prélat, mais comme citoyen, et revendique simplement les droits accordés à tous les Français par la Charte : « On s'obstine à répéter que nous ne défendons que la cause du clergé ; il faut bien faire voir que nous défendons la cause de tous, même la cause de ceux contre qui nous réclamons. » Parisis vante le dévouement des catholiques belges pour leur monarque protestant, qui a su respecter les droits de tous. Cette brochure fut suivie de beaucoup d'autres, animées du même esprit, où Parisis examinait chaque incident nouveau de la lutte.

La place qu'il prenait dans le clergé, Montalembert la prit au Parlement. Son rôle prépondérant ne date vraiment que de 1843, de son écrit intitulé, *Du devoir des catholiques dans la question de la liberté d'enseignement* : c'est un long cri de guerre. La France, dit le jeune pair, est le seul pays où règne l'athéisme officiel ; les Français y consentent parce que l'Université les a formés. Les catholiques, s'ils veulent conserver ce qui reste de religion en France, doivent détruire le monopole. Qu'ils n'écoutent pas les timorés, les conciliateurs ; que les évêques renoncent aux notes confidentielles. La guerre doit être faite ouvertement, sans trève : les catholiques sont nombreux et riches : « Il ne leur manque qu'une seule chose, c'est le courage ». Élections, journaux, pétitions, toutes les armes qu'offre le régime actuel sont à leur portée ; s'ils ne brisent pas le joug du monopole, c'est à eux seuls qu'ils devront s'en prendre.

En même temps la presse catholique s'organisait. L'*Univers* avait subi de nouvelles crises : querelles entre rédacteurs catholiques purs et légitimistes, essais du ministère pour acheter le journal, concurrence d'une feuille carliste, l'*Union*, qui essayait de l'absorber, rien n'avait manqué. Vers la fin de 1842

Louis Veuillot demeura vainqueur, et bientôt une brochure de lui, sous forme de lettre au ministre Villemain, précisa les réclamations des catholiques. L'année 1843 vit aussi renaître le *Correspondant.* Quelques-uns des anciens collaborateurs du premier *Correspondant* ou de la *Revue européenne,* Wilson, Carné, Cazalès, Champagny, parvinrent à réunir les fonds nécessaires (1). Le nouveau recueil, qui inséra quelques articles de Louis Veuillot, n'était pas alors le rival de l'*Univers.* Le catholicisme militant possédait à la fois son journal quotidien et sa revue mensuelle.

Un simple rapprochement de dates montre que les chefs se mirent à l'œuvre en même temps : la *Lettre à M. Villemain,* par Veuillot, est de septembre 1843 ; la brochure de Montalembert, *Du devoir des catholiques,* est d'octobre 1843 ; la première brochure de Parisis parut en décembre 1843. Ils ne craignirent pas de secouer l'inertie de l'épiscopat. Comme l'archevêque de Paris et ses suffragants avaient envoyé au roi un mémoire confidentiel contre le monopole, Veuillot s'en procura une copie et la publia dans l'*Univers* (6 mars 1844) ; il provoqua de cette manière une grande manifestation, car cinquante-six évêques adhérèrent publiquement au mémoire. Le dépôt d'un nouveau projet de loi par Villemain, en 1844, fortifia encore l'union des catholiques, indignés de n'y trouver satisfaction pour aucune de leurs demandes ; le rapport favorable du duc de Broglie à la Chambre des pairs les anima plus encore à la résistance. La plupart des prélats, réunis par provinces ecclésiastiques autour des métropolitains, envoyèrent des protestations. Le débat s'engagea bientôt devant la Chambre des

____

(1) Ils avaient auparavant publié, à intervalles non réguliers, les quatre volumes du *Nouveau Correspondant* (1840-41).

pairs : Cousin et quelques-uns de ses amis défendirent le monopole ; Montalembert, soutenu par Beugnot, le président Séguier et quelques pairs, demanda la liberté complète ; la majorité voyait dans le projet gouvernemental, plus ou moins amendé, une transaction acceptable ; elle écoutait avec faveur Guizot affirmant ses sympathies pour la religion et pour la liberté de tous.

Il n'y a pas lieu de reproduire cette discussion, ni de résumer les brillants discours qui fondèrent la renommée de Montalembert comme orateur. Notons seulement l'insistance qu'il met à réclamer la liberté pour tous, sans privilège pour l'Église : « Le clergé n'est plus un corps politique ; le clergé n'est plus propriétaire. En échange de ces deux grandes positions, il a reçu le droit commun, il ne réclame pas autre chose... Si l'on pouvait transporter au clergé un monopole comme celui de l'Université, je suis convaincu que ce serait le plus funeste cadeau qu'on pût lui faire, et le plus sûr moyen d'anéantir ce qui reste de religion en France (1). » Le vote final de la Chambre des pairs donna 86 voix pour l'ensemble de la loi et 51 contre ; c'était pour les catholiques une défaite honorable, car on trouvait rarement dans cette assemblée une opposition si nombreuse aux projets du gouvernement.

Grand admirateur de l'Angleterre, Montalembert entendait lui emprunter les procédés habituels de ses partis politiques, les ligues, les pétitions, les agitations légales. Il voulut créer à Paris un comité d'action auquel s'affilieraient des comités locaux ; c'était reprendre les tentatives de Lamennais en 1829 et en 1831. Beaucoup d'évêques, Affre surtout, montraient de la défiance ; mais Parisis écrivit à Montalembert une lettre, bientôt publiée, « sur la

(1) Discours du 26 avril 1844.

part que doivent prendre aujourd'hui les laïques
dans les questions relatives aux libertés de l'Eglise ».
Il exposait que, sous une monarchie parlementaire,
les conseils municipaux, les conseils généraux, les
assemblées électorales sont les organes de l'opinion
publique et de la vie politique : les prêtres ne pou-
vant y entrer, c'est aux laïques à venir y protéger la
religion. Le comité, encouragé par cette approbation, se constitua sous le titre de Comité pour la
défense de la liberté religieuse. Montalembert en
était président ; l'un des vice-présidents, Vatimesnil,
ancien membre du ministère Martignac, semblait
personnifier le repentir des hommes qui avaient fait
les ordonnances de 1828 ; l'autre, Charles Lenormant, était un universitaire combattant le monopole de l'Université. Le comité central se mit à
constituer des comités locaux ; cette organisation,
très avancée en 1848, devait contribuer beaucoup
aux victoires électorales des catholiques sous la
seconde République. Les adversaires criaient au
parti catholique ; Montalembert et ses amis acceptè-
rent ce titre pour leur groupement (1). Veuillot
secondait ce travail en allant former dans les grandes
villes des comités destinés à soutenir l'*Univers* (2).
Ce fut le moment du dix-neuvième siècle où les

(1) Lenormant répond au garde des sceaux qui a mis
en scène le *parti catholique* (*Correspondant*, t. X, p. 934 sqq.).
Champagny écrit : « Nous n'avons pas inventé ce mot, et
nous ne l'eussions pas proposé ; mais si on nous le jette
comme un reproche, nous l'accepterons. » (*Ibid.*, XIII, p. 581.)
(2) Il écrivait en 1843, au moment de partir pour Nancy :
« Je veux essayer d'établir là, comme je l'ai fait à Lille,
un comité de catholiques qui correspondraient avec l'*Univers* pour les affaires de la religion. Mon désir serait de
voir en France un grand nombre de comités de ce genre,
et de constituer enfin une agence qui ferait marcher toutes
choses, et produirait sans cesse cette agitation pacifique
dont O'Connell, en Irlande, a retiré tant de fruits. » (*Correspondance*, I, p. 179.)

catholiques militants de France furent le plus disposés à s'unir, à combattre tous ensemble pour les droits de l'Église. Lacordaire écrivait à Mme Swetchine : « Avez-vous remarqué que c'est la première fois depuis la Ligue que l'Église de France n'est pas divisée par des querelles et des schismes ? Il n'y a pas quinze années encore, il y avait des ultramontains et des gallicans, des cartésiens et des mennaisiens, des jésuites et des gens qui ne l'étaient pas, des royalistes et des libéraux, des coteries, des nuances, des rivalités, des misères sans fond ni rive ; aujourd'hui tout le monde s'embrasse, les évêques parlent de liberté et de droit commun, on accepte la presse, la charte, le temps présent. M. de Montalembert est serré dans les bras des jésuites, les jésuites dînent chez les dominicains ; il n'y a plus de cartésiens, dé mennaisiens, de gallicans, d'ultramontains, tout est fondu et mêlé ensemble (1). »

Ce beau réveil n'était pas sans dangers. Les catholiques pouvaient soutenir leur cause, ou bien en démontrant par des raisons de doctrine la nécessité de la réforme proposée, ou bien en combattant directement contre l'Université. Or dans une polémique de ce genre les arguments de combat obtiennent vite la préférence ; dans la presse française en particulier, on aime mieux les attaques directes que les raisonnements généraux. D'ailleurs les chefs donnaient l'exemple. Montalembert dénonçait dans l'Université « la haine, l'envie, la cupidité pécuniaire » et blâmait les rapports courtois de certains prélats avec les col-

(1) *Correspondance avec Mme Swetchine*, p. 392, lettre du 16 juin 1844. Cf. une lettre de 1890, où le P. Chocarne rappelle au P. Didon cette belle époque : « En face de l'ennemi, on s'était organisé. On avait des journaux, des réunions, des programmes, des doctrines ; on demandait la liberté, au nom du droit commun ; c'était la devise et le drapeau de tous. » (REYNAUD, *le P. Didon*, p. 340.)

lèges royaux (1). Louis Veuillot n'épargnait aux écoles de l'État aucune accusation. Ils étaient dépassés par des missionnaires violents comme l'abbé Combalot, par des pamphlétaires comme les Des Garets et les Védrine. A ces attaques d'ensemble s'ajoutaient les guerres locales. On dénonçait les cours publics des professeurs de Facultés. Francisque Bouillier à Lyon fut parmi les plus menacés (2); Gatien-Arnoult à Toulouse fut blâmé par un mandement épiscopal. Les professeurs de l'enseignement secondaire étaient l'objet d'un véritable espionnage, favorisé par des administrateurs dévots ou timorés. Au collège de Caen un proviseur, puis recteur ecclésiastique, l'abbé Daniel, très bien vu pourtant de Cousin, avait sévèrement traité Vacherot, surveillé de près Jules Simon ; il ne fut pas moins dur pour Walras (3). Bersot, nommé à Bordeaux, exposait dans ses lettres à Cousin les exigences du recteur voulant une philosophie catholique, les colères causées par sa polémique avec Lacordaire, les interrogations blessantes d'un professeur de la Faculté, les attaques de l'aumônier (4).

Cette offensive des catholiques risquait de provoquer des ripostes et de réveiller les sentiments anticléricaux un peu assoupis, mais toujours existants.

(1) *Du Devoir des catholiques...* : l'évêque d'Angoulême avait posé la première pierre d'un collège royal; l'archevêque de Paris avait donné la confirmation au collège Henri IV.

(2) Voir LATREILLE, *Francisque Bouillier*, 1907.

(3) Voir l'article de LÉON WALRAS sur son père (*Revue du mois*, 10 août 1908); POUTHAS, *le Collège royal de Caen* (*Mémoires de l'Académie des sciences, arts et belles-lettres de Caen*, 1905). Il combattit aussi contre Charma, professeur à la Faculté des lettres. (*Ibid.*, 1906.)

(4) Voir ces lettres de Bersot dans BARTHÉLEMY SAINT-HILAIRE, *M. Victor Cousin, sa Vie et sa Correspondance*, 1895, t. I, p. 470 sqq. On traita de même Zevort à Rennes, Ferrari à Strasbourg, Bonnet à Mâcon. (*Ibid.*, I, p. 500.)

C'est ce qui arriva. Un libéral sincèrement dévoué à la religion, mais éloigné des catholiques militants, Alexis de Tocqueville, signalait à un ami en 1843 ce changement dans l'opinion et l'attribuait aux fautes du clergé (1). Les professeurs laïques, attaqués violemment, attaquèrent à leur tour. Le signal partit du Collège de France. Michelet et Quinet commencèrent en 1843 leurs cours sur l'ultramontanisme et les jésuites. Dans le camp des catholiques on se réclamait de la liberté ; ils démontrèrent que la doctrine et la coutume de l'Eglise obligent les fidèles à condamner la liberté ; ils employèrent pour cela des citations et des arguments que les catholiques autoritaires devaient souvent répéter plus tard en combattant les catholiques libéraux.

Le succès des deux professeurs fut très grand dans la jeunesse des Ecoles. Beaucoup d'universitaires, dédaignant les conseils de prudence que prodiguait Cousin, se jetèrent dans la lice et trouvèrent bon accueil dans des journaux d'opinions très diverses. La feuille ministérielle, le *Journal des Débats*, publia les articles de Libri ; c'est dans la feuille républicaine, le *National*, que Génin mena la guerre contre les ridicules, les superstitions des catholiques dirigés par les jésuites. Les *jésuites*, voilà le mot qui revenait sans cesse, comme au temps de Montlosier ; le *Juif-Errant* d'Eugène Sue popularisait dans toutes les classes la haine contre eux. Le mouvement gagnait la Chambre des députés, où la bourgeoisie gallicane prenait l'alarme : Dupin aîné lutta contre l'épiscopat qui venait de condamner son *Manuel de droit ecclésiastique* ; Thiers dirigea la grande interpellation relative aux jésuites. En vain ceux-ci étaient

(1) « Au lieu de se rattacher au droit commun et de se borner à en réclamer l'exercice, on a montré la pensée de dominer l'éducation tout entière, sinon de la diriger. » (*Œuvres et Correspondance inédites*, I, p. 122.)

défendus par un puissant orateur, le P. de Ravignan,
et par un pamphlétaire célèbre, Cormenin; le mouvement prit de telles proportions que Guizot n'osa
point le braver en face. Rossi, envoyé par lui à
Rome, sut négocier avec le cardinal Lambruschini:
la finesse des deux interlocuteurs sut découvrir une
combinazione qui fermait les maisons de la Compagnie
en France, tout en les laissant aux mains des jésuites.
Autant Lamennais avait été irrité par l'intervention
pacificatrice de Rome en 1828, autant Montalembert,
Parisis, Veuillot furent gênés et affligés par cette
négociation qui les arrêtait en pleine bataille. Cependant une accalmie s'ensuivit, d'autant plus que
Villemain, atteint d'aliénation mentale, céda son por-
tefeuille à Salvandy; celui-ci fit aux catholiques des
avances marquées.

II

La déception causée par cet incident ne fut pas
étrangère aux premiers dissentiments qui se produisirent alors parmi les catholiques. Peu nombreux
étaient ceux, comme Ambroise Rendu, qui prêchaient
encore l'alliance avec l'Université. Mais beaucoup se
défiaient du bruit que faisait le groupe d'avant-garde.
La plupart des évêques, à l'exemple d'Affre, trouvaient la campagne trop violente; le gouvernement
leur répétait que, sans les batailleurs, on arriverait
à une transaction équitable; c'était la minorité seulement de l'épiscopat qui suivait Parisis (1). Parmi les
militants eux-mêmes, certains pensèrent que, sans
rien céder sur le fond, il convenait de témoigner plus

(1) Parisis se félicitait de l'abstention d'Affre, parce
qu'elle déconsidérait Paris, « la Rome des gallicans et des
hérétiques ». (FOLLIOLEY, p. 126.)

de modération dans la forme. Lacordaire, dans ses lettres à Montalembert, conseillait de montrer moins d'acharnement contre l'Université, de se préoccuper « des tièdes, des indifférents, des politiques et de la masse flottante (1) ». Le principal représentant de cette tendance fut l'abbé Dupanloup. Une brillante intelligence, des qualités remarquables d'éducateur et de prédicateur, surtout une activité que rien ne lassait, lui avaient déjà donné une grande influence dans le monde catholique parisien ; légitimiste de cœur, il dirigeait beaucoup de royalistes choqués par la franchise avec laquelle Montalembert les sommait de renoncer à leurs espérances. En 1845 parut sa brochure, *De la pacification religieuse.*

Dans cet écrit, comme dans la plupart de ceux qu'il a publiés plus tard, Dupanloup mêlait aux paroles de paix des polémiques très vives ; nul n'a guerroyé autant par la plume que le futur évêque d'Orléans. Il attaqua le monopole au moyen de citations empruntées aux partisans de l'Université, puis il prit la défense des congrégations non autorisées. Mais sa brochure contenait plusieurs concessions : concessions pratiques, lorsqu'il reconnaissait le droit de surveillance de l'État sur n'importe quel établissement d'instruction ; concessions théoriques, lorsqu'il étudiait « le véritable esprit de la Révolution française ». Les hommes intelligents, dit-il, ont toujours su demander à temps les réformes nécessaires : Fénelon et le duc de Bourgogne, Massillon, Bourdaloue, Bossuet lui-même « étaient *libéraux* en plein dix-septième siècle », c'est-à-dire partisans des modifications utiles ; le clergé d'aujourd'hui comprend également son époque. On invoque l'esprit de la Révolution : entend-on par ces mots « les institutions libres, la liberté de conscience, la liberté poli-

(1) Cité par Thureau-Dangin, V, p. 495.

tique, la liberté civile, la liberté individuelle, la liberté des familles, la liberté de l'éducation, la liberté des opinions, l'égalité devant la loi, l'égale répartition des impôts et des charges publiques ? Tout cela, nous le prenons au sérieux, nous l'acceptons franchement... » Le clergé de la génération antérieure s'est méfié du nouveau régime, à cause des violences et des crimes qui en avaient accompagné la naissance; mais aujourd'hui les catholiques ont réfléchi. « De quelque façon que vous nous considériez, selon la vérité ou selon vos préjugés, comme auxiliaires ou comme vaincus, nous venons à vous, nous et tout ce qui marche avec nous; achevez votre conquête en nous acceptant, et ne repoussez plus en aveugles de prétendus ennemis qui vous offrent et qui vous demandent la paix dans la liberté et dans la justice (1). »

Cet appel à la concorde ne devait point satisfaire quelques-uns des combattants : Parisis le trouva inopportun et dangereux ; Louis Veuillot pensait de même, et ce fut une des premières causes de mésintelligence entre les deux futurs ennemis. Dupanloup faisait alors un voyage à Rome : encouragé par l'accueil chaleureux du nouveau pape, il composa en 1847 une nouvelle brochure, *État actuel de la question*, qui demandait le maintien de l'Université, la surveillance de l'État, mais des réformes précises permettant à l'enseignement libre de s'organiser. L'évêque de Langres fut encore plus mécontent que la première fois ; l'*Univers* attaqua l'écrit et l'auteur (2).

____

(1) *De la Pacification religieuse*, chap. IV. Un adversaire de Dupanloup, le chanoine Pelletier, a dit plus tard, avec une exagération manifeste, en citant ce passage : « Ainsi fut engendré le catholicisme libéral ; nous tenons, si je ne me trompe, son acte de naissance. » (*Mgr Dupanloup*, 1876, in-8.)

(2) Voir FOLLIOLEY, pp. 255-6 et 270 sqq. ; EUGÈNE VEUILLOT, *Louis Veuillot*, II, p. 161 sqq.

Il y avait aussi, dans le camp des catholiques, certains professeurs de l'enseignement supérieur qui luttaient contre le monopole, mais qui désapprouvaient les diffamations contre leurs collègues. Ozanam blâmait les excès de l'*Univers* (1), et croyait dangereuse la formation d'un parti spécialement catholique (2). Charles Lenormant était plus ardent que lui, ses articles du *Correspondant* le montrent ; cependant il désapprouvait certaines exagérations et se plaignait qu'il y eût des catholiques pour vanter la révocation de l'Édit de Nantes. Charles Lenormant fut d'ailleurs victime de la bataille qui se poursuivait : Salvandy, pour plaire aux catholiques, avait suspendu les cours de Michelet et de Quinet ; les étudiants se vengèrent en faisant du bruit au cours de Lenormant, qui dut quitter la Sorbonne. Pour le dédommager, ses amis lui donnèrent la direction du *Correspondant* (3). Ce changement n'était pas fait pour atténuer les divergences entre le journal batailleur de Veuillot et la revue grave, un peu terne, des Champagny et des Carné.

Les questions de personnes contribuent souvent, plus que les questions de doctrine, aux conflits et aux scissions. L'antipathie commençait à paraître entre Montalembert et Veuillot, entre le gentilhomme hautain qui se sentait fait pour commander et le vigoureux plébéien qui, le Saint-Siège mis à part, ne voulait obéir à personne. Ce fut aggravé par l'amitié croissante de Montalembert pour Dupanloup ; celui-ci exaspérait Veuillot par ses tentatives répétées pour

(1) Eugène Veuillot, I, p. 388. Dans une lettre du 17 juin 845, Ozanam parle « des enfants perdus de l'*Univers*, que tout le monde désavoue, soit pour cause de violence, soit pour défaut de talent. » (*Œuvres*, t. XL)

(2) « Je ne voudrais pas qu'il y eût un *parti* catholique, parce qu'alors il n'y aurait plus une nation qui le fût... » (Même lettre.)

(3) *Correspondant*, t. XIII (1846), article de Champagny.

mettre l'*Univers* sous la surveillance d'un comité de rédaction qu'il inspirerait. En 1846, la correspondance de Veuillot nous fait assister à un débat très vif ; Montalembert vient d'écrire à Dupanloup que l'*Univers* est « la honte du catholicisme » ; Dupanloup, qui était à Rome, a laissé courir une copie de cette lettre dans la ville des papes. Là-dessus Veuillot écrit à Montalembert une lettre de bonne encre (1) ; Montalembert lui répond en mélangeant flatteries et impertinences, mais bientôt renonce à la lutte. Et Veuillot d'écrire, satisfait : « Je me persuade maintenant que nous avons plus fait pour la réconciliation en montrant les dents pendant huit jours, qu'en supportant avec patience tous les mauvais procédés pendant deux ou trois années (2). » Dupanloup chercha sa revanche en préparant la fondation d'un nouveau journal catholique.

Mais ces différends personnels n'étaient pas encore aggravés par des dissentiments doctrinaux. Tous les catholiques militants présentaient les mêmes revendications ; tous demandaient simplement pour l'Eglise le droit commun. Veuillot multipliait à ce sujet les déclarations significatives qui lui furent souvent rappelées plus tard (3). La campagne du comité catholique aux élections législatives de 1846 fut menée au nom de la liberté pour tous.

Comment d'ailleurs des catholiques ultramontains

(1) « Sans sortir des bornes du respect et de la politesse je n'ai jamais traité si durement personne. » (Novembre 1846.)

(2) Mars 1847. Voir *Correspondance* de Veuillot, IV, pp. 60-99.

(3) Voir les citations faites par Falloux (*le Parti catholique*), par Dupanloup (*Avertissement à M. Louis Veuillot*, 1869). Veuillot, d'ailleurs, avait à côté de lui un rédacteur en chef beaucoup plus libéral, de Coux, et luttait vainement contre la tendance générale (Eugène Veuillot, II, pp. 149 et 180). Lagrange (*Vie de Mgr Dupanloup*, I, p. 321) a réuni plusieurs citations de l'*Univers* et des mandements épiscopaux, réclamant la liberté pour tous.

auraient-ils pu hésiter à suivre l'exemple donné par la papauté ? Pie IX, qui avait succédé à Grégoire XVI en 1846, débuta par des actes réparateurs qui lui assurèrent une popularité prodigieuse en Italie, puis dans le monde entier. Metternich stupéfait s'écria qu'il avait tout prévu, sauf un pape libéral. Plusieurs Français venus à Rome à ce moment, Ozanam, Dupanloup, d'autres encore, devaient conserver de leur séjour dans la grande ville enthousiaste une impression ineffaçable (1). Les attaques des réactionnaires contre ces imprudences augmentaient encore l'affection générale (2). L'oraison funèbre d'O'Connell, prononcée dans une église de Rome en 1847 par le P. Ventura, fut la consécration quasi-officielle de l'alliance conclue sous les auspices de Pie IX entre la religion et la liberté.

Encouragé par ce grand exemple, le clergé français voulut proclamer son adhésion formelle aux principes du dix-neuvième siècle. Deux de ses membres les plus renommés firent cet exposé dogmatique : un évêque, Parisis, dans ses *Cas de conscience*; un prêtre, Bautain, dans ses conférences de Notre-Dame, terminées le 20 février 1848, l'avant-veille de la révolution.

Les *Cas de conscience* méritent une étude détaillée à cause de l'influence que possédait alors l'évêque de Langres et du succès que rencontra son ouvrage. Le premier cas est celui-ci : « Peut-on, tout en se maintenant dans les doctrines essentiellement exclusives de la foi catholique, demander sincèrement la liberté pour tous les cultes ? » La liberté de cons-

(1) Voir la leçon d'ouverture d'Ozanam à la Sorbonne, le 20 décembre 1847. (*OEuvres*, t. IX, p. 5.)

(2) Citons, parmi ces attaques déguisées, le livre de CRÉ-TINEAU-JOLY, *Clément XIV et les Jésuites* (1847); l'auteur croyait avoir devant lui un nouveau Clément XIV. (Voir MAYNARD, *Crétineau-Joly*, p. 278 sqq.)

cience peut être considérée vis-à-vis de l'autorité spirituelle ou des puissances séculières. En face du pouvoir spirituel, on ne saurait demander cette liberté. Mais si le gouvernement laisse les cultes libres, les catholiques, même opposés en principe à ce régime, peuvent user d'une loi mauvaise dans l'intérêt de la religion. Le gouvernement civil d'ailleurs a pour fin particulière le bonheur de la société d'ici-bas ; un prince catholique peut donc, sans jamais refuser à l'Eglise sa liberté, ne pas lui accorder certaines protections, certains privilèges, si des raisons politiques l'y forcent. Constantin, au lendemain de sa conversion, eût commis une imprudence en proscrivant le paganisme ; ce qui est vrai d'un souverain absolu est plus vrai encore d'un gouvernement constitutionnel. La Charte a proclamé l'égalité ; en supprimant la religion de l'État, le gouvernement a reconnu son incompétence dans les questions religieuses.

Voici le second cas :«Peut-on, en restant catholique sincère, admettre sincèrement un gouvernement constitué sans aucune religion? Une religion d'État n'est-elle pas commandée par la doctrine catholique? » Quand les législateurs excluent formellement, expressément de la loi l'idée de Dieu, ils commettent un crime social. Mais on peut concevoir un gouvernement comme le nôtre, constitué sans adhésion formelle aux doctrines ou aux pratiques d'un culte, et laissant les particuliers libres de s'y conformer. Aussi le pape a-t-il permis de prêter serment à la charte de 1830. Et puis la religion est donnée au monde pour le salut des individus ; les sociétés civiles ne sont que l'objet secondaire de la mission de l'Eglise. Une société d'agriculture ou de commerce demeure étrangère à la religion ; la société politique peut faire de même. Certes, les gouvernements qui rendent hommage à l'Eglise en sont récompensés, mais ils ne sont pas tenus de le faire. Que serait aujourd'hui une religion d'État? dominerait-elle et inspirerait-elle les lois de l'État? C'est impossible avec les idées actuelles (1). Ce serait plutôt une religion asservie à la politique, soumise au gouvernement : rien de plus dangereux pour l'Église.

Troisième cas : « Peut-on, sans violer un précepte formel de la doctrine catholique, laisser une nation sans culte public, et le culte public n'est-il pas supprimé par la suppression de toute religion d'Etat? » — Le culte public est obligatoire, mais il peut exister sans une religion d'État. Vu la disposition des esprits, la religion gagne à ce que le pouvoir n'en impose pas les pratiques. La belle cérémonie de la communion pascale à Notre-Dame perdrait tout prestige si la cour y prenait part et si les fonctionnaires y allaient par ordre.

Passons au quatrième cas : « Peut-on, sans se mettre en opposition avec l'Eglise catholique, sans heurter tous ses antécédents et sans provoquer pour elle d'immenses embarras, demander la séparation de l'Église et de l'État, et quelle séparation? » — Il ne faut point demander la suppression du Concordat. Ce traité crée un état de choses dangereux pour le choix des évêques et des curés, mais si le Saint-Siège veut le maintenir, les fidèles n'ont qu'à s'incliner. Par conséquent, point de séparation totale. Mais on peut demander une séparation limitée, assurant l'indépendance de l'Église, d'abord pour ses doctrines et sa propagande, ensuite pour son culte, sa discipline et sa législation intérieure.

(1) On dira, continue Parisis, que nous le regrettons. Mais nous devons aimer le temps où Dieu nous a fait naître. Et si l'on proposait aux Chambres le rétablissement d'une religion d'État nous supplierions le pouvoir d'y renoncer, en pensant aux réactions terribles qui se produiraient ensuite contre le catholicisme.

⅄ Cinquième cas : « Peut-on, sans blesser les doctrines catholiques, préférer la liberté de la presse, malgré ses immenses abus, au régime d'une censure préalable exercée par le gouvernement ? » — Il est évident que, si l'on avait un moyen de ne laisser circuler que les bons livres, on devrait l'employer ; mais il n'existe pas. La liberté de la presse a des inconvénients, mais les bons écrits font du bien. La censure du gouvernement serait impuissante, comme elle le fut sous Charles X, ou dangereuse pour les livres catholiques : on a récemment poursuivi Combalot et Veuillot, tandis que Michelet, George Sand, Eugène Sue demeuraient impunis.

⅄ Sixième cas : « Peut-on, sans manquer aux devoirs les plus sacrés envers l'enfance, demander qu'elle puisse être livrée indifféremment à des maîtres en qui l'autorité publique n'a pas, par des moyens spéciaux, reconnu les qualités nécessaires pour mériter la confiance des familles ? Ne faut-il pas que ces maîtres offrent des garanties ? » C'est une chimère d'espérer que l'Université puisse être corrigée, purifiée des maîtres dangereux, par exemple qu'elle exclue les professeurs protestants ou juifs qui ont leurs grades. Donc on peut rechercher des garanties autres que les garanties insuffisantes offertes par l'Etat (1).

⅄ Le septième cas enfin (2) donne à l'auteur l'occasion d'écrire un véritable traité, fort curieux, sur les droits et les devoirs du journalisme. Et Parisis conclut en invoquant l'exemple de Pie IX comme la meilleure justification de ses idées.

(1) Cette partie est suivie d'un appendice sur le communisme, considéré comme la conséquence de l'éducation universitaire.

(2) « Peut-on, sans manquer à la loi de Dieu, qui ordonne le respect pour les supérieurs et la charité pour le prochain, attaquer par paroles et les autorités publiques et toute espèce de personnes, comme le font habituellement les journalistes ? »

Le livre émut, étonna beaucoup les catholiques.
Plus d'un vieux conservateur fut effrayé par ces
audaces ; l'*Univers* s'abstint de les approuver. Parisis
plus tard, converti au catholicisme autoritaire, les
a regrettées (1). Mais en 1847 l'ouvrage rencontra la
pleine approbation de presque tous les catholiques
militants. Cette publication, disait le *Correspondant*,
« est un événement plus important encore que le
discours du P. Ventura sur la mort d'O'Connell (2) ».

Bautain dans ses conférences développa les mêmes
principes (3). Il avoue en débutant que l'audace ne
lui serait pas venue, quelques années plus tôt,
d'aborder un pareil sujet ; mais Pie IX a donné le
signal du changement, a compris le besoin de
réconcilier la religion avec la liberté ; à l'exemple du
panégyriste d'O'Connell, les orateurs chrétiens doivent faire écho à la voix du pontife.

L'Église, dit Bautain, enseigne le dogme avec
une autorité sans restrictions, car elle répète ce que
le ciel lui a dicté ; mais les choses naturelles, telles
que les institutions politiques, sont abandonnées
aux disputes des hommes. Quand l'État fut chrétien, elle l'a soutenu ; mais elle lui laissait tout ce qui
est purement temporel (4). D'ailleurs, elle se méfie

(1) Voir l'extrait de ses mémoires, écrits en 1865, dans
Follioley, p. 376.

(2) T. XIX, p. 864. L'*Univers* lui-même se ravisa et loua
bientôt ce livre, « qui doit être le manuel inséparable des
catholiques » (8 février 1848). Un catholique autoritaire a
dit plus tard que ce livre était devenu « comme la loi et
les prophètes du parti catholique » (Jules Morel, *Somme
contre le catholicisme libéral*, préface générale, p. xiv.)

(3) *La Religion et la Liberté considérées dans leurs rapports*,
1848. Outre les six conférences faites à Notre-Dame, le livre
en contient une septième, rédigée après le 24 février, que
je laisse de côté.

(4) « L'Église n'était intervenue dans les affaires du monde
que pour le mettre à l'ordre et lui apprendre à vivre. Quand
il a été capable de les diriger et de se conduire lui-même,

de la protection de César autant qu'elle déteste l'esprit révolutionnaire ; la liberté de la presse lui est utile. L'individu possède la liberté morale, c'est-à-dire le pouvoir d'agir par soi-même ; la liberté politique, c'est la liberté morale des peuples. Cette liberté suppose l'indépendance nationale, des lois justes, et des citoyens possédant un certain degré d'instruction et d'éducation vivifiées par le patriotisme ; il faut de la moralité pour bien user de la liberté. C'est l'Église qui a donné au monde la liberté ; au patriotisme absorbant de la cité antique elle a opposé les droits de l'individu. Ses dogmes eux-mêmes sont libéraux : ils montrent la liberté divine s'exerçant dans la création du monde, la liberté humaine aidant le Créateur à gouverner ce monde ; ils nient le droit supérieur de certaines races et proclament l'égalité. Sa morale enseigne le respect de la loi ; elle fait des hommes honnêtes, ce qui les prépare à être libres. Son gouvernement, sa discipline offrent des modèles de liberté (1) : les hommes sont tous capables d'arriver aux dignités ecclésiastiques, sans distinction d'origine ou de classe ; elle confère tous les pouvoirs par l'élection ; les conciles, véritables États Généraux de la chrétienté, ont inauguré le régime représentatif ; le célibat ecclésiastique a rendu impossible la formation d'une caste sacerdotale. Enfin sa discipline est toute morale.

Ainsi le clergé français faisait l'apologie de la liberté, à la veille de la révolution qui allait essayer de la rendre complète pour tous.

elle s'en est retirée pour se donner tout entière à ses fonctions spirituelles. »

(1) Bautain fait une réserve : « Quelle est la nature du gouvernement de l'Église ? Est-ce une monarchie pure ou une monarchie tempérée ? Cette question, agitée au Concile de Trente, y est restée sans solution... » (P. 160.)

CHAPITRE V

LA RÉPUBLIQUE DE 1848

L'alliance de la religion et de la liberté sembla se
réaliser sur les barricades. Les ouvriers soulevés
n'eurent que des égards pour le clergé ; on les voyait
en pleine bataille aller chercher respectueusement
les prêtres qui donneraient l'extrême-onction à leurs
compagnons atteints de blessures mortelles. Prenant
le crucifix de la chapelle des Tuileries, le peuple le
porta en procession à l'église Saint-Roch, parce qu'il
ne devait plus être profané en restant « dans la
demeure d'un parjure (1) ». Les membres du gouvernement étaient pour la plupart, sinon catholiques,
du moins pénétrés de religiosité ; ils prodiguèrent
les marques de sympathie au clergé. Celui ci n'était
pas en reste de bienveillance. Le soir même du
24 février, l'archevêque de Paris vint à l'Hôtel de
Ville donner son adhésion au gouvernement à peine
installé. Pie IX, dans un bref adressé au nonce le
18 mars, félicita le peuple parisien de la vénération
qu'il avait témoignée pour le catholicisme et ses
prêtres. Les évêques multiplièrent les mandements

(1) CABANE. *Histoire du clergé de France pendant la révolution de 1848*, p. 50.

favorables à la république et à la démocratie (1). Lacordaire, du haut de la chaire de Notre-Dame, vantait le peuple de Paris. L'abbé Darboy écrivait gaiement le 29 février : « Il y a quelques jours, j'étais l'un des plus avancés libéraux de la cléricature ; aujourd'hui je suis obligé d'avancer de trois pas, pour rejoindre les événements qui ont couru à toute vitesse ; j'ai fait les trois pas. Et vive la République (2) ! »

L'alliance de la République et de l'Église eut pour signe visible, dans presque toutes les communes de France, la cérémonie où l'on plantait un arbre de la liberté. Partout les organisateurs de la fête républicaine, allèrent demander le concours du prêtre ; jamais le curé ou l'évêque ne refusa de venir appeler la bénédiction du ciel sur le symbole d'affranchissement.

Les catholiques laïques firent comme le clergé. Montalembert n'aimait pas la démocratie ; un discours éclatant à la Chambre des pairs, à propos du Sonderbund, avait révélé quelques jours auparavant son aversion pour les partis radicaux. Néanmoins il vint le soir du 24 février au bureau de l'*Univers*, se réconcilia séance tenante avec Veuillot, et tous deux se trouvèrent d'accord pour annoncer, dès le lendemain, leur adhésion à la République. Falloux conseilla la même attitude par une lettre à ses amis de l'Anjou. Il n'y eut, pour ainsi dire, pas une dissonance.

La popularité du clergé lui permit d'intervenir activement dans les élections à l'Assemblée Constituante. Le gouvernement provisoire l'y encourageait : Carnot, celui des ministres, qui cependant leur inspirait le plus de défiance, exhorta les prêtres comme les instituteurs à éclairer le suffrage uni-

(1) On en trouvera les extraits les plus significatifs dans Bazin, *Vie de Mgr Maret*, I, p. 191 sqq.
(2) Voir ses lettres dans le *Correspondant*, 1898.

versel dans sa première manifestation. Depuis les élections de 1830, jamais le clergé ne s'était mêlé aussi ouvertement de politique ; mais en 1830 les évêques semblaient des préfets mitrés au service du ministère Polignac ; en 1848 ils agissaient par eux-mêmes au nom des intérêts de l'Eglise. Ceux qui auraient pu hésiter furent d'ailleurs excités à l'action par une circulaire confidentielle de Montalembert et du comité catholique. Tous encouragèrent les électeurs à bien voter, en demandant avant tout la liberté d'enseignement et la liberté d'association. Trois prélats et plusieurs prêtres furent élus ; bien d'autres, comme Salinis et Bautain, s'étaient présentés. Dans plusieurs départements la liste des candidats fut préparée sous le contrôle de l'évêque, et l'on y fit entrer un personnage spécialement destiné à défendre la cause catholique. L'évêque de Viviers, Guibert, peu enclin aux exagérations, affirmait que le choix des neuf représentants de l'Ardèche dépendait de lui ; refusant d'être élu, il fit mettre sur la liste le nom de l'abbé Léon Sibour ; sa prudence voulait refréner le zèle politique des curés, mais il dut laisser faire (1). La grande majorité de la Constituante fut composée de républicains modérés, qui avaient presque tous pris des engagements en faveur des libertés revendiquées par l'Eglise.

L'union générale des catholiques ne devait pas durer longtemps. Libéral, tout le monde l'était au lendemain de février : démocrate, chacun croyait l'être. Mais comment allait-on entendre la démocratie ? La victoire du peuple posa aussitôt des problèmes nouveaux ; d'accord pour accepter le suffrage universel, c'était sur les questions sociales que les partis allaient se compter. Les catholiques mili-

(1) PAGUELLE DE FOLLENAY, *Vie du cardinal Guibert*, II, p. 105 sqq.

tants étaient des conservateurs : beaucoup avaient de la fortune, des propriétés foncières ; ils entrèrent en lutte, non seulement avec le socialisme, mais avec les réformes suspectes d'y conduire. C'est à ce moment que le parti catholique se fondit peu à peu dans le parti conservateur.

Quelques-uns pourtant avaient des idées plus avancées ; leur audace provoqua une première scission parmi les catholiques libéraux. Les trois hommes qui dirigèrent cette politique de gauche furent Maret, Ozanam et Lacordaire. Maret pensait que les catholiques devaient demander non seulement la liberté d'enseignement et d'association, mais des réformes vraiment démocratiques (1). Il décida ses deux amis à fonder avec lui un journal qui fut l'*Ère nouvelle*. Le prospectus parut dès le 1ᵉʳ mars. Il n'y a plus, disaient les novateurs, que deux forces debout, le peuple et Jésus-Christ ; s'ils se divisent, nous sommes perdus ; s'ils s'entendent, nous sommes sauvés. Le peuple veut la république ; les catholiques doivent l'accepter. Quant à eux, ils demandent toutes les libertés nécessaires à l'Église, mais non la destruction de l'Université (2). Ils demandent l'amélioration du sort des travailleurs. Enfin ils réclament la protection de la République pour « les peuples qui ont perdu leur nationalité par des conquêtes injustes que le temps n'a point ratifiées. »

Le 5 avril le journal était fondé ; l'abbé Gerbet vint y rejoindre son ancien compagnon de l'*Avenir* ; l'abbé Cœur, le plus brillant des gallicans après Ma-

----

(1) Pour toute l'histoire de l'*Ère nouvelle*, voir la biographie de Maret par Bazin.

(2) « Un grand nombre de catholiques font partie de l'Université de France ; plusieurs d'entre les signataires de ce prospectus en sont des membres déjà anciens ; ils regardent et nous regardons tous avec eux l'Université comme une condition de la vie littéraire et scientifique du pays. »

ret, collaborait avec les ultramontains démocrates. N'était-ce pas l'*Avenir* qui reparaissait? Les catholiques inquiets à ce sujet purent prendre confiance en lisant la lettre publique d'adhésion d'Affre : « Non seulement, écrivait l'archevêque, je suis complètement rassuré contre le danger d'une prétendue résurrection de l'*Avenir*, mais je sais que vous combattrez efficacement ce que les théories de ce journal ont eu de répréhensible. »

L'*Ère nouvelle* montra qu'il n'y avait aucune opposition dogmatique entre le catholicisme et la démocratie. L'ordre nouveau, écrivait Maret, doit nous plaire puisqu'il substitue la persuasion à la force. Certains regrettent le temps de la démocratie et de la religion d'Etat ; ce régime eut ses mérites, mais compensés par une tyrannie qui devait exciter la haine populaire contre la religion. — Lacordaire approuvait le clergé de présenter quelques-uns de ses membres aux élections, pour aider le peuple à fonder la République ; cette mission transitoire une fois remplie, ce serait leur devoir de renoncer à la politique, de revenir à la vie « cachée, sobre et digne (1) ».

Ce journal catholique démocrate obtint un succès rapide ; le 25 mai il comptait 3.200 abonnés, en juin il tira jusqu'à 20.000 exemplaires. Mais les journées de juin lui portèrent un coup terrible. On sait que cette bataille de cinq jours souleva la bourgeoisie, les paysans, presque toute la France contre les « communistes », les « partageux », et contre ceux qui se rapprochaient d'eux. Ce fut le commencement de la réaction. Les catholiques s'associèrent d'autant plus à de pareils sentiments que l'archevêque de Paris leur apparut comme une victime des insurgés ;

(1) Voir FESCH, *Lacordaire journaliste*. Réfutant ses articles de l'*Avenir*, il exposa les raisons pour lesquelles on devait conserver le budget des cultes.

il semblait personnifier la société chrétienne menacée par la barbarie socialiste. Lacordaire effrayé par
ces journées, dégoûté de la république, quitta le
journal, où Maret lui reprochait sa timidité. Maret
devenu directeur se déclara partisan « d'une alliance
décidée, hautement avouée avec la démocratie ».
Le nouveau programme, qu'il publia bientôt, recommandait « un socialisme vrai et pacifique. » Il fut
encore approuvé par plusieurs évêques.

Mais les chefs catholiques, investis d'une grande
autorité par leur talent, par l'organisation de leurs
comités, par l'appui du clergé, s'étaient placés à
la tête du mouvement conservateur. Montalembert
avait mené l'attaque des modérés contre le projet
du ministre Duclerc, tendant au rachat des chemins
de fer ; Falloux avait fait le rapport concluant à la
dissolution des ateliers nationaux. Ils étaient donc
hostiles à l'*Ère nouvelle*. Contre sa politique s'unirent deux hommes peu disposés à faire campagne
ensemble, Veuillot et Dupanloup. Celui-ci, nous
l'avons vu, travaillait depuis 1847 à la fondation
d'un journal. En 1848 on lui proposa d'acheter le
vieux recueil catholique, l'*Ami de la religion*, qui
gardait encore un certain nombre d'abonnés dans le
clergé. Dupanloup accepta ; encouragé par les évêques, honoré d'un bref chaleureux du pape, soutenu
par Montalembert, par le P. de Ravignan, par tous
ceux à qui pesait la domination de l'*Univers*, il commença la nouvelle série de l'*Ami de la religion* en
octobre 1848. Dès le 23 octobre Montalembert publia
dans ce recueil une lettre dirigée contre l'*Ère nouvelle*. Après avoir indiqué les aberrations qui menaçaient la société, il ajoutait : « Pourquoi faut-il que
de telles aberrations aient rencontré parmi nous,
non pas certes des complices, mais quelquefois des
dupes, et plus souvent encore des instruments invo-
lontaires ? » Pourquoi, continuait Montalembert,

mettre tant d'empressement à saluer le pouvoir nouveau, la démocratie ? On ne prêche plus la charité
au nom de Jésus-Christ, mais en menaçant les
riches de spoliation ; le socialisme est confondu avec
la démocratie, et la démocratie avec le christianisme (1).

Montalembert n'avait pas nommé l'*Ère nouvelle*
dans cette lettre ; mais tout le monde le comprit, et·
ce numéro de l'*Ami de la religion* fut envoyé gra-
tuitement aux évêques et aux principaux curés de
chaque diocèse (2). L'*Univers* se borna au commencement à reproduire la lettre de Montalembert ; bientôt Louis Veuillot à son tour attaqua le journal dangereux, lui reprocha d'approuver tous les actes du
gouvernement républicain, d'entretenir de bonnes
relations avec les phalanstériens de la *Démocratie
pacifique*. Maret et ses amis ne parlent que de conciliation ; mais comment prêcher la conciliation à
l'Eglise, « qui n'agit qu'en vertu d'un dogme dont
elle ne peut rien retrancher, rien distraire, car il est
le patrimoine commun de toute l'humanité (3) » ?
Un des évêques les plus ardents à défendre le catholicisme exclusif et conservateur, l'évêque de Montauban, réfuta au nom de la théologie les théories
de Maret sur les sympathies naturelles qui existeraient
entre le christianisme et la démocratie. Maret tenait
tête à ces nombreux ennemis et résistait de son

(1) Maret, dans sa réponse, rappela que Montalembert
s'était rallié très vite à Louis-Philippe en 1830, à la république le 24 février. Il recommanda aux catholiques de ne
pas se laisser entraîner, par haine du communisme, à combattre les justes tendances de l'époque, à repousser le
droit à l'existence par le travail ou par l'assistance, à nier
la justice de l'impôt progressif. « Ce serait, encore une fois,
nous isoler du mouvement national. » (*Ère nouvelle*, 27 octobre.)
 . (2) Bazin, I, p. 278.
 (3) *Mélanges*, I, p. 20.

WEILL. — Catholicisme.   7

mieux à la réaction grandissante. En pleine expédition de Rome, son journal envoya au pape une adresse toute démocratique et provoqua par là une nouvelle attaque de l'*Ami de la religion*. Finalement, un légitimiste, La Rochejacquelein, parvint à se rendre maître du journal et fit disparaître le premier organe qu'ait possédé la démocratie chrétienne (1).

Il y avait quelques autres groupes de catholiques républicains ou même socialistes. L'un des plus connus, Arnaud (de l'Ariège), siégeait à l'Assemblée Législative ; un autre, Chevé, collaborait au journal de Proudhon. Quelques-uns créèrent des recueils éphémères, comme la *Revue du socialisme chrétien* fondée par Victor Galland ou la *Revue des réformes et du progrès* dirigée par l'abbé Chantôme. Tous échouèrent (2). Il en fut de même des quelques rares prêtres qui voulurent fonder en province des journaux républicains (3).

Les catholiques suspects d'opinions démocratiques étaient mal vus, surveillés, dénoncés. Tel fut le sort de Lacordaire. Tout en quittant l'*Ère nouvelle*, le grand dominicain demeurait favorable à une politique de gauche et s'indignait de voir Montalembert entraîner son parti vers la réaction (4). Le 22 avril 1850

---

(1) Bazin raconte que La Rochejacquelein acheta le journal en donnant sa parole de ne rien changer à la rédaction, puis viola ses engagements (I, p. 355).

(2) Voir Henry Joly, *le Socialisme chrétien*, 1892.

(3) Voir les *Souvenirs* de l'abbé Guettée, qui fut rédacteur en chef du *Républicain de Loir-et-Cher*, à Blois.

(4) « M. de Montalembert, en se rejetant dans une politique toute humaine et en y entraînant beaucoup des nôtres, détruit de ses propres mains l'édifice de toute sa vie, et nous prépare des maux dont il gémira plus tard. Lui et ses amis ont déployé contre l'*Ère nouvelle* une tactique plus odieuse encore que celle qui fut employée contre l'*Avenir*. Ils ont sciemment détourné l'attention du vrai point de la question, pour persuader à leurs lecteurs que l'*Ère nouvelle* était un journal révolutionnaire, démagogique, socialiste ;

il prononçait une allocution au cercle catholique du Luxembourg, sur le passé, le présent et l'avenir du parti catholique. Quelques jours plus tard, un prêtre qui allait devenir l'adversaire infatigable des catholiques libéraux, Jules Morel, lui reprocha dans l'*Univers* d'avoir vanté la liberté religieuse et calomnié l'Inquisition. La longue polémique engagée à ce propos causa un tel dégoût à Lacordaire qu'il faillit renoncer définitivement à la parole publique. Son discours à Châtillon-sur-Seine, à propos de l'inégalité des conditions, fut accusé de socialisme par des journaux catholiques; ce n'était pas fait pour augmenter sa popularité chez les conservateurs (1).

II

Les opinions d'un Lacordaire l'isolaient de ses amis. L'*Univers* et l'*Ami de la Religion*, le *Correspondant* et la *Voix de la Vérité* soutenaient avec une égale ardeur la politique du « grand parti de l'ordre ». Cette politique valut aux catholiques de nombreux succès : l'élection de Louis-Napoléon Bonaparte, l'entrée de Falloux au ministère, l'expédition de Rome furent les étapes successives de cette brillante campagne qui aboutit aux élections de l'Assemblée Législative en 1849. Ces élections attestèrent un fait important, le retour de la bourgeoisie vers le catholicisme. Tocqueville écrivait peu après : « La

ils ont caché les réponses faites à leurs attaques, ils les ont constamment dénaturées en recouvrant leur silence tantôt de ménagements hypocrites, tantôt de violences calculées. Je n'ai jamais rien vu qui m'ait semblé plus loin de l'honnêteté. Aussi la séparation est complète et. irrémédiable... » (Lettre du 1ᵉʳ mai 1849, dans *Lettres inédites* de Lacordaire, 1874, p. 187.)

(1) FAVRE, *Lacordaire orateur*, p. 469-72 ; JULES MOREL, *Somme contre le catholicisme libéral*, préface générale.

crainte du socialisme a produit momentanément sur
les classes moyennes un effet analogue à celui que
la Révolution française avait produit jadis sur les
hautes (1) ». Les élections aggravèrent cette crainte.
Elles donnaient, il est vrai, une majorité considérable
au parti de l'ordre, mais plaçaient en face de lui un
groupe redoutable d'environ deux cents représentants démocrates socialistes. Dans les petites
bourgades, les propriétaires voulaient confier les
écoles aux Frères pour chasser les instituteurs accusés
d'idées subversives (2) ; un maire de village venait
tout courant demander à un supérieur des congré-
ganistes et criait contre « l'engeance des maîtres
d'écoles (3) ».

Beaucoup de prélats s'attachaient à favoriser cette
évolution des classes dirigeantes. Salinis, devenu
évêque d'Amiens, donnait des réceptions où il invitait les hommes d'ordre de toutes nuances, et prati-
quait au milieu d'eux cet « apostolat du salon » qui
lui paraissait fertile en bons résultats (4). Le jeune
évêque de Poitiers, Pie, adressait particulièrement
à la bourgeoisie ses lettres pastorales ou ses sermons et, dans un langage énergique, autoritaire,
d'une franchise presque brutale, promettait le secours
de l'Eglise à la propriété, pourvu que la classe pos-
sédante revînt à la foi, donnât aux prolétaires
l'exemple des pratiques religieuses (5). « Il n'y a pas

(1) *OEuvres*, II, p. 179, lettre de septembre 1851 à Corcelle.
(2) LAVEILLE. *Jean-Marie de la Mennais*, II, p. 455.
(3) *OEuvres de Mgr l'évêque de Poitiers*, I, p. 370 sqq.
(4) LADOUE, *Vie de Mgr de Salinis*, p. 244.
(5) Lettre pastorale pour le carême de 1850 : « Vous appe-
lez la religion à votre aide, vous avez besoin d'elle ; prenez-
la telle qu'elle est sortie des mains de Dieu. » (*OEuvres*, I,
p. 158.) — La seconde instruction pastorale sur le jubilé
(carême de 1851) signale les progrès accomplis : « On a vu
dans quelques paroisses le maire, le percepteur, le notaire,
le médecin, les divers propriétaires s'avancer vers la table

de milieu, disait Montalembert à la tribune le 17 janvier 1850 ; il faut aujourd'hui choisir entre le catholicisme et le socialisme. » Engagé en pleine lutte, le clergé sentait qu'un triomphe du parti républicain serait pour lui un véritable désastre (1).

Citons cependant, même dans la droite catholique, une exception. Le vicomte Armand de Melun,— déjà célèbre comme philanthrope, ne partageait pas l'aversion de ses amis pour les réformes sociales, pour l'assistance organisée par l'Etat. Il s'était plaint, après les journées de juin, qu'on ne parlât que de répression matérielle ; plus tard il reprocha au parti de l'ordre de ne songer qu'à l'avantage des propriétaires, d'approuver les conclusions négatives de Thiers sur l'assistance publique. En même temps, il croyait la liberté politique bonne pour la religion. La majorité de l'Assemblée Législative, sympathique à la personne d'Armand de Melun, considérait ses idées comme dangereuses ou chimériques (2).

eucharistique à la tête de leurs concitoyens. » Mais une bonne partie de la bourgeoisie hésite à faire de même : c'est une faute, car l'Église, qui vient de défendre la propriété, ne pourra plus continuer son appui à des hommes qui demeureraient éloignés de la religion. — L'évêque s'attend à ce que l'Église, écartée depuis longtemps des affaires publiques, soit appelée à s'occuper de tout. Instruction pastorale du 26 juin 1850 : « Le moment viendra, et il n'est pas éloigné, où le siècle poussera vers l'Église des cris si gémissants, des supplications si sincères, qu'elle ne devra plus hésiter... L'Église est-elle prête pour accomplir toutes les œuvres diverses que le siècle attend d'elle, et auxquelles il lui avait interdit de penser jusqu'à ce jour ? Si nous n'osons pas affirmer que l'Église soit prête, nous assurons du moins qu'elle se prépare. » (*Œuvres*, I, p. 218.)

(1) « Cette fois, écrivait l'abbé Darboy, le clergé n'aura qu'à tenir bien sa tête ; ses doctrines sur la propriété, son influence sur la moralité publique lui ont créé une solidarité étroite avec ce qu'on nomme la réaction. » (*Correspondant*, 25 novembre 1850.)

(2) Voir Baguenault de Puchesse, *le Vicomte de Melun*

Les catholiques militants prenaient donc part à la lutte sociale. Mais ce qui les occupait bien davantage, c'était le succès de la réforme poursuivie par eux depuis vingt ans, la liberté d'enseignement. On sait avec quelle habileté Falloux forma la commission chargée de préparer un projet; comment, dans cette commission, l'abbé Dupanloup parvint à gagner l'appui complet de Thiers; comment, après diverses péripéties, l'Assemblée Législative adopta la loi du 15 mars 1850. Le rêve conçu par Lamennais en 1830 se trouvait réalisé; l'Église pouvait créer un enseignement à elle, à peu près affranchi de la surveillance de l'Etat. Ce fut le plus beau triomphe du catholicisme libéral (1).

Mais ce fut aussi le début de la scission définitive parmi les catholiques. Jusque là, sauf le petit groupe de l'*Ère nouvelle*, tous avaient marché d'accord pour la guerre contre le socialisme au dedans, contre la République romaine au dehors. Ce fut la loi sur l'enseignement qui les divisa. Des antipathies personnelles préparèrent le choc : Falloux, ce gentilhomme souple et fin, diseur élégant, oracle du salon de Mme Swetchine, déplaisait à la rudesse plébéienne, à l'imprudente franchise de Veuillot : « Falloux *Fallax* », dira-t-il souvent. Il dut être blessé que le ministre ne l'eût point appelé dans la commission, où l'essentiel était de gagner Thiers par une habile diplomatie. Mais des divergences très graves les séparaient. Les catholiques militants réclamaient depuis vingt ans, sinon la ruine de l'Université, du moins un enseignement à eux, avec des directeurs choisis dans n'importe quelle congrégation religieuse, avec des pro-

(*Correspondant*, 1882); Ferdinand Dreyfus, l'*Assistance sous la seconde République*, 1907.

(1) L'histoire complète de la rédaction et de la discussion de cette loi se trouve dans *la Loi Falloux*, par Henry Michel, 1906.

fesseurs non astreints à prendre les grades universitaires, avec des livres soumis au seul contrôle des évêques : la séparation devait devenir complète ainsi entre l'enseignement catholique et celui de l'État, qui pourrait être laïque et même antichrétien. La loi Falloux, au contraire, maintenait le lien entre l'Université de l'État et l'enseignement libre ; elle imposait des grades, reconnaissait à l'État le droit de surveillance, autorisait le Conseil supérieur de l'instruction publique à proscrire tel ou tel livre. Bien plus, elle faisait entrer les évêques au Conseil supérieur et aux Conseils départementaux ; en leur donnant part au gouvernement des lycées et des collèges, elle rassurait la conscience des parents catholiques sur les dangers possibles de l'éducation universitaire pour leurs enfants.

Le conflit ne mettait pas encore aux prises les catholiques libéraux avec les catholiques autoritaires : il mettait en présence deux conceptions de la méthode à employer dans la pratique de la liberté d'enseignement. Néanmoins, c'était l'avenir du catholicisme libéral qui se trouvait en jeu. Falloux et ses amis voulaient, en maintenant les rapports entre les deux enseignements, faciliter la conciliation entre le catholicisme et le siècle. Falloux, d'ailleurs, a expliqué plus tard sa pensée : « L'Eglise n'est point une secte, c'est une famille et une patrie. Quand on veut la servir à son exemple et selon ses vues, c'est l'expansion qu'on ambitionne pour elle... On ne la cantonne pas dans de petites citadelles, on ne l'emprisonne pas dans les murs de quelques places fortes ; on ne rêve pas pour elle, comme un bien idéal, le sort des protestants sous l'Édit de Nantes, en attendant qu'il fût révoqué (1). » Falloux craignait d'ailleurs que les collèges catholiques, livrés à eux-mêmes,

______

(1) *Le Parti catholique, ce qu'il a été, ce qu'il est devenu*, 1856.

fussent incapables de donner une instruction solide, propre à notre époque : « Élever des jeunes gens, au dix-neuvième siècle, comme s'ils devaient, en franchissant le seuil de l'école, entrer dans la société de Grégoire VII ou de Saint Louis, serait aussi puéril que d'élever à Saint-Cyr nos jeunes officiers dans le maniement du bélier et de la catapulte en leur cachant l'usage de la poudre à canon (1) ». Les adversaires de la loi voulaient organiser un enseignement sans concessions ni atténuations opportunistes, créer des catholiques complets, repoussant la Révolution et toutes les idées antichrétiennes de la société moderne. « Qu'avons-nous demandé, toujours et unanimement, écrivait Louis Veuillot ? La liberté. Que nous offre le projet ? Une faible part du monopole. »

Tous les groupes catholiques se divisèrent. L'*Univers* avait engagé la lutte contre le projet de loi le 29 juin 1849 ; l'*Ami de la religion*, dirigé par Dupanloup, le principal auteur de la transaction, répondit à ses critiques. Ce fut désormais la guerre entre les deux journaux, comme entre Veuillot et Dupanloup. Veuillot défendait le programme soutenu par les catholiques sous Louis-Philippe ; aussi fut-il appuyé par le *Correspondant*, où Charles Lenormant critiqua vivement l'œuvre de Falloux. L'épiscopat se partagea aussi : beaucoup d'évêques signèrent le mémoire composé par Dupanloup pour justifier la loi devant Pie IX ; beaucoup d'autres présentèrent des objections de principe ou des critiques de détail. La division pénétrait dans les ordres religieux : le P. de Ravignan fut dénoncé au général des Jésuites comme sectateur aveugle de Dupanloup. Montalembert, accoutumé à se voir suivi par le parti catholique tout entier, s'affligeait des reproches que lui

(1) *Le parti.*

adressaient les adversaires de la loi. Au moment du
vote final, Parisis, qui avait pourtant soutenu Montalembert, crut devoir s'abstenir. Il fallut l'intervention de Rome pour faire accepter à tous les catholiques le résultat de tant d'efforts. D'ailleurs ceux
même qui avaient le plus critiqué la loi surent la
mettre à profit ; elle fut votée selon le désir de
Falloux ; elle devait être appliquée dans l'esprit de
Veuillot.

Quand deux hommes ou deux groupes d'hommes
se sont brouillés, leur antagonisme s'étend parfois à
toutes choses, même à des sujets bien éloignés du
débat principal. C'est ce qui se produisit alors. Dupanloup et Veuillot étaient en 1850 à peu près
d'accord sur toutes les grandes questions : ultramontains en matière religieuse, conservateurs en politique, ils n'avaient pas encore eu à prendre parti
pour ou contre le coup d'État de Louis-Napoléon.
Néanmoins, depuis la querelle sur la loi Falloux, ils
trouvèrent moyen d'entrer en conflit à tout propos.
C'était d'autant plus grave que Dupanloup, devenu
évêque d'Orléans, prit aussitôt dans l'épiscopat une
place importante et voulut user de son influence
contre l'*Univers*. Plusieurs de ces batailles s'enga-
gèrent autour de l'archevêque de Paris, Sibour.
Celui-ci avait été choisi comme successeur d'Affre
par le général Cavaignac ; Maret avait contribué à ce
choix, heureux de faire désigner un prélat gallican et
républicain (1). Gallican, Sibour l'était devenu depuis
peu, irrité par les exagérations de l'école ultramontaine (2) ; républicain, il le fut jusqu'au 2 décembre,

(1) BAZIN, I, p. 260.
(2) Il écrira en 1853 à Montalembert : « L'école ultramontaine était naguère une école de liberté ; on en a fait une
école de servitude qui veut amener une double idolâtrie :
l'idolâtrie du pouvoir temporel et l'idolâtrie du pouvoir spirituel. » (LECANUET, III, p. 467)

Ses rapports devinrent assez vite mauvais avec le journal conservateur et ultramontain de Veuillot. Dupanloup et ses partisans, bien qu'ils fussent eux-mêmes ultramontains et conservateurs, éprouvèrent une sympathie naturelle pour l'adversaire de Veuillot: les ennemis de nos ennemis deviennent vite nos amis. Ce fut d'ailleurs pour eux une source de graves mécomptes: ces hommes qui avaient souvent combattu les maximes de 1682 furent désormais dénoncés comme atteints de gallicanisme, et cette accusation devait leur nuire auprès du Saint-Siège.

L'archevêque de Paris essaya d'abord de susciter une concurrence à l'*Univers*. Affre avait encouragé l'*Ere nouvelle*, Sibour fonda le *Moniteur catholique* et lui donna Darboy comme directeur. Mais un évêque ne saurait créer des journalistes; cette feuille dura six mois à peine. Une première querelle de Sibour avec l'*Univers* se termina, comme le disait Veuillot, par une « paix plâtrée. » D'ailleurs le Saint-Siège surveillait de près l'archevêque gallican. L'Église de France avait obtenu de la République ce que lui refusait la monarchie, le droit de tenir des conciles provinciaux. Rome approuva ces assemblées, mais en se tenant prête à réprimer tout réveil des prétentions autonomistes de l'Église gallicane. Elle empêcha Sibour de convoquer un concile national, puis l'obligea, au moment où se réunit le concile de la province de Paris, à lui en soumettre le programme. L'année suivante, nouvel affront: Sibour avait approuvé le dictionnaire de Bouillet; ce livre, dénoncé par l'*Univers*, fut mis à l'Index (1).

L'archevêque était aussi mal vu de certains fidèles à cause de ses idées politiques; son désir de réformes sociales, bien qu'un peu vague, étonnait à cette époque, et le mandement où il distinguait le bon et

------

(1) Eugène Veuillot, *Louis Veuillot*, II, p. 420.

le mauvais socialisme choqua plus d'un conservateur.
En janvier 1851 il conseilla au clergé parisien l'abstention la plus complète en politique ; c'était le
détourner de l'alliance avec la réaction. Clausel de
Montals, un des suffragants de Sibour, toujours passionné pour la royauté, répondit à l'archevêque républicain par une lettre pastorale qui exposait les droits
politiques du clergé. De leur côté, plusieurs ultramontains saisirent l'occasion de combattre Sibour ;
ils avaient depuis vingt ans recommandé au clergé
de se détacher de la vieille dynastie, de ne voir que
l'intérêt de l'Église ; mais ils espéraient maintenant
beaucoup de la politique, et surtout ils reprochaient
à l'archevêque de soutenir en droit ce qu'ils avaient
approuvé en fait. Un des plus violents, des plus belliqueux amis de l'*Univers*, l'abbé Combalot, s'attaqua publiquement à Sibour ; celui-ci lui retira le
droit de prêcher et de célébrer la messe dans le
diocèse de Paris ; Combalot riposta, disant qu'il
avait eu le droit de donner à l'archevêque la « correction fraternelle ». Sibour, d'après lui, avait
méconnu le rôle du clergé : « le Pape dans tout l'univers, les Évêques dans leurs diocèses, le Curé dans
sa paroisse, sont chargés de diriger la conscience de
tous les Français, soit qu'ils agissent comme
hommes privés ou comme hommes publics (1). »

L'abbé Darboy répondit au nom de l'archevêché
par deux brochures. Il reprochait à Combalot sa
violence, le manque de respect envers la hiérarchie,
la prétention de tenir l'épiscopat en tutelle. Aux

____

(1) Combalot, *Seconde Lettre à Mgr l'archevêque de Paris*,
1851, in-8. L'évêque de Poitiers, qui était d'ailleurs un ami
personnel de Clausel de Montals, adressa un mémoire confidentiel au pape contre l'indifférentisme politique de Sibour,
cette théorie, disait-il, permettrait le ralliement à une nouvelle république mazzinienne qui aurait détrôné Pie IX.
(Baunard, *Histoire du cardinal Pie*, I, p. 341 sqq.)

protestations ultramontaines de son adversaire, il répliquait : « tout ce que je vois, c'est que vous saluez le pape de loin pour insulter les évêques de près (1) ». Ainsi, en politique aussi bien qu'en religion, les dissentiments apparaissaient parmi les catholiques. Ce ne fut cependant qu'après le 2 décembre que les partis s'organisèrent et que la grande lutte s'engagea entre l'école de l'*Univers* et les catholiques libéraux.

(1) Darboy, *Nouvelle Lettre à M. l'abbé Combalot*, 1851, p. 16.

CHAPITRE VI

L'ÉGLISE ET L'EMPIRE

I

Louis Veuillot fut prévenu en 1851 par son ami
Romieu que le Prince-Président ferait prochaine-
ment un coup d'État profitable pour le catholicisme (1). Le 2 décembre eut, en effet, ce caractère ;
l'écrasement du socialisme apparut comme le triomphe de la religion. Aussi les catholiques militants lui
donnèrent-ils leur adhésion. Les deux plus en vue,
Montalembert et Veuillot, brouillés par le débat sur
la loi Falloux, s'étaient réconciliés depuis peu ; ils
approuvèrent l'œuvre de Louis-Napoléon. Montalembert hésita pourtant quelques jours : des évêques
tels que Sibour et Dupanloup, des moines libéraux
comme Ravignan et Lacordaire l'engageaient à l'abstention ; mais Parisis et Gousset, l'ambassadeur
espagnol Donoso Cortès, Louis Veuillot surtout le
pressaient de prêter aux vainqueurs son concours
actif. Il consentit à siéger dans la commission consultative créée pendant la période dictatoriale. Beau-

(1) Eugène Veuillot, *Louis Veuillot*, II, p. 453.

coup de catholiques attendaient ses indications en vue du plébiscite; sa lettre du 12 décembre leur conseilla de voter *oui* (1).

Louis Veuillot fêtait la victoire de la réaction. Ses lettres le montrent plein de joie et de confiance ; le Prince-Président, il est vrai, fait l'éloge de 1789, mais ce n'est là qu'une formule vaine, imposée par son passé, qui ne doit pas effrayer les catholiques (2). L'*Univers*, pendant les deux mois qui suivirent le 2 décembre, célébra sur tous les tons, non seulement la défaite des « rouges », mais la ruine des libertés publiques. Il veut voir disparaître les institutions faites pour opposer le pays au gouvernement, c'est-à-dire la garde nationale, créée contre l'armée régulière, et le jury, placé en face des tribunaux réguliers (3). Que demande l'homme religieux? « Pourvu que l'on ne l'empêche pas de se montrer bon fils, bon époux, bon père, bon citoyen, bon catholique, il a peu souci d'autres libertés (4). » Le système représentatif doit disparaître, car « le véritable mandataire du pays est le gouvernement (5). » La tribune est plus dangereuse en France qu'ailleurs, parce que c'est le pays du libre examen (6).

La condamnation des hommes de 1789 était formulée en termes solennels par Montalembert. Dans son discours de réception à l'Académie française, prononcé le 5 février 1852, il dressa un véritable acte d'accusation contre l'Assemblée Constituante, parce qu'elle avait préparé les progrès de la démocratie. Il invoqua l'autorité de Maistre pour conclure: « La révolution de 1789, *telle qu'elle s'est faite*, n'a

---

(1) Lecanuet, *Montalembert*, p. 33 sqq.
(2) *Correspondance*, V, p. 99 (lettre du 20 décembre 1851).
(3) *Univers*, 1er et 2 janvier 1852.
(4) 4 janvier 1852.
(5) 14 janvier 1852.
(6) 8 février 1852.

été qu'une sanglante inutilité. » Il jetait en passant un mot dédaigneux à l'école de l'*Ère nouvelle* : « Aucun homme sérieux ne daignera compter avec ces systèmes nouveaux qui prétendent tirer la démocratie du catholicisme, et faire de la révolution un commentaire de l'Évangile. »

L'adhésion de l'épiscopat au coup d'État fut générale. Quelques prélats aux tendances légitimistes, comme Dupanloup, Dupont des Loges, voulaient qu'on ne témoignât point trop d'empressement (1) ; Pie, favorable d'ailleurs à l'œuvre de « salut social » accomplie par le 2 décembre, invita son clergé à ne se montrer ni trop servile envers les vainqueurs, ni trop méprisant à l'égard des vaincus (2). Mais la plupart des évêques n'imitèrent pas cette réserve ; ils célébrèrent la victoire de l'ordre par des mandements chaleureux, enthousiastes, et montrèrent dans le coup d'État l'œuvre de Dieu. Pie IX n'avait-il pas dit, en apprenant le 2 décembre : « Le ciel vient d'acquitter la dette de l'Église envers la France (3) » ? La confiscation des biens de la famille d'Orléans amena des protestations et des démissions chez les hommes politiques ; mais aucun évêque ne protesta contre le don de 5 millions fait là-dessus au clergé (4). Parmi les prélats favorables au nouvel ordre de choses on remarqua surtout Parisis et Salinis : le premier passait depuis les *Cas de conscience* pour l'évêque libéral par excellence ; le second, candidat

(1) Ce fut surtout dans son instruction pastorale du 3 décembre 1852 que Dupanloup recommanda la dignité, la réserve.

(2) *Œuvres*, I, p. 552 sqq. : « Il serait de fort mauvais goût de jeter l'insulte à la période républicaine qui expire. Ce serait plus qu'une indélicatesse, ce serait une ingratitude et une injustice. » Mais la République ne pouvait subsister en France.

(3) *Univers*, 7 janvier 1852.

(4) Lecanuet, *Montalembert*, III, p. 66.

républicain et démocrate en 1848, allait devenir le panégyriste le plus chaleureux de l'empire autoritaire. Les catholiques libéraux devaient plus tard flétrir en termes sévères cette double palinodie (1).

L'alliance de l'Église avec le gouvernement se révélait de toutes façons. Les fêtes religieuses étaient honorées de la présence des fonctionnaires, qui parfois y prenaient la parole (2). Une des plus remarquables manifestations de ce genre fut la série de fêtes organisées par l'évêque d'Amiens à l'arrivée des reliques de sainte Theudosie; Salinis y avait convoqué de nombreux évêques, et l'on exalta en même temps la victoire de l'ultramontanisme et la restauration catholique opérée par l'Empire. Le gouvernement, à son tour, faisait participer le clergé à

(1) Lacordaire écrivait à Salinis en 1858 : « Je ne dissimulerai pas à Votre Grandeur que depuis quelques années bien des choses nous ont séparés. » Et il lui reprochait l'appui donné à l'*Univers*, à ses violences, à ces « pauvres personnages et ces pauvres théories ». (Voir Ladoue, *Vie de Salinis*, p. 256 sqq.) Montalembert écrivait en 1868 à Ladoue : « Royaliste exalté sous la Restauration, libéral prudent et candidat à l'épiscopat par mon entremise sous Louis-Philippe, admirateur du peuple souverain et candidat à ses suffrages sous la République, panégyriste effronté du pouvoir absolu sous le second Empire, Mgr de Salinis est un de ceux qui, par leur exemple même plus que par leurs doctrines, ont enseigné à la France à passer de main en main comme une prostituée. » Rappelant à ce propos « la grande palinodie » des catholiques, Montalembert ajoutait : « Mgr de Salinis et Mgr Parisis ont été les principaux acteurs de cette honteuse comédie. » (Lecanuet, III, p. 419.)

(2) Citons comme exemple le discours prononcé, à la clôture du jubilé, par le sous-préfet de Clamecy, après les troubles qui avaient suivi le 2 décembre : « Le drapeau rouge a disparu pour faire place au symbole du christianisme, qui s'élève majestueusement devant nous ! Peuple, découvre-toi devant la majesté de ton Dieu, du Dieu d'Israël, qui a fait peser sur tes ennemis sa main puissante ; fléchis le genou devant ton créateur, ton bienfaiteur et ton maître !... » (*Univers*, 9 janvier 1852).

ses œuvres. Le ministre de l'intérieur, voulant développer les sociétés de secours mutuels, conseillait de faire appel aux curés : « Placer l'association, disait-il, sous la protection de la religion, c'est emprunter ce qu'il y a de bon, d'élevé, de généreux dans ces vieilles corporations qui marchaient sous la bannière et portaient le nom d'un saint (1). » La guerre de Crimée, commencée pour la protection des moines latins, apparut comme une croisade et fut célébrée par tout le clergé. On admira la ferveur religieuse des troupes qui assiégeaient Sébastopol. Sainte-Beuve racontait avec attendrissement l'envoi par Napoléon III d'une image de la Vierge à la flotte française (2). Des conversions avaient lieu parmi les lettrés : Augustin Thierry, qui se disait lui-même « un rationaliste fatigué », cédait aux exhortations de Gratry (3). Lamennais seul résistait pendant ses derniers jours à toutes les instances.

Les catholiques profitèrent de la situation politique pour continuer l'œuvre la plus importante à leurs yeux, la conquête de l'enseignement secondaire. La réaction conservatrice avait servi leurs efforts depuis 1849, en rendant suspect l'enseignement laïque à tous les degrés. Les instituteurs primaires, pourchassés comme socialistes, furent mis partout sous la surveillance à peu près officielle des curés. (4) Les haines locales se déchaînaient contre eux : Pierre

(1) Cité par AMELINE, *Des Institutions ouvrières au dix-neuvième siècle*, 1866, p. 43.

(2) *Causeries du lundi*, X, p. 75.

(3) Voir le récit de Gratry dans le *Correspondant*, juin 1856.

(4) L'*Univers* (6 mars 1852) citait, en la déclarant remarquable, la circulaire du recteur des Deux-Sèvres aux instituteurs de ce département. La circulaire leur rappelle qu'ils « doivent rester de modestes fonctionnaires », qu'ils ont des connaissances médiocres, et que « aujourd'hui plus que jamais, l'éducation et l'enseignement doivent être fondés sur la religion ».

Vaux, un instituteur « rouge », fut après le 2 décembre accusé faussement d'incendies nombreux et condamné aux travaux forcés. L'enseignement supérieur était surveillé par le pouvoir autant que par la presse catholique (1). L'enseignement secondaire subissait la dictature de Fortoul; ceux qui abandonnèrent à cette époque l'Université pour échapper à ce régime, les Sarcey, les Taine, ont fait, dans leurs lettres et leurs souvenirs, le tableau de la vie imposée alors aux professeurs. Ceux-ci ne pouvaient guère compter sur leurs chefs administratifs, surveillés par les évêques, et souvent choisis hors du personnel enseignant pour mater les indociles. La discipline sévère imposée à l'École Normale Supérieure avait pour objet de préparer un corps universitaire obéissant.

Cette compression de l'enseignement laïque favorisa les progrès de l'enseignement ecclésiastique. L'Assemblée Législative, qui vota la loi de 1850, ne semble pas avoir cru qu'elle pourrait être utilisée immédiatement par le clergé; mais celui-ci déploya une telle activité que, deux ans après le vote, il avait obtenu déjà des résultats remarquables. On le constate en lisant le rapport adressé par Beugnot en 1852 au Comité de l'enseignement libre qui, sous la présidence de Molé, travaillait à la fondation de collèges catholiques (2). De nombreux conseils municipaux, dit-il, ont remis aussitôt leurs collèges à des supérieurs ecclésiastiques ou les ont offerts aux évêques; un an après la promulgation de la loi, 257 nouveaux établissements étaient ouverts, sans compter 119 petits séminaires déjà existants, qui se sont presque tous transformés en collèges d'ensei-

(1) Voir les articles de l'*Univers* sur les cours professés à Paris, 8 janvier, 15 et 21 février 1852, etc.

(2) *Rapport au Comité de l'enseignement libre sur l'exécution et les effets de la loi organique de l'instruction publique*, 1852,

gnement secondaire. Les conseils académiques se
louent de ces fondations religieuses. Le conseil supérieur de l'instruction publique a su bien appliquer
la loi, autorisant dès 1850 la ville de Mende à traiter
pour son collège avec le P. Valentin, mandataire
des Jésuites; plus de vingt maisons d'éducation appartiennent aujourd'hui à cette Compagnie. « Ainsi se
trouve réparée la grande iniquité de 1828 (1). » La
Constitution de 1848, il est vrai, forçait les petits
séminaires à subir une clause fâcheuse, l'inspection
de l'État; mais dans la pratique cette règle est de-
meurée sans effet, grâce à l'énergie des évêques; le
ministre a défendu alors aux inspecteurs d'assister
aux classes, moyennant quoi les prélats ont consenti
à les laisser pénétrer dans leurs maisons. En somme,
conclut le rapport, les effets de la loi sont bons, et
« la lutte entre le clergé et l'Université n'est plus
qu'un souvenir ».

Beugnot, qui appartenait au groupe des catholiques libéraux, se plaignait que l'État, par le décret
du 9 mars 1852, reprit sur l'enseignement un pouvoir excessif. Mais le clergé, l'épiscopat surtout,
n'avait pas alors de pareilles défiances. Au contraire,
plusieurs évêques espéraient que l'alliance avec
l'Empire vaudrait à l'Église bien d'autres avantages.
Le Concordat signé en 1855 entre Pie IX et l'Autriche leur paraissait un modèle encourageant.
C'était en matière d'enseignement surtout que leurs
exigences étaient grandes. Parisis négocia longtemps
pour faire substituer à la loi Falloux un régime plus
franchement catholique (2). L'évêque de Montauban,
Doney, adressa en 1858 à l'empereur une lettre sur

----

(1) Beugnot constate aussi que les quatre évêques sié-
geant au Conseil supérieur y sont devenus « les arbitres in-
contestés de toutes les affaires qui touchaient, même de
très loin, aux matières religieuses ». (P. 38.)

(2) Voir la lettre du vicomte de Melun à Falloux (16 mars

les réformes nécessaires pour catholiciser la nation (1).

Si l'on veut voir comment certains catholiques, jadis libéraux, comprenaient la politique, il faut lire les discours prêchés à la chapelle des Tuileries, pendant le carême de 1857, par l'ancien panégyriste d'O' Connell, le P. Ventura. Tout pouvoir, dit-il, doit être le serviteur de Dieu ; les gouvernements qui ne l'ont pas compris sont tombés, depuis la Révolution jusqu'à la monarchie de juillet. Le pouvoir a besoin du catholicisme, qui seul enseigne aux classes laborieuses la résignation ; il n'a pas le droit d'interpréter la loi divine, mais le devoir de veiller au maintien de l'autorité religieuse. L'égale protection due à tous les cultes est un mensonge : « Le pouvoir public peut tolérer, là où elles se trouvent établies, les fausses religions, mais il ne doit ses sympathies et sa sérieuse et efficace protection qu'à la véritable. » Le gouvernement, s'il n'obéit pas à l'Eglise, est condamné à subir la souveraineté du peuple. Napoléon III, continue le prédicateur, a compris ces vérités. La restauration de l'Empire a été l'œuvre de Dieu, et ne durera que s'il reste fidèle à Dieu. Le second Empire est supérieur au premier. Il a défendu la religion en Crimée : « Les beaux jours des croisades resplendirent une seconde fois en

1855), citée par Baguenault de Puchesse dans le *Correspondant*, 25 mars 1882.

(1) D'après Doney, l'enseignement primaire doit appartenir aux congrégations religieuses; les garçons, là où ce système n'est pas possible, seront confiés à des élèves des Frères. Dans l'enseignement secondaire, les petits collèges ne mèneront les études que jusqu'à la troisième et seront abandonnés aux prélats; dans les lycées et les collèges, le gouvernement ne doit nommer professeurs d'histoire et de philosophie que des catholiques bien orthodoxes. On doit prescrire aux professeurs d'enseignement supérieur de ne rien dire qui attaque « directement ou indirectement » les dogmes révélés. (DURUY, *Notes et Souvenirs*, I, p. 339 sqq.)

Orient. » Il saura éviter les formes diverses du paganisme, le rationalisme en philosophie, le sensualisme en morale, l'individualisme dans l'ordre domestique, le communisme dans l'ordre économique, le despotisme en politique, le vandalisme dans les relations internationales, le césarisme en religion. Pénétré de l'esprit chrétien, l'Empire ne périra pas avec Napoléon III (1). Le langage du célèbre théatin était d'accord avec les idées de Louis Veuillot et de l'*Univers*. Montalembert et ses amis se sont plu maintes fois à recueillir les formules que ce journal jetait comme un défi à la France moderne (2).

II

Il était nécessaire de faire connaître brièvement les opinions et les tendances contre lesquelles combattirent les hommes définitivement désignés depuis cette époque sous le nom de catholiques libéraux. Parmi eux Lacordaire doit être mis à part, à la gauche de ce groupe. Bien que séparé de l'*Ère nouvelle*, Lacordaire avait sévèrement jugé la politique de droite soutenue par Montalembert ; il avait désapprouvé aussi l'adhésion au coup d'État. Prononçant à Notre-Dame un sermon de charité le 22 janvier 1852, il y mêla quelques allusions défavorables à l'événement qui venait de s'accomplir. L'année suivante, le 10 février 1853, on apprit qu'il prêcherait à Saint-Roch ; le public vint nombreux, frémissant ; le dominicain

(1) VENTURA, *le Pouvoir politique chrétien*, 1858. Le livre est précédé d'une introduction élogieuse par Louis Veuillot. Ventura le compléta par un nouvel ouvrage, *Essai sur le pouvoir public* (1859). Napoléon III blâma les exagérations du prédicateur. (BAZIN, *Mgr Maret*, II, p. 87.)

(2) Voir les citations recueillies par Montalembert, dans LECANUET, III, p. 88.

parla en beaux termes de la grandeur du caractère, de la virilité chrétienne, et rappela que l'homme qui emploie des moyens misérables pour atteindre son but est un misérable (1). Le gouvernement eut l'esprit de faire louer ce discours par le *Moniteur;* mais Lacordaire, comprenant que la prédication à Paris n'était plus libre, alla se confiner dans le collège de Sorèze. Il demeurait l'ami de la liberté, l'ennemi du despotisme, et confiait ses opinions au jeune prêtre devenu son élève de prédilection, l'abbé Perreyve (2). Son aversion contre le parti de l'*Univers* lui fit oublier les récents froissements et le rapprocha du groupe qui dirigeait le *Correspondant* (3).

A la tête de ce groupe se plaça Montalembert. Son adhésion publique au 2 décembre, son discours à l'Académie française paraissaient l'attacher définitivement à la politique de réaction ; mais chez ce gentilhomme fougueux et sentimental les revirements étaient brusques et complets. Dès le commencement de 1852 le Prince-Président le mécontenta en écoutant peu ses conseils, et la confiscation des biens des d'Orléans lui fournit un prétexte honorable pour quitter la commission consultative. Quelques mois il garda le silence; enfin parut, en octobre 1852, l'écrit qui marquait sa rupture avec le nouveau gouvernement. Cette brochure a pour titre *Des intérêts catholiques au dix-neuvième siècle.* Elle expose d'abord les progrès du catholicisme en France depuis

----

(1) Voir un texte de ce discours, publié par Roussel dans *Demain*, 14 et 21 septembre 1906.

(2) Voir les *Lettres* de Perreyve : il avait voulu après le 2 décembre manifester contre le coup d'État. Il écrit, le 29 novembre 1857, de Sorèze, où Lacordaire l'avait appelé : » Nous faisons une politique où l'alliance serait conclue entre le christianisme et la liberté, où l'on aimerait Dieu sans haïr les hommes. » Voir sur lui la lettre de Lacordaire à Mme Swetchine, du 5 octobre 1855.

(3) Voir ses lettres à Mme Swetchine, 11 avril et 14 mai 1856.

le commencement du siècle. La sympathie pour l'Église est redevenue générale. La liberté de l'enseignement porte ses fruits : « on offre aux évêques plus de maisons qu'ils n'en peuvent diriger, aux jésuites plus d'élèves qu'ils n'en peuvent instruire ». Les prélats ont tenu treize conciles provinciaux. L'armée française protège Rome, et le Saint-Siège tient une grande place dans les pensées de la France (1). Le gallicanisme est aux abois. L'histoire de l'Église, l'art du moyen âge ont été restaurés ; la liturgie romaine gagne peu à peu tous les diocèses. Les grandes associations, Saint-Vincent de Paul, l'archi-confrérie de Notre-Dame-des-Victoires, la Propagation de la foi, grandissent chaque jour. Les jésuites sont revenus, suivis par les bénédictins, les dominicains, les capucins ; les congrégations de femmes pullulent. Le catholicisme a seul tiré profit de la crise révolutionnaire commencée en 1848 (2).

Comment a-t-il remporté ces victoires ? Par la liberté, continue Montalembert. Il ne s'agit pas de la liberté illimitée, mais de la liberté *honnête et modérée*, qui coexiste avec l'autorité ; point n'est besoin de la réclamer au nom d'une théorie absolue : en fait, c'est aujourd'hui un bien (3). Les catholiques

(1) « Celui qui a vu nos soldats agenouillés, dans leur force et leur simplicité, sur la place du Vatican, inclinant leurs bannières libératrices, ayant devant eux Saint-Pierre, la cathédrale du monde, sous leurs pieds la poussière des martyrs, sur leur tête la main de Pie IX étendue pour les bénir, celui-là peut se dire qu'il a vu le plus beau spectacle que puisse éclairer le soleil. »

(2) Darboy avait déjà dit, en parlant de la révolution de 1848 : « De tout ce qu'elle a promis et essayé, il ne reste véritablement rien, excepté ce qu'elle a fait pour l'Église. » (*Correspondant*, 25 novembre 1850.)

(3) Montalembert ajoute que ce bien est compromis par la démocratie : « La démocratie est incompatible avec la liberté, parce qu'elle a pour base l'envie sous le nom d'égalité, tandis que la liberté, par sa nature même, proteste

l'abandonnent aujourd'hui et se laissent entraîner vers l'absolutisme : ils oublient le mal que le despotisme a toujours fait à l'Eglise ; ennemis du paganisme religieux, ils se gardent mal du paganisme politique. La liberté politique, il est vrai, entraîne à sa suite la liberté religieuse (1) ; mais celle-ci est aujourd'hui une garantie pour l'Église. D'ailleurs les catholiques français ont longtemps invoqué la liberté : « Ce n'était donc qu'un masque, vous dira-t-on, que cet amour de la liberté dont vous vous targuiez, un masque incommodément porté pendant vingt ans, et que vous avez jeté à la première occasion favorable ! » Certains déclarent aimer la liberté, mais repousser le régime représentatif ; c'est pourtant la seule façon de la réaliser en politique. On parle de la remplacer par des libertés provinciales ; pour cela il nous manque des provinces et des libertés. Le régime parlementaire donnera au moins autre chose que des muets ou des valets ; il sera la meilleure défense contre le socialisme, qui ne peut résister aux franches explications de la tribune. La liberté reparaîtra d'ailleurs en France, que les catholiques le veuillent ou non.

Cet éclatant manifeste était encore empreint d'esprit conservateur, de défiance envers le suffrage universel ; mais il séparait décidément Louis Veuillot de Montalembert. Celui-ci ne se départit plus de sa ligne de conduite. Au Corps législatif, malgré la gêne que lui causaient la froideur de l'auditoire et le silence de la presse, il fut pendant quelques années le seul représentant de l'opposition. Les catholiques le lui firent expier ; le clergé franc-comtois refusa les offrandes apportées par le député du Doubs ; le

sans cesse contre le niveau tyrannique et brutal de l'égalité. »

(1) « Je n'hésite pas à le dire, si on pouvait supprimer la liberté de l'erreur et du mal, ce serait un devoir. »

gouvernement et les prêtres s'unirent en 1857 pour empêcher sa réélection. Un de ses amis, un prêtre de Limoges, l'abbé Texier, fut averti qu'on le nommerait évêque s'il voulait se séparer ouvertement de Montalembert ; comme il refusait, l'évêque de Limoges lui retira ses fonctions de supérieur du séminaire (1).

Montalembert n'était pas homme à reculer devant la lutte. Pour combattre l'*Univers* et l'Empire, son organe fut le *Correspondant*. Cette revue menait depuis quelques années une vie languissante sous la direction de Charles Lenormant. Celui-ci avait combattu comme Veuillot contre le mouvement démocratique ou socialiste, et protesté comme lui contre la loi Falloux. Mais depuis le 2 décembre l'universitaire libéral, à tendances légitimistes, s'effrayait de l'entraînement des catholiques vers le despotisme (2) ; ultramontain convaincu, il leur reprochait de crier au gallicanisme dès qu'on osait désapprouver quelques exagérations (3). Ce fut pour défendre avec plus d'éclat des idées semblables que les chefs catholiques libéraux prirent en 1855 la direction du *Correspondant*.

Montalembert fut, sous le patronage de Dupanloup, le meneur du nouveau groupe ; il entraîna Falloux, qui hésitait d'abord ; un nouveau venu, le prince

(1) Hubert Texier, *Correspondance de Montalembert et de l'abbé Texier*, p. 357.

(2) C'est dans le numéro du 24 mars 1852 qu'il présenta ses premières observations à ce sujet, antérieurement à la brochure de Montalembert. Voir aussi sa préface dans le numéro d'avril 1853 : « C'est au nom de la liberté, au nom de la raison, au nom de la science qu'on nous combat aujourd'hui, et l'on a des arguments spécieux pour le faire. »

(3) « Il y a peut-être mieux à employer son temps parmi nous qu'à prêcher l'ultramontanisme, c'est-à-dire, en bon français, qu'à enfoncer une porte ouverte. » (*Correspondant*, avril 1853.)

Albert de Broglie, prit bientôt une grande place dans la revue. A côté de ces gentilshommes, la bourgeoisie anoblie était représentée par Augustin Cochin; ce personnage actif, intelligent, sincèrement libéral, donnait aux œuvres charitables et à l'industrie le temps qu'il aurait aimé, sous un autre régime, consacrer à la politique. Ces hommes riches, cultivés, de bonne compagnie, presque tous membres ou futurs membres de l'Académie française, possédaient une action réelle sur les salons catholiques; ils avaient les défauts que l'on contracte dans les cénacles académiques, l'admiration mutuelle (1) et une indifférence complète pour l'opinion populaire. C'était un homme du peuple que Louis Veuillot; il savait parler à la masse des fidèles et des prêtres. A côté de lui marchaient d'infatigables polémistes, comme Guéranger, que Pie IX appelait amicalement Dom Guerroyer, comme Jules Morel, voué spécialement à la poursuite des erreurs libérales. L'épiscopat se partageait entre les deux écoles; la plupart des évêques, surtout les Guibert et les Landriot, inclinaient vers Dupanloup; les archevêques de Paris, Sibour, Morlot, Darboy, eurent des tendances pareilles; le doyen gallican de la Faculté de théologie, Maret, signalait fréquemment les dangers causés par le parti *ultra*. Mais l'*Univers* avait pour lui les évêques les plus écoutés à Rome, un Pie, un Gousset, en même temps que les prélats les plus en faveur aux Tuileries, les Parisis et les Salinis. Chacun des deux groupes était obsédé par la haine contre l'école rivale. Quand on lit la correspondance de Veuillot, tout d'abord on éprouve de la sympathie pour l'homme, pour sa conviction, son désintéressement, son indépendance; mais bientôt

(1) Le jeune abbé de Broglie se plaignait de ces éloges continuels. (Voir BAUDRILLART, *l'Abbé de Broglie*, dans le *Correspondant*, 25 mars 1902.)

l'impression dominante est l'ennui, qui va parfois jusqu'à l'agacement, lorsqu'on voit sans cesse reparaître les catholiques libéraux, les « Falloupins » et « Monseigneur Félix » (Dupanloup). Ce que nous avons des lettres et du journal de Montalembert nous le montre subissant aussi la hantise quotidienne de l'*Univers*.

Ce journal avait critiqué le prospectus qui annonçait la réorganisation du *Correspondant*. Albert de Broglie lui répondit par un article sur la polémique religieuse (1). — Cette polémique, dit-il, remplit maintenant les journaux, puisque le pouvoir n'a pas laissé d'autres sujets à leurs discussions. Comment parlent-ils de la religion ? La presse délicate et lettrée, autrefois bienveillante pour l'Église est devenue hostile. La presse révolutionnaire approuvait en 1848 la bénédiction des arbres de la liberté, ou la fête religieuse donnée pour inaugurer la Constitution ; elle est unanime aujourd'hui à combattre l'Église, ce qui prouve que celle-ci n'est plus aimée dans les masses. La presse bonapartiste, qui avait tant célébré l'alliance du gouvernement et du clergé, ne parle plus de celui-ci que sur un ton protecteur et quelque peu dédaigneux. Les événements récents expliquent en partie ce recul : les classes élevées s'écartent de l'Église parce que le danger social est conjuré ; les classes laborieuses, parce qu'elle ne leur a point donné le paradis terrestre. Mais cela vient aussi du langage tenu par les journalistes catholiques. Leur nouvelle méthode, c'est d'accepter comme vraies toutes les calomnies proférées contre l'Église, et d'ajouter que tout cela est bien et doit être ainsi. L'accord s'établit donc entre les assertions des écrivains catholiques et des polémistes irréligieux. Les

____

(1) *Des Caractères de la polémique religieuse actuelle.* (*Correspondant*, janvier 1856.)

uns et les autres affirment l'opposition entre la raison et la foi, l'incompatibilité entre la société de 1789 et l'Église ; les uns et les autres disent que l'Église est intolérante, et les journaux catholiques ajoutent que l'intolérance est de droit dès qu'elle est possible, en même temps ils font du pouvoir absolu un dogme consacré par la religion. Voilà pourquoi la presse irréligieuse a grand soin de faire connaître à ses lecteurs les articles de la presse religieuse. On écarte ainsi les modérés, les hésitants, jusque-là sympathiques à la religion, et l'on prépare contre elle une réaction redoutable (1).

Les catholiques libéraux, continue Broglie, n'admettent pas ces oppositions irréductibles. Ils nient l'antagonisme de la raison et de la foi, tout en surveillant la philosophie qui ne fait pas à la foi une part suffisante. Ils nient l'antagonisme entre l'Église et la société moderne. Ils ne veulent pas laisser dire qu'en réclamant la liberté depuis dix ans ils ont été ou menteurs ou hérétiques. Ils ne veulent pas que l'Angleterre, la Prusse, la Hollande, puissent croire les minorités catholiques prêtes à devenir persécutrices dès qu'elles en auront le pouvoir. L'Eglise doit désirer la liberté pour tous, car elle en a besoin pour elle-même.

A l'article grave et froid d'Albert de Broglie succéda le pamphlet virulent de Falloux (2). Le parti catholique, dit-il, est né du refus de la liberté d'enseignement ; l'appel qu'il fit aux idées libérales explique la popularité de l'Église en 1848. A ce moment le danger social décida le parti catho-

(1) « On aura réuni contre l'Église, dans une formidable coalition, non seulement le sophisme des esprits faux, mais le raisonnement des esprits sensés ; non seulement l'orgueil des ambitieux, mais la dignité des gens de bien. »

(2) *Le Parti catholique, ce qu'il a été, ce qu'il est devenu.* (*Correspondant,* avril et mai 1856.)

lique à se fondre dans le grand parti conservateur, à défendre l'ordre ; il en fut récompensé par la
loi sur l'enseignement, cette loi que l'*Univers* a combattue et que le pape a fait accepter de tous. Après
ce résumé historique, Falloux s'en prend directement à Veuillot, à son style, aux procédés de sa
polémique. Elle a pour résultat d'exaspérer les ennemis du catholicisme, d'éloigner ses alliés : on vante
la Saint-Barthélemy, la Révocation ; Henri IV est
traité de pourceau, Louis XVIII insulté comme
auteur de la Charte. Ce mot de 89, symbole des
institutions que la France veut conserver, sert de
thème à des outrages quotidiens. L'*Univers*, en
somme, a divisé les catholiques, arrêté le retour
vers la foi, et rendu plus haute la barrière qui séparait le clergé du reste de la nation.

Quelques mois après, Montalembert chargeait à
son tour avec sa *furia* coutumière (1). Il signale,
lui aussi, l'impopularité croissante du clergé, la
force de la réaction antireligieuse dans la jeunesse,
dans les classes intelligentes, et même dans les
classes ouvrières. Le clergé apparaît comme l'ennemi de la liberté (2). Or il l'avait réclamée pendant
longtemps : « on a étalé ainsi, au nom du clergé, et
en abusant de son silence, la plus triste palinodie
dont le dix-neuvième siècle ait donné le spectacle ».
On a injurié la République tombée, en raillant la
place qu'elle donnait aux évêques dans les cérémo-
nies publiques : « Soyez tranquilles, si jamais elle
revient, elle ne donnera plus ces prétextes-là à vos

(1) *Des Appels comme d'abus.* (*Correspondant*, avril 1857.)
(2) « Si le clergé n'avait fait qu'accepter et soutenir le
gouvernement impérial, comme l'a soutenu et accepté presque toute la France, peu de gens lui en feraient un crime.
Mais une portion du clergé a fait, ou du moins a laissé
faire en son nom ce que ni le gouvernement n'avait entrepris, ni le pays n'avait accepté, savoir : la réhabilitation
théorique du despotisme. »

moqueries posthumes. » L'Eglise ne sait plus comment se défendre, car personne en France n'admet la cynique théorie qui se réduit à dire : « Quand je suis le plus faible, je vous demande la liberté, parce que c'est votre principe ; mais quand je suis le plus fort, je vous l'ôte parce que c'est le mien. »

Louis Veuillot était de taille à se défendre. Il ne laissa passer aucune de ces attaques sans riposter. Il affirma hautement ses sympathies pour le gouvernement qui protégeait l'Église ; il montra Montalembert, ce catholique sincère et complet, peu à peu retourné par Falloux et par les coteries académiques. Il railla le *Correspondant*, ce « cénacle d'âmes souffrantes d'où s'élève un gémissement éternel sur les périls que l'*Univers* fait courir à la religion, à la liberté, à l'esprit humain, aux belles-lettres, à tout ce qui est beau et bon dans le monde (1) ». Le gouvernement prit parti dans le débat ; il infligea un avertissement au *Correspondant* pour l'article d'Albert de Broglie, un autre pour celui de Montalembert. L'année suivante (1858) il devait punir un nouvel article de celui-ci par des poursuites et une condamnation suivie de la grâce impériale.

Veuillot reprochait à ses adversaires de songer avant tout à l'Académie française. Et en effet, celle-ci devint le club où les catholiques libéraux, alliés au groupe orléaniste et doctrinaire, dirigeaient contre l'Empire une Fronde peu dangereuse, mais désagréable pour Napoléon III. Dupanloup fut élu en 1854 malgré les efforts des impérialistes. Falloux se présenta en 1855 et réussit en 1856 (2). Plus tard

(1) *Le Parti catholique*. Cette réponse aux articles de Falloux contient un historique très intéressant de la politique catholique depuis 1843.

(2) Voir, sur ces élections, diverses lettres de Tocqueville dans la *Correspondance* d'Ampère.

ce fut le tour de Laprade ; puis la coalition catholique et libérale remporta un triomphe en obtenant l'élection de Lacordaire. Celui-ci eut Albert de Broglie comme successeur ; plus tard L. de Carné, puis Gratry vinrent fortifier la petite garnison qui veillait avec un soin jaloux sur la citadelle académique.

La guerre entre l'*Univers* et le *Correspondant* fut accompagnée d'une lutte ecclésiastique, dont il suffit de noter les principaux incidents. Sibour avait essayé de soumettre le journalisme religieux à l'épiscopat. Dupanloup reprit sa tentative à propos d'une discussion très vive, sur laquelle je reviendrai, concernant les livres classiques. Le 3o mai 1852 il adressa au clergé de son diocèse un mandement qui attaquait nominativement l'*Univers* ; Veuillot se défendit avec un mélange habile de déférence et de fermeté. Dupanloup, soutenu par Sibour et le cardinal Mathieu, rédigea une déclaration qui affirmait les droits de l'épiscopat en face des journaux catholiques ; quarante-six évêques y adhérèrent. Mais la lettre publique de Parisis en faveur de Veuillot, l'abstention de plusieurs prélats empêchèrent Dupanloup de remporter une victoire complète. Il était d'ailleurs piquant de voir l'évêque libéral d'Orléans invoquer l'autorité, les amis de Veuillot défendre la liberté de la presse. En 1853 le grand théoricien espagnol du catholicisme intransigeant, Donoso Cortès, ami intime de Veuillot, fut accusé d'hérésie par un vicaire général d'Orléans, l'abbé Gaduel ; tout le monde croyait celui-ci inspiré par son évêque. Attaqué très vivement par Louis Veuillot, Gaduel porta plainte auprès du métropolitain, Sibour, qui lança une ordonnance contre l'*Univers*. Veuillot était précisément à Rome, il obtint une lettre du secrétaire du pape, qui lui conseillait la modération, mais le comblait d'éloges. Bientôt l'encyclique *Inter multiplices* vint recommander à tous l'apaisement, Veuillot avait en somme échappé au droit de censure que réclamait l'épiscopat.

Ses ennemis ne désarmaient pas. En 1856 parut l'*Univers jugé par lui-même*, recueil de citations destiné à montrer les palinodies et la mauvaise foi du journal. Veuillot, persuadé que c'était un nouveau coup de Sibour et de Dupanloup, poursuivit en diffamation l'abbé Cognat, qui avait pris la responsabilité du livre. L'assassinat de l'archevêque de Paris décida les deux parties à renoncer au procès. Mais ce n'était qu'une trève, et les frères ennemis allaient bientôt recommencer leurs attaques réciproques, pendant que les spectateurs gallicans, protestants ou libres-penseurs, marquaient ironiquement les coups (1). Cela n'empêchait pas d'ailleurs l'alliance entre l'Église et l'Empire de s'affirmer en mainte occasion. Le baptême du prince impérial réunit tout l'épiscopat français autour du cardinal légat qui représentait Pie IX, parrain de l'enfant. Ce fut surtout le voyage de Napoléon III et de l'impératrice en Bretagne, après l'attentat d'Orsini et la loi de sûreté générale, qui sembla proclamer devant le monde entier l'union du trône et de l'autel.

III

Les Montalembert et les Falloux disaient vrai en parlant du mécontentement que soulevait l'alliance de l'Église avec le régime autoritaire. La chose était même plus exacte qu'ils ne le pensaient, car cette hostilité se développait surtout dans les classes populaires, qui leur demeuraient inconnues. Mais des sentiments semblables se firent jour dans les classes élevées, chez ceux qui, sans être des catholiques mi-

(1) Il faut lire surtout à ce sujet l'*Observateur catholique,* journal ultra-gallican de l'abbé Guettée.

litants, continuaient à faire partie de l'Église. Parmi,
eux se trouvaient des intellectuels, des universitaires,
indignés par l'influence croissante de l'*Univers*.
Saint-René Taillandier, par exemple, ce critique si
informé des choses étrangères, si préoccupé des
questions religieuses, dénonçait la tyrannie des intransigeants (1). Des hommes politiques tenaient le
même langage. L'un d'eux, profondément croyant,
Léon Faucher, signalait à un correspondant anglais
la gravité du péril pour le clergé, convaincu d'em-
piétements et de prétentions inacceptables (2).

Personne n'a mieux décrit cet état d'esprit que
Tocqueville. C'était un catholique, pénétré de la grandeur, de la nécessité de la religion ; mais c'était plus
encore un libéral. Lui qui avait montré à ses com-
patriotes, par l'exemple des États-Unis, combien
l'esprit religieux fortifie des institutions libres, il
détestait à la fois le fanatisme et le snobisme catholiques. La piété de l'aristocratie frivole et dépensière
qui jouait à la Bourse, lui inspirait peu de confiance (3) ; celle de la bourgeoisie, qui acceptait la

(1) « Certains esprits se sont persuadé que la religion
était en péril s'ils n'imposaient despotiquement leur servile
façon de la comprendre... Les esprits indifférents aux choses
divines soupçonnent à peine cette tyrannie, ils entendent
les clameurs des énergumènes, ils sourient de pitié et continuent leur route. Ceux qui souffrent, ce sont les cœurs
religieux ; ils se demandent ce qu'ils peuvent avoir de
commun avec de tels personnages, ils se sentent repoussés
par ces envahisseurs de leurs domaines, et plutôt que de
subir les conditions qu'on veut leur imposer, plutôt que de
sacrifier la raison, de renoncer au spiritualisme, de renier
toutes les révélations naturelles, ils abandonnent une religion de lumière transformée en une officine de ténèbres. »
(*Histoire et Philosophie religieuses*, 1860, introduction.)

(2) LÉON FAUCHER, *Biographie et Correspondance*, 1888, lettre
du 14 février 1853.

(3) Il écrit à Ampère (27 décembre 1855), à propos de la
mort de Molé : « Avec lui nous avions l'aristocratie qui aimait les idées et les lettres ; avec d'autres nous avons celle

foi comme une garantie pour ses richesses, lui semblait ridicule (1). Mais ce qui l'exaspéra surtout contre les prêtres, ce fut l'alliance avec l'Empire. Il en parlait souvent à des amis plus engagés que lui dans le mouvement catholique, surtout à Corcelle : « Il faut pardonner quelque chose, lui écrivait-il, à la douleur, je pourrais presque dire au désespoir qu'éprouve, à la vue de ce qui se passe, un homme aussi convaincu que je le suis que la véritable grandeur de l'homme n'est que dans l'accord du sentiment libéral et du sentiment religieux (2). » Au besoin Tocqueville s'adressait à un évêque pour lui reprocher d'avoir appelé Napoléon III l'envoyé du Très Haut (3).

Un peu plus éloignés du catholicisme étaient des hommes de juste milieu, d'éducation spiritualiste, qui admiraient la religion sans en observer les pratiques. *Le Journal des Débats* représentait leurs opinions ; cette feuille universitaire et libérale n'attaquait jamais le catholicisme ; elle critiquait souvent les prétentions cléricales et revendiquait les droits de la raison. Cet esprit apparaît dans les articles d'un de ses plus brillants rédacteurs, Hippolyte Rigault. Il se plaint de tous les excès : « Les honnêtes gens qui

qui aime les équipages, les belles livrées, les grands noms, les titres, les saintes œuvres, tout cela mêlé et pétri ensemble. Mauvais mélange, dont je n'approcherai guère. » (A.-M. Ampère et J.-J. Ampère, *Correspondance et Souvenirs* II, p. 280.)

(1) « Les socialistes ont fait et font encore si grande peur que l'épicier lui-même ne veut plus entendre parler que de sciences bien orthodoxes et de bonnes lettres afin de servir de frein au peuple, comme il dit, et d'empêcher celui-ci de piller son magasin et d'abolir la propriété et la famille. » (*Correspondance avec Gobineau*, p. 188.)

(2) Lettre de septembre 1853 dans *Œuvres et Correspondance inédites*, II, p. 228. Ce volume contient plusieurs lettres à Corcelle sur le même sujet.

(3) *Œuvres complètes*, VII, p. 490 (lettre du 4 mars 1858).

ne veulent entrer ni dans l'église de l'*Univers* ni dans
le temple de la déesse Raison, ne savent plus où se
mettre à genoux, pour prier Dieu à leur manière sans
être inquiétés » (1). Il blâme ces prédicateurs qui laissent entendre qu'on ne peut être honnête si l'on n'est
pas orthodoxe; leur langage est démenti par l'existence irréprochable des hommes « qui se tiennent
entre le scepticisme et l'orthodoxie, dans un juste
milieu philosophique et paisible, où ils croient trouver
le repos de leur conscience, et la règle de leur
vie (2). » Il montre le pamphlet pieux de Nicolardot
contre Voltaire suscitant, comme une réplique inévitable, le pamphlet irréligieux de Lanfrey sur le dix-
huitième siècle (3).

Enfin la violence était plus grande contre l'Église
chez d'autres écrivains qui, sans attaquer la religion
elle-même, se désignaient d'un terme nouveau et s'appelaient « anticléricaux ». Les uns étaient des bonapartistes de gauche, de ceux qui sympathisaient avec
le prince Napoléon ; tels Sainte-Beuve, revenu de ses
éloges pour le catholicisme d'Empire, et surtout Ed-
mond About, qui remua la France avec le récit de
l'affaire Mortara. Les autres étaient des républicains : les rédacteurs du *Siècle* surtout, qui se décla-
raient d'ailleurs chrétiens, consacrèrent leurs efforts
à dénoncer les abus du clergé, à mettre en lumière
toutes les hyperboles de Veuillot. C'est vers 1860,
qu'apparaît, avec son sens moderne, le mot de *clérical*, destiné à soulever en France tant de colères (4).

(1) *OEuvres complètes*, II, p. 303.
(2) *Ibid.*, IV, p. 54.
(3) « Il est évident que l'intolérance des radicaux en religion amasse chaque jour, dans l'âme de la jeunesse qui
pense, des colères et des haines prêtes à éclater. » (*Ibid.*,
III, p. 163.)
(4) Pie, évêque de Poitiers, disait dans une homélie de
1863 : « Après tant d'autres appellations outrageuses à
l'égard des hommes de foi, des hommes de bien, la suprême

Les catholiques intransigeants, confiants dans l'appui de l'Empire, méprisaient les attaques de la presse; la guerre d'Italie en 1859 vint brusquement les réveiller de leurs illusions.

injure aujourd'hui, c'est de les qualifier du nom de *cléricaux*. » (*Œuvres*, V, p. 8.) Sainte-Beuve écrivait, la même année, en soulignant deux fois ce mot : « Le parti dit *clérical* en est un, avec son organisation, ses nombreux moyens de propagande, sa presse si bien servie, son mot d'ordre si vite accepté et répété par tous ses organes, son injure facile, aisément calomnieuse, avec la difficulté où l'on est de l'atteindre dans le vif, en respectant, comme il convient, le religieux en lui et en n'attaquant que le *clérical*. » (*Nouveaux Lundis*, IV, p. 431.) Montalembert souligne aussi, quand il parle, dans le second discours de Malines, du despotisme « essentiellement *clérical* » de Ferdinand VII en Espagne.

CHAPITRE VII

LE MOUVEMENT INTELLECTUEL SOUS L'EMPIRE

Les questions politiques et sociales n'étaient pas
les seules à préoccuper, à diviser les catholiques; à
propos de philosophie ou d'histoire, d'éducation ou
de critique, on vit reparaître l'opposition des deux
groupes ennemis. Tous sont d'accord pour maintenir
les prétentions et la suprématie de l'Église; mais les
catholiques libéraux préfèrent les doctrines acceptables pour la raison, propres à gagner les hésitants
et les tièdes; les catholiques autoritaires vont tout
droit aux affirmations tranchées, aux jugements sans
appel, aux conséquences les plus rigoureuses du
dogme.

I

Ce fut cette opposition qui donna tant de vivacité
au débat sur les auteurs classiques. La campagne en
faveur de l'enseignement libre avait habitué les catholiques à s'occuper de pédagogie, à critiquer les
livres de classe employés dans les collèges universitaires; après la loi Falloux, il ne s'agissait plus de
critiquer, mais d'agir, d'organiser des collèges à eux.
Comment assurer à ces collèges un esprit chrétien ?

C'est à cette question que voulut répondre l'abbé
Gaume, vicaire général de Nevers, en publiant le
Ver rongeur. Ce livre porte bien la marque du temps
où il a paru; c'est l'année 1851, l'année de la grande
peur éprouvée par la bourgeoisie à l'approche de
l'échéance révolutionnaire annoncée pour 1852.
Gaume déclare que la société française est très
malade; le remède se trouve dans l'éducation. C'est
bien d'avoir fait l'enseignement libre; il est plus
important de le faire chrétien, car l'éducation des
classes supérieures influe sur celle des classes infé-
rieures, sur la vie sociale tout entière (1). Le ver
rongeur de l'Europe moderne, c'est le paganisme,
qui a conquis le monde chrétien depuis la Renaissance; s'il a corrompu la littérature, le langage, la
philosophie et l'art, s'il a détourné les sciences
physiques de leur véritable rôle, c'est parce que l'éducation lui appartient. Le paganisme scolaire détruit
la foi chez les enfants, parce qu'il ne laisse à la religion qu'une place infime, au lieu du premier rang
qui lui revient; il enseigne le mépris de la famille et
de l'autorité; Bastiat vient de montrer qu'il prépare
le triomphe du socialisme. Le temps est arrivé de
remédier à cela par une éducation vraiment chrétienne, où les élèves étudieront surtout les Pères de
l'Église et les autres grands auteurs catholiques. On
les dit barbares; mais le moyen âge est l'époque de
la vraie civilisation, des grandes Universités, de la
scolastique, de l'art chrétien. Le latin d'Église convient aux enfants par sa facilité. Jusqu'à la quatrième
inclusivement, tous les classiques seront chrétiens;
depuis la troisième on pourra y joindre les auteurs

(1) « Sous la question, en apparence fort secondaire, de
savoir qui approchera de l'enfant pour lui enseigner la lecture, l'écriture, le calcul, le grec ou le latin, se cache, en
dernière analyse, une question de souveraineté; *la férule
du maître est le sceptre du monde.* » (P. 17.)

païens, mais dans des éditions soigneusement revues, et ces auteurs mêmes seront expliqués chrétiennement (1). Voilà l'unique moyen de salut : « qu'il soit mis en œuvre franchement et universellement, et bientôt c'en est fait du socialisme, du communisme et de toutes ces formidables erreurs qui menacent de nous reconduire au chaos (2) ».

Cet ouvrage bizarre et passionné témoignait d'une foi naïve dans la toute-puissance du livre scolaire. La thèse de Gaume n'était pas nouvelle. Lamennais, à qui l'on doit toujours revenir quand il s'agit d'innovations catholiques, avait émis des opinions analogues, et nous avons vu son disciple Salinis tenter de les appliquer à Juilly. Mais l'esprit de réaction, très vif en 1851, fit le succès du *Ver rongeur*. Montalembert, qui n'était pas encore brouillé avec Louis Veuillot, adressa une lettre chaleureuse de félicitations à l'auteur (3). Mais les critiques ne tardèrent pas à venir. Les catholiques libéraux, toujours soucieux de ne pas creuser le fossé entre l'Église et le monde, repoussèrent une réforme aussi exclusive ; d'ailleurs l'enthousiasme bruyant de l'*Univers* eût suffi à les mettre en garde. Les congrégations religieuses, les jésuites surtout, voyaient condamné l'enseignement tel qu'ils le donnaient depuis trois siècles. Dupanloup, qui était à la fois l'apôtre des humanités et l'ennemi de Veuillot, répondit vigoureusement à

(1) « Il faut avoir soin de faire remarquer l'imperfection de leur sagesse, de leur force, de leur prudence, de leur tempérance, de leurs intentions et de leurs sentiments, en comparant toutes ces choses aux enseignements de la foi. » (P. 409.)

(2) P. 413. La fin du livre est déparée par une véritable réclame de librairie.

(3) Elle parut dans l'*Univers* (7 janvier 1852). Veuillot (*le Parti catholique*) raconte qu'il pria Montalembert d'adoucir cette lettre, un peu trop sévère pour les anciennes congrégations enseignantes.

Gaume ; ce débat scolaire prit ainsi une importance inattendue. Le P. Daniel défendit les collèges des jésuites contre les attaques du *Ver rongeur* : un prêtre libéral, destiné à parcourir une brillante carrière, l'abbé Landriot, discuta les assertions historiques de Gaume. Un catholique universitaire, Charles Lenormant, fit l'apologie des humanités classiques dans le *Correspondant*. Nous avons vu la tentative de Dupanloup pour unir à cette occasion tout l'épiscopat contre l'*Univers*.

Ce journal ne fut pas seul à défendre la thèse de Gaume. Le concile provincial d'Amiens, organisé en janvier 1853 par Salinis et Gousset, vint au secours de Veuillot. Celui-ci trouvait aussi un appui dans l'organe pédagogique fondé par l'abbé d'Alzon. Emmanuel d'Alzon appartenait au groupe des fidèles de Lamennais. Catholique intransigeant, il avait dès 1839, dans les *Annales de philosophie chrétienne*, recommandé l'étude des Pères. Le collège de l'Assomption, créé par lui à Nîmes, était déjà très prospère avant le vote de la loi Falloux. Quand cette loi fut promulguée, d'Alzon fit paraître depuis 1851 la *Revue de l'enseignement chrétien*, destinée à servir de trait d'union entre les collèges libres, à recevoir leurs observations, à préparer les méthodes convenables. Cette revue fut inspirée par l'esprit du catholicisme autoritaire, de l'ultramontanisme le plus ardent, par l'horreur pour les idées libérales ; aussi prit-elle le parti de Gaume. Le conflit fut apaisé par l'encyclique du 21 mars 1853 ; elle donnait de bonnes paroles aux deux partis, mais louait l'éducation telle que les ordres religieux l'avaient donnée jusque-là, et conseillait d'utiliser à la fois les ouvrages des Pères et « les auteurs païens les plus célèbres, purifiés de toute souillure (1) ».

(1) La thèse de Gaume demeura chère aux catholiques intransigeants. Le P. Ventura (*le Pouvoir politique chré-*

Dupanloup avait le droit de se déclarer victorieux. Il justifia sa polémique par l'éclatant succès du collège de La Chapelle, dans le diocèse d'Orléans, et prouva son expérience de pédagogue par de remarquables traités sur l'éducation. L'auteur y parle toujours en évêque et subordonne à la religion toutes les branches du savoir humain. L'histoire, par exemple, est très utile ; mais, racontée par des professeurs incroyants, elle deviendrait fort dangereuse ; aussi faut-il « entourer l'enseignement de l'histoire des précautions les plus sévères, le contenir dans les limites de la sobriété et de la sagesse les plus mesurées (1) ». L'étude de la philosophie est nécessaire ; mais là encore, il faut que le professeur se défie des entraînements de l'orgueil, et soumette la philosophie à la religion (2). Cependant certains catholiques ont tort de redouter cet enseignement ; il faut le donner aux jeunes gens, ne fût-ce que pour les mettre en garde contre les sophismes antichrétiens que le monde leur présentera plus tard (3).

Laissons maintenant la pédagogie, et voyons dans quel esprit les catholiques abordèrent l'étude si chaudement recommandée par Lamennais et Montalembert, celle de l'histoire. Ils se montrèrent, comme toujours, préoccupés de fournir des arguments à l'apologétique ; mais ils mirent plus d'ardeur qu'au-

tien) consacre deux conférences à glorifier « l'un des plus saints et des plus savants prêtres de son époque » et à réfuter les défenseurs de l'enseignement païen.

(1) *De la Haute Éducation intellectuelle*, t. II, liv. I, chap. III.

(2) « Il prouvera que l'acte de foi du chrétien, en principe, ne contredit en rien la raison du philosophe, et que la raison, écoutée jusqu'au bout, mène l'homme à la foi. » (*Ibid.*, liv. II, chap. XI.)

(3) « Craignez que ces croyances de l'enfance dont vous refusez de lui rendre compte, et que vous ne lui imposez que comme un joug, ce jeune homme ne sache pas les défendre contre les objections du dehors ni contre ses propres doutes... » (*Ibid.*, liv. II, chap. XII.)

paravant à louer, sans exception, tous les actes de l'Église, à réhabiliter les personnages diffamés par les historiens anticatholiques. Celui qui leur avait donné l'exemple avant 1848 n'était autre que Falloux ; sa biographie de Pie V fit l'éloge du pape inquisiteur et, s'il faut en croire un rédacteur de l'*Univers*, elle contribua beaucoup à faire abandonner les idées libérales par nombre de lecteurs. Falloux avait oublié cela quand il reprocha plus tard à Veuillot ses jugements sur la Saint-Barthélemy et la Révocation (1). L'époque de la Réforme était d'ailleurs une de celles qui attiraient le plus les historiens catholiques. Dœllinger présentait un réquisitoire complet contre Luther ; le prêtre espagnol Balmès, dans son parallèle du catholicisme et du protestantisme, s'étendait longuement sur les fautes des réformateurs du seizième siècle (2). Les Français connurent peu l'ouvrage du professeur de Munich, mais celui de Balmès, aussitôt traduit en français, devint un arsenal d'arguments contre le protestantisme. Cette campagne contre l'hérésie explique l'accueil plus que médiocre fait à Guizot quand celui-ci, reprenant une idée qui lui était chère, proposa aux chrétiens de toutes confessions une alliance contre les progrès de la libre pensée. Le plus célèbre des

(1) C'est Jules Morel (*Somme contre le catholicisme libéral*, préface générale) qui insiste malicieusement sur les mérites et l'influence du *Pie V* de Falloux. Il affirme (*ibid.*, II, p. 247) que Lacordaire signala ce sujet à Falloux, puis fut effrayé des résultats auxquels arrivait le jeune historien. Ce qui est certain, c'est que Lacordaire trouvait dans les articles de Falloux une admiration excessive pour le moyen âge (lettre du 23 mai 1846 à Mme Swetchine). Falloux et Jules Morel avaient débuté ensemble dans un journal d'Angers. (HOUTIN, *Henri Bernier*, 2e éd., p. 136 et 154.)

(2) *Le Protestantisme comparé au catholicisme dans ses rapports avec la civilisation européenne*, 1842. Voir un éloge enthousiaste de cet ouvrage dans le *Correspondant*, t. X, p. 531.

apologistes catholiques, Auguste Nicolas, répondit
que Guizot ne comprenait point la différence des
deux religions, que le protestantisme était la source
de l'impiété comme du socialisme (1).

Hostiles à la Réforme, les catholiques n'étaient
pas plus indulgents pour la Révolution. L'échec de
la seconde République avait éloigné les esprits de
l'enthousiasme entretenu avant 1848 par Lamartine
et Michelet. Les modérés, au milieu de cette réaction, se plurent à lire la belle et impartiale étude
entreprise par Tocqueville. Les catholiques militants
préférèrent insister sur les excès de la Terreur. Dupanloup y revint maintes fois, surtout en célébrant la
mémoire du jeune Louis XVII. Gaume, l'auteur du
Ver rongeur, publia un long ouvrage sur la Révolution : il n'y découvrait que satanisme, crime, scènes
de cannibalisme et d'horreur. Les imprécations de
Joseph de Maistre étaient bien dépassées par ses
admirateurs. C'est vraiment alors que se forme, dans
les jugements sur la Révolution, la théorie du
« bloc » ; cette condamnation sans appel, formulée
par les catholiques, aura pour contre-partie la glorification de Robespierre, de Danton, de Marat, par
les Hamel, les Robinet, les Bougeart.

L'histoire mit aux prises les deux groupes
catholiques. Il s'agissait d'un ouvrage qui ne semblait guère propre à exciter les passions, le livre
d'Albert de Broglie sur l'*Église et l'Empire romain
au quatrième siècle*. Le gentilhomme catholique avait

(1) NICOLAS, *Du Protestantisme et de toutes les hérésies dans
leur rapport avec le socialisme*, 1852. Lacordaire, quoique
grand ami de Nicolas, blâma ce livre comme peu probant
et peu juste envers les idées de progrès social (lettre à
Mme Swetchine, 21 septembre 1852). — Le recueil historique
fondé par les catholiques en 1866, la *Revue des questions historiques*, débuta par un article très savant, destiné à montrer que la Saint-Barthélemy fut la réponse à une conspira-
tion antinationale des huguenots.

voulu être à la fois historien exact, écrivain élégant et apologiste édifiant ; mais il avait encore une autre pensée, qui est indiquée dans sa préface. La société française, dit-il, détachée de la religion, tend à revenir vers elle ; ainsi l'Église a devant elle, comme au temps de Constantin, un monde à conquérir. Pour comprendre comment elle agira, il est bon de voir comment elle s'est comportée jadis. Faisant preuve d'une douceur toute maternelle, l'Église conserva le plus possible de la civilisation païenne. « Il est permis d'espérer et d'attendre d'elle une action plus bienveillante encore sur une société qui ne vient point, après tout, d'une origine si coupable, et qui n'est pas souillée de si grands crimes. De tels exemples sont faits, nous le pensons, pour modérer l'ardeur impétueuse d'anathèmes, auxquels on voit trop souvent des chrétiens se livrer contre notre société moderne, et pour familiariser cette société même, qui a si grand besoin d'une règle, avec l'idée de se soumettre au joug léger de l'Evangile. »

L'écrivain qui rendait le catholicisme si engageant pour les catéchumènes vit un rude jouteur se dresser contre lui. C'était l'homme à propos de qui Lacordaire disait : « l'abbé est un homme à théories raides qui, pour un coup de canon d'il y a 600 ans, perdrait un empire (1) ». Guéranger, dans une longue série d'articles de l'*Univers*, discuta le récit de Broglie et s'efforça de montrer que les causes rationnelles, naturelles, assignées par lui aux progrès du christianisme, étaient insuffisantes ou même n'existaient pas ; la ruine du paganisme ne pouvait donc se comprendre sans l'intervention surnaturelle de Dieu. Guéranger réunit ces articles en volume, avec une préface qui est un véritable manifeste (2). — Le

(1) *Demain*, 1er décembre 1905.
(2) *Essais sur le naturalisme contemporain*, 1858.

grand danger actuel pour la foi, dit-il, c'est le naturalisme, c'est la baisse de la croyance au surnaturel.
Beaucoup de chrétiens réduisent la part du surnaturel pour mieux défendre la religion ; ils ne font que
la rapetisser. Joseph de Maistre a proclamé les droits
du surnaturel ; aux catholiques français de suivre
son exemple. Plusieurs d'entre eux cherchent trop
l'amitié des incroyants, rêvent d'alliances impossibles;
ils veulent servir de trait d'union entre la société
moderne et le catholicisme, prétention dangereuse,
car pour faire le trait d'union entre l'erreur et la
vérité, il faut tenir quelque chose de l'une et de l'autre. Broglie personnifie cette tendance, comme on a
pu le voir déjà dans ses premiers écrits. Il a manifesté une préférence fâcheuse pour la société moderne
comparée au moyen âge (1). Il a tort de dire que
l'Église, au lieu d'être un pouvoir, est maintenant
une liberté. Il oublie les déclarations formelles des
papes contre la liberté de conscience.

Les catholiques sous Louis-Philippe, continue
Guéranger, ont eu raison de réclamer la liberté
pour l'Église. Les uns l'ont fait en vertu de la Charte,
et c'était permis ; les autres, en invoquant le droit
illimité de tout homme de croire ce qu'il veut, ont
commis une erreur contre l'orthodoxie. Cela ne veut
pas dire que les catholiques songent à persécuter les
dissidents. Ils savent que la liberté de conscience
est un mal, mais c'est un fait passé dans nos mœurs,
dans nos lois, et sur lequel personne ne veut revenir (2).

---

(1) « Ce qu'on appelle la société moderne, ne serait-ce
point, par hasard, l'ordre de choses dans lequel l'humanité,
émancipée du joug de l'Église, pourvoit maintenant à ses
destinées sans plus accepter ni impulsion, ni direction, ni
correction de la part de cette autorité... ? »

(2) Guéranger ajoute que l'*Univers* a bien fait de réhabiliter
l'Inquisition, mais qu'il n'en demande pas le rétablissement.

Broglie avait fait à Guéranger une réponse modérée, un peu timide (1). La vraie réplique vint de Montalembert. Le biographe de sainte Elisabeth, reprenant les études historiques, publia en 1860 le premier volume de son grand ouvrage sur *Les Moines d'Occident*. L'introduction renfermait l'apologie des ordres religieux, elle stigmatisait les calomnies et les violences de ceux qui les avaient persécutés. Mais elle attaquait avec une égale vigueur les catholiques intransigeants. « On s'est fait, disait Montalembert, un moyen âge de fantaisie, où l'on a placé l'idéal des théories aventureuses et des passions rétrogrades qu'ont fait éclore les bouleversements et les palinodies de nos derniers temps. L'école littéraire qui a lancé un décret de proscription contre les chefs-d'œuvre de l'antiquité classique est venue grossir les rangs de l'école politique qui s'est retournée, avec une confiance éperdue, vers la force comme vers la meilleure alliée de la foi, qui a placé sous cette garde humiliante, la religion et la société et qui se fait une joie perverse d'écraser sous d'étranges et insupportables prétentions la conscience et la dignité humaines (2). » Mais le moyen âge n'était pas tel que le représentent ces dangereux apologistes ; l'Eglise n'exerçait aucune dictature ; la religion dominait tout, elle n'étouffait rien. Partout il y avait des libertés locales et provinciales ; on ne concevait pas l'idée du pouvoir illimité de l'État. Les individus étaient forts, pour le bien comme pour le mal. Voilà la vérité, dénaturée par « la critique hargneuse et oppressive » qui prétend se réserver le monopole de l'orthodoxie.

Malgré les efforts de Montalembert, l'école catholique intransigeante s'emparait de l'histoire ecclésias-

(1) *Correspondant*, novembre 1856.
(2) Introduction, chap. IX.

tique; elle voulait surtout chasser définitivement les opinions gallicanes. Déjà Rohrbacher avait combattu Fleury; mais le gallicanisme se défendait par la plume d'un prêtre savant et combatif, l'abbé Guettée (1). Ce fut l'abbé Darras qui fit triompher les idées ultramontaines sur le passé du catholicisme. Son manuel d'histoire de l'Église devint le livre classique employé dans les séminaires; il devait y régner un demi-siècle, jusqu'à ce que les progrès de l'histoire et de la critique en aient montré l'insuffisance (2). Ce manque de critique se faisait sentir aussi dans les travaux de détail sur l'Église de France. Ainsi les grands érudits catholiques du dix-septième et du dix-huitième siècles avaient nié l'origine apostolique des principales églises; mais les ultramontains du second Empire, surtout les bénédictins de Solesmes, tinrent pour non avenus les arguments d'écrivains entachés de jansénisme, et remirent en honneur les légendes sur les voyages des apôtres en Gaule (3). C'était la même tendance ultramontaine qui inspirait les attaques dirigées contre Bossuet : un évêque, Villecourt, bientôt cardinal, demandait au concile provincial de La Rochelle une condamnation contre ses livres; un chanoine de Meaux, Réaume, critiquait sur un ton modéré ses erreurs gallicanes (4). Un ultramontain fougueux, Davin, commençait un formidable ouvrage en huit volumes destiné à ruiner la réputation de l'homme qui avait dirigé l'assemblée de 1682 (5).

(1) Son *Histoire de l'Église de France* fut mise à l'index. Elle lui avait valu auparavant l'approbation de plus de quarante évêques. (GUETTÉE, *Souvenirs*, p. 199.)

(2) Ce manuel en 4 volumes (1854) précéda la grande histoire de l'Église par Darras, dont le tome Iᵉʳ parut en 1861.

(3) Voir HOUTIN, *la Controverse sur l'apostolicité des Églises de France.*

(4) *Histoire de Bossuet*, 1869, 3 vol. in-8.

(5) Un résumé de ces 8 volumes se trouve dans l'*Étude*

II

Si l'histoire passionnait les catholiques, la philosophie ne pouvait les laisser indifférents. Le conflit des deux écoles catholiques reparut sous la forme d'une guerre entre le traditionnalisme et l'ontologisme. La philosophie traditionnaliste avait repris vigueur avec Lamennais; ses héritiers, allant plus loin que lui, réduisaient presque à rien la capacité de la raison. L'homme ne pouvait découvrir aucune vérité par lui-même, sans une révélation primitive. Celte doctrine fut adoptée, avec diverses nuances, par tous les théoriciens de l'école intransigeante. Bonnetty consacra pendant de longues années les *Annales de philosophie chrétienne* à défendre ce système. Les évêques du groupe autoritaire, comme Parisis et Doney, l'appuyaient de leurs écrits. Le P. Ventura, s'abandonnant à la réaction dans la philosophie comme dans la politique, déclarait sans valeur tout le travail accompli depuis trois siècles, et ne voyait de salut pour l'esprit humain que dans le retour à saint Thomas. Il collaborait ainsi à cette glorification du moyen âge qui était le but de tant d'écrivains (1).

Ces doctrines furent vivement combattues par des philosophes qui se rattachaient tous à l'école des catholiques libéraux. Les principaux furent deux po-

critique sur Bossuet, par DAVIN, 1904. Cet ouvrage est précédé d'une curieuse notice biographique sur Davin par Justin Fèvre. — Un écrivain beaucoup plus sérieux, Gérin, fit de minutieuses études ayant pour objet de ruiner l'autorité des quatre articles. (*Recherches sur l'Assemblée de 1682*, 1868.)

(1) Voir l'article de CHARLES DE RÉMUSAT, *le P. Ventura et la Philosophie* (*Revue des Deux-Mondes*, 1er mars 1853). Il insiste sur les arrière-pensées politiques, autoritaires, qui inspirent ces doctrines.

lémistes, le P. Chastel et l'abbé Cognat, et deux véritables penseurs, l'abbé Maret et le P. Gratry. Chastel
était, quoique jésuite, un libéral sincère, qui rédigea
même un commentaire de l'encyclique *Mirari vos*,
pour montrer qu'elle laissait les catholiques libres
de défendre, dans la pratique, les institutions modernes; il n'osa d'ailleurs pas le publier (1). Mais il
fit rude guerre au traditionnalisme, depuis 1849 jusqu'à sa mort. « On refusera de croire un jour, écrivait-il, que des écrivains religieux aient pensé rendre
service à la cause de Dieu en niant la valeur de la
raison, l'un des plus sublimes présents de Dieu. »
Lamennais se bornait à combattre la raison individuelle, mais reconnaissait une valeur à la raison
générale, au consentement universel; ses continuateurs méprisent tout ce qui vient de l'homme. « Si
l'Église n'y prend garde, il s'établira dans le monde,
comme une chose jugée, que l'Église est ennemie de
la science et de la raison (2). » Les rationalistes mé-
connaissent le rôle de la foi, les traditionnalistes
celui de la raison; la vraie doctrine catholique a
toujours condamné ces deux erreurs et montré la
raison précédant historiquement la foi chez l'homme.

L'abbé Cognat fut un des principaux rédacteurs de
l'*Ami de la religion*. Ce recueil n'avait pas conservé
longtemps l'éclat et le succès qui lui semblaient
assurés en 1848; mais il suivait toujours les inspira-
tions de Dupanloup et menait une guerre continuelle
contre l'*Univers*. Cognat se plaignit des audaces de
cette école nouvelle dont Bonnetty voulait être le
Platon, Gaume le Xénophon et Veuillot le Démos-
thène. Les traditionnalistes, disait-il, condamnent tout
l'enseignement des séminaires; Dominicains, Francis-

(1) Voir l'article de Meignan sur lui dans le *Correspondant*
(1861).

(2) *Les Rationalistes et les Traditionnalistes*, 1850, p. 2 et 17.
Il a repris la même thèse dans tous ses ouvrages.

cains, Jésuites, aucun des grands ordres enseignants
ne trouve grâce devant eux. Tout ce que la philosophie catholique a emprunté à Platon, à Descartes et
aux autres grands penseurs leur est suspect. Pour
mieux servir la grâce, ils condamnent la nature. La
Renaissance, protégée par les grands papes, et le
dix-septième siècle, où la littérature chrétienne fut
si belle, sont méprisés, sacrifiés au moyen âge (1).

Le conflit était devenu si vif entre 1851 et 1854 que
Rome ne put se dispenser d'intervenir. Elle blâma
encore une fois chez les traditionnalistes ce qu'elle
avait condamné chez Lamennais et Bautain, ce
fidéisme qui réduisait à rien le rôle de la raison.
L'Index formula (11 juin 1855) quatre propositions
qui désapprouvaient de nouveau les erreurs de Bautain, en les joignant à celles de Bonnetty. Le directeur des *Annales* se soumit aussitôt, et les catholiques
libéraux chantèrent victoire (2). Mais les traditionnalistes interprétèrent les propositions romaines de manière à conserver l'essentiel de leur doctrine, en dés-
avouant seulement quelques expressions exagérées.

Leurs adversaires catholiques pouvaient invoquer
les travaux de deux philosophes d'une haute valeur,
Gratry et Maret. Ce dernier, tout en dirigeant comme
doyen la Faculté de théologie catholique, poursuivait son œuvre d'écrivain : il s'appliquait à prouver
à la fois la dignité de la raison humaine et la néces-

(1) Cognat, *Polémique religieuse. Quelques pièces pour servir
à l'histoire des controverses de ce temps*, 1861. C'est un recueil
d'articles parus dans l'*Ami de la religion*. Leur but commun,
dit la préface, est « l'union sans confusion, la distinction
sans séparation de l'ordre naturel avec l'ordre surnaturel et
la réconciliation dans la justice et la vérité, dans l'autorité
et la liberté, du monde moderne avec le catholicisme ».

(2) Voir l'article de Foisset dans le *Correspondant*, janvier 1856. C'était le cardinal Mathieu surtout qui avait insisté à Rome pour faire désapprouver Bonnetty, malgré les
efforts contraires de Salinis.

sité de la révélation (1). Beaucoup plus grand fut le succès de Gratry ; sa chaleur communicative, son imagination brillante, son style animé valurent à ses ouvrages de philosophie une véritable popularité. Lui aussi, comme Maret, loin de rabaisser la raison, se plaignait qu'elle fût devenue timide et inerte ; il réclamait un réveil philosophique pour fortifier le réveil religieux, pour combattre les absurdités de l'hégélianisme (2).

Les traditionnalistes ne trouvaient pas encore grand'chose à reprendre, quant à l'orthodoxie, dans les ouvrages de Maret ou de Gratry. Mais ils se dédommagèrent en attaquant l'ontologisme. Cette doctrine eut pour représentant principal en France l'abbé Hugonin, qui reprit les opinions du philosophe italien Rosmini. Pour lui, la raison humaine atteignait directement la vérité objective, atteignait Dieu ; dans tout acte de la pensée humaine il y avait un élément essentiel, distinct d'elle-même, un élément divin (3). Si la doctrine traditionnaliste penchait vers le fidéisme, la doctrine ontologiste menait rapidement au rationalisme. Bonnetty avait depuis longtempe signalé ce danger. Le Saint-Office en 1861 condamna sept propositions ontologistes ; l'année suivante il improuva de même les quinze propositions dans lesquelles un des principaux ontologistes, l'abbé Branchereau, avait formulé sa théorie. Ce fut le tour des catholiques intransigeants de saluer dans la décision de Rome une défaite dés libéraux (4).

(1) *Dignité de la raison humaine et nécessité de la révélation divine*, 1856. Maret eut une vive polémique avec Guéranger.

(2) Voir la préface de la *Connaissance de Dieu*.

(3) Le résumé le plus clair des théories de Hugonin a été présenté par lui-même dans un article du *Correspondant* (novembre 1857). Il dut signer une rétractation avant d'être accepté par le Saint-Siège comme évêque de Bayeux.

(4) Voir l'article de Bonnetty en 1868 dans ses *Annales*, t. LXXVI, p. 261 sqq.

Si les deux écoles catholiques se disputaient sur l'interprétation du dogme, elles se retrouvaient d'accord dès qu'il s'agissait de combattre la « philosophie séparée », c'est-à-dire la philosophie faisant appel à la seule raison. C'était l'école de Cousin qui régnait toujours dans les lycées et les Facultés ; c'est contre elle que s'acharnaient les défenseurs de la religion. Le plus vigoureux, le plus logique des théoriciens intransigeants était Pie, évêque de Poitiers. Ses « instructions synodales sur les erreurs du temps présent » furent une réfutation en règle de l'éclectisme ; l'évêque signalait impitoyablement les diversions, les faux-fuyants, les demi-concessions de Cousin. Les catholiques libéraux n'étaient pas, au fond, plus indulgents pour la philosophie universitaire. Chastel et Cognat combattaient le rationalisme des éclectiques avec une ardeur encore plus grande que le traditionnalisme des conservateurs. Gratry montrait la philosophie spiritualiste contrainte, sous peine de suicide, à reconnaître l'existence de la Révélation. Broglie, discutant la *Religion naturelle* de Jules Simon, lui disait : « Si le christianisme n'est pas nécessaire, il est faux ; s'il n'est pas indispensable, il est mensonger ; et c'est de lui qu'on peut dire que, s'il n'est pas tout, il n'est rien (1). » Mais entre les deux groupes il y avait différence de ton ; il y avait la manière. Les catholiques libéraux joignaient à leurs critiques des paroles courtoises, des formules conciliantes, qui ne se rencontraient point chez les autoritaires. Cette opposition de procédés apparut aussi pendant les pourparlers de Victor Cousin avec le Saint-Siège. Le prudent philosophe avait essayé déjà, au temps où il dominait l'Université, d'obtenir l'approbation de Rome pour ses

(1) *Correspondant*, août 1856. Montalembert lutta pendant deux séances pour empêcher l'Académie française de couronner le *Devoir* de Jules Simon. (LECANUET, III, p. 138.)

écrits. Quand le 2 décembre eut assuré la prédominance de l'Église, il voulut sauver la philosophie par des concessions et des corrections. Rome consentit à négocier avec lui, en l'invitant à se soumettre; Cousin expliquait, rectifiait, corrigeait ses écrits, mais sans aller jusqu'à la soumission complète. L'évêque de Poitiers et ses amis firent de leur mieux pour obtenir une mise à l'Index ; mais Sibour, Dupanloup, d'autres encore intervinrent pour éviter un éclat. Ils eurent un succès provisoire ; le pape en 1860 invita la congrégation de l'Index à suspendre indéfiniment son arrêt (1).

Les catholiques libéraux trouvaient donc une opposition très forte contre eux, même dans le groupe des intellectuels. Leur cause était plus compromise encore par une tendance qui se manifestait dans les masses catholiques : c'était le goût croissant des dévotions particulières et la croyance aux miracles. Cette croyance est au fond de toute religion ; elle n'a jamais disparu dans les pays chrétiens. Mais pendant deux cents ans l'Église gallicane, influencée par le rationalisme catholique du dix-septième siècle, s'était abstenue d'attirer l'attention des fidèles sur les miracles nouveaux ; les luttes de l'épiscopat contre le jansénisme et contre les faits merveilleux invoqués par lui, depuis le miracle de la Sainte Épine jusqu'aux guérisons du cimetière Saint-Médard, avaient fortifié les défiances du clergé à cet égard. Cela changea au dix-neuvième siècle. La Révolution y fut pour beaucoup : les grands bouleversements politiques ou sociaux troublent les esprits, excitent l'angoisse des foules et font invoquer par les hommes le secours d'en haut. Après 1815 les récits de miracles devinrent fréquents ; tandis que les prodiges accomplis

(1) BARTHÉLEMY SAINT-HILAIRE, *M. Victor Cousin*, 1895, t. II, p. 1 sqq.

par le prince de Hohenlohe passionnaient l'Allemagne, l'apparition de la croix de Migné dans le Poitou, célébrée par le pape Léon XII, eut un certain retentissement (1). Après 1830 les visions de Catherine Labouré amenèrent de nombreux fidèles à Notre-Dame-des-Victoires. Le romantisme, en exaltant le sentiment au préjudice de la froide raison, favorisait les exaltations mystiques. Enfin le réveil catholique, dont nous avons parlé, fit progresser les dévotions particulières anciennes ou nouvelles. La principale de toutes, la dévotion au Sacré-Cœur. plaisait aux légitimistes et à tous les prêtres qui gardaient le culte de Louis XVI, du roi martyr ; elle fut la dévotion française par excellence. Le culte des saints, le culte des reliques reprit une vigueur nouvelle ; les chefs de l'ultramontanisme, Guéranger surtout, l'encourageaient de toutes leurs forces (2). Enfin le culte de la Vierge acquit une popularité nouvelle, grâce aux miracles de la Salette et de Lourdes. Celui de la Salette, contesté par plusieurs prêtres, devint populaire assez vite ; les apparitions de Lourdes, survenues en 1858, au moment où

(1) Picot, le rédacteur de l'*Ami de la religion*, demeurait fidèle aux traditions gallicanes en rapportant avec des réserves certains récits merveilleux : voir, par exemple, l'*Ami de la religion*, t. XVIII, p. 41 et 170.

(2) Guéranger, dans ses *Institutions liturgiques*, accusait l'esprit protestant et l'esprit janséniste d'avoir livré le peuple « au souffle glacé du rationalisme, en expulsant de la liturgie et, partant, de la mémoire des fidèles, la plupart des miracles et des dons merveilleux accordés aux Saints, sous le vain prétexte des droits de la critique » (I, p. 603). Mais un changement heureux est en train de s'accomplir. « La piété française s'affranchit de plus en plus des formes froides et abstraites dont le dix-septième et le dix-huitième siècles l'avaient environnée. Elle est devenue, comme avant la Réforme, plus expansive, plus démonstrative. Elle croit davantage aux miracles, aux voies extraordinaires » (I, p. 678). Ce que l'abbé de Solesmes écrivait en 1840 allait devenir encore plus vrai dans la suite.

l'union entre l'Église et l'Empire semblait plus forte que jamais, rencontrèrent une créance immédiate chez les fidèles.

C'étaient les chefs du catholicisme intransigeant qui glorifiaient les dévotions nouvelles, qui populaisaient les apparitions miraculeuses. L'*Univers* s'y employait de son mieux. Les catholiques libéraux ne songeaient point à combattre ce mouvement ; toutefois ils s'abstenaient d'y prendre part. Falloux dans son vigoureux pamphlet contre Veuillot, lui reprochait d'encourager l'abus du mysticisme : « On glisserait bientôt, écrivait-il, dans un fatalisme indécent et dangereux, si l'on parvenait à convertir en abonnements trimestriels, en passeports vulgaires, à la merci du premier venu, les grâces surnaturelles de l'ordre contemplatif (1). » Ce mouvement mystique disposait plus d'un fidèle à prendre en haine ou en pitié la prudence humaine, les concessions politiques des libéraux, ou même des évêques modérés. Si l'on veut se rendre compte de cette exaltation, il faut lire la vie d'un bourgeois du Centre, Dupont, surnommé « le saint homme de Tours ». Toujours préoccupé de la lutte contre le diable, sans cesse il dépistait les nouvelles ruses de Satan ; quand son archevêque, le sage Guibert, opposait quelque résistance aux projets suggérés par son enthousiasme, il répandait dans les salles de l'archevêché des médailles de saint Benoît, pour en chasser le démon qui inspirait une si vulgaire timidité (2). L'épiscopat français d'ailleurs, tout en réprouvant certains excès, favorisa les dévotions nouvelles : il accueillit avec joie en 1854 l'encyclique

(1) *Correspondant*, mai 1856. Le même recueil en 1869 (t. LXXVIII, p. 596 sqq) signalait avec éloges quelques livres de prêtres sur les abus de la dévotion.

(2) Paguelle de Follenay, *Vie du cardinal Guibert*, II, p. 237.

de Pie IX proclamant le dogme de l'Immaculée
Conception ; réuni à Paris en 1856 pour le baptême
du prince impérial, il demanda au pape que la fête
du Sacré-Cœur devînt une fête obligatoire de
l'Église universelle. Les couronnements de Vierges
furent dans plusieurs diocèses l'occasion de fêtes
solennelles.

III

Si le catholicisme gagnait ainsi en intensité, il
soulevait contre lui une opposition formidable. J'ai
parlé des antipathies causées par la politique de
l'Église ; elles étaient moins graves que la guerre
menée contre ses dogmes au nom de la science. Les
hommes qui la firent n'étaient plus les disciples de
Victor Cousin, ces philosophes spiritualistes aux
formules respectueuses, toujours prêts à vanter l'alliance des « deux sœurs immortelles » ; c'étaient
des historiens qui supprimaient paisiblement toute
explication surnaturelle, des philosophes qui adhé-
raient au matérialisme, des positivistes qui niaient
l'existence et la possibilité de la métaphysique.
Renan, Taine, Littré, Vacherot se plaçaient à leur
tête. La logique implacable de ces écrivains ne faisait point grâce aux équivoques où les catholiques libéraux trouvaient parfois un refuge. Dès 1848,
au moment où le clergé tout entier semblait devenu
républicain, Renan avait montré, dans une étude
vigoureuse, que la souveraineté du peuple, la liberté
de conscience, toutes les idées modernes étaient
condamnées par l'Église ; il raillait, comme le fera
Veuillot, l'inconséquence de ceux qui voulaient
mettre d'accord des systèmes contradictoires (1).

(1) « L'inquisition est la conséquence logique de tout le
système orthodoxe ; elle est le résumé de l'esprit de l'Église ;

Quelques années plus tard Vacherot soutenait, contrairement à l'opinion du janséniste Huet, qu'il faut choisir entre le catholicisme et la démocratie libérale (1).

Les catholiques mirent du temps à comprendre le danger qui menaçait leur foi. Les catholiques autoritaires étaient si occupés à écraser le gallicanisme, le libéralisme et l'éclectisme qu'ils négligèrent d'abord ces nouveaux venus. L'évêque de Poitiers, dans sa seconde instruction synodale (1857-8), s'acharnait sur Cousin et Jules Simon ; quant à Renan et Taine, c'étaient pour lui de simples disciples de ces philosophes, et il faisait à propos d'eux cette prophétie imprudente : « Les disciples, parce qu'ils ne sont que disciples, nonobstant leur esprit plus fin et plus délié, nonobstant même quelques aptitudes littéraires ou scientifiques plus développées peut-être, seront inconnus dans vingt ans (2). » Les catholiques libéraux furent plus perspicaces. Foisset constatait en 1858 l'existence d'une école très dangereuse pour la foi (3). L'abbé Cognat,

l'Église, quand elle le pourra, ramènera l'inquisition, et, si elle ne le fait pas, c'est qu'elle ne le peut pas... Je conçois les orthodoxes, je conçois les incrédules, mais non les néo-catholiques. L'ignorance profonde où l'on est en France, en dehors du clergé, de l'exégèse biblique et de la théologie, a seule pu donner naissance à cette école superficielle et pleine de contradictions. » L'article de RENAN, *Du Libéralisme clérical*, a été réimprimé dans ses *Questions contemporaines*.

(1) Cette polémique eut lieu dans la revue littéraire l'*Avenir*, 4 et 11 novembre, 2 et 9 décembre 1855.

(2) *Œuvres*, III, p. 240.

(3) Il écrivait, à propos d'un livre de Renan : « Nous nous estimerions heureux si nous avions appelé de ce côté l'attention sérieuse, la vigilance prévoyante de beaucoup de catholiques, plus préoccupés qu'il n'en est besoin de nos anciennes luttes et des attaques qui ont précédé celles-ci. » (*Correspondant*, février 1858.)

quelques années plus tard, montrant à l'œuvre les nouveaux athées, attribuait le succès de leurs écrits aux folies réactionnaires des catholiques intransigeants (1). Il fallut cependant le prodigieux succès de la *Vie de Jésus*, en 1863, pour émouvoir tous les fidèles ; mais Renan fut couvert d'insultes, les réfutations apparurent en grand nombre, et bientôt on s'imagina que le nouvel Arius était écrasé. Au contraire, l'attaque dirigée contre l'Église devenait plus forte que jamais ; des savants, des philosophes antichrétiens écrivaient dans les recueils lus par la société instruite, le *Journal des Débats* et la *Revue des Deux-Mondes* ; un de leurs chefs, Littré, osait frapper à la porte du grand salon catholique libéral, l'Académie française. Dupanloup voulut réveiller les croyants de leur quiétude ; ses deux brochures, l'*Avertissement à la jeunesse et aux pères de famille* (1863), puis l'*Athéisme et le Péril social* (1866), dénoncèrent les doctrines des Renan, des Taine, des Littré, des Maury, popularisées dans toutes les classes par une propagande continue ; et, selon son habitude, le fougueux évêque insistait sur les dangers politiques et sociaux résultant de pareilles idées. Aussi, bien qu'il déclarât désavouer tout appel au bras séculier, ses adversaires avaient beau jeu pour déclarer que son libéralisme ressemblait fort à de l'intolérance.

Renan, Littré, Vacherot demandaient qu'on répondît à leurs arguments scientifiques. Les catholiques libéraux comprirent que c'était nécessaire ; mais les réponses demeuraient faibles à cause de l'ignorance du clergé. Absorbée depuis 1850 par la création et le développement des collèges libres, l'élite du clergé abandonnait les études supérieures. Il y eut bien quelques tentatives faites pour remédier à

----

(1) Cognat, *Clément d'Alexandrie*, 1859, conclusion.

ce défaut ; mais comme elles émanaient de catholiques libéraux ou gallicans, elles souffrirent de l'hostilité que leur témoignait l'école de l'*Univers* : c'est ce qui arriva pour l'Oratoire, l'École des Carmes et la Sorbonne. L'Oratoire fut restauré par Pététot et Gratry en 1852 ; on s'attendait à voir reparaître la grande école qui avait illustré le dix-septième siècle ; cette espérance fut déçue. Les Oratoriens se consacrèrent, comme tant d'autres congrégations, à l'enseignement secondaire ; Gratry put reprocher à Pététot de négliger la science ; un prêtre déjà connu par ses travaux d'apologiste, H. de Valroger, entra dans l'Oratoire pour continuer plus facilement ses études et reconnut vite que le nouvel ordre religieux lui rendait la tâche impossible (1). Aussi écrivait-il en 1863 : « Dans l'état déplorable de notre pauvre Église de France, un prêtre qui veut se consacrer tout entier à l'étude des sciences ecclésiastiques est un homme déclassé (2). » D'ailleurs Gratry et ses élèves préférés, Adolphe et Charles Perraud, furent bientôt mal vus à cause de leur libéralisme ; un de leurs amis qui avait traversé l'Oratoire, Perreyve, suscita une défiance plus grande encore, parce qu'il était l'héritier spirituel de Lacordaire (3).

L'école des hautes études ecclésiastiques, fondée par Affre dans la maison des Carmes, formait bon nombre de prêtres instruits, pourvus des grades universitaires. Mais la maison était sous la main des archevêques gallicans de Paris ; le premier directeur, Cruice, partageait les opinions libérales d'Affre ; un

(1) Voir *Lettres au T. R. P. Pététot par les P. de Valroger et Gratry*, Abbeville, 1887, in-8. La lettre particulièrement amère de Gratry (mai 1860) a été réimprimée dans *Demain* (21 décembre 1906).

(2) Cité par HOUTIN, *la Crise du clergé*, p. 40.

(3) Voir sur lui le livre touchant de Gratry et le chapitre hostile de Jules Morel dans la *Somme contre le catholicisme libéral*.

autre, Hugonin, se compromit par sa défense de la philosophie ontologiste. Le collègue de Hugonin, l'abbé Isoard, était moins suspect, mais il souleva bien des colères en exposant au public la faiblesse des études du clergé, le manque d'apologistes, la nécessité d'une prompte réforme (1).

A la Sorbonne se trouvait la Faculté de théologie catholique; cette Faculté, avec ses professeurs nommés par l'État, sans l'intervention de Rome, avait un caractère universitaire qui la rendait odieuse aux catholiques intransigeants. Son doyen Maret, philosophe de haute valeur, sut choisir des professeurs de mérite, comme Bautain, Gratry, Lavigerie, Freppel, Hugonin, Bourret, Perreyve, Meignan, Adolphe Perraud; mais il les prenait toujours parmi les libéraux, et d'ailleurs l'homme qui avait dirigé l'*Ère nouvelle* et combattu le traditionnalisme était un ennemi pour l'école autoritaire. La Sorbonne, suspectée par Rome et souvent critiquée par l'*Univers*, ne put devenir un centre d'études religieuses.

Quelques prélats comprenaient l'intérêt des études supérieures pour le clergé. Dupanloup obtint du pape l'autorisation de conférer les deux premiers grades théologiques et, à ce propos, il publia une instruction détaillée à son clergé (1855) pour l'encourager au travail. Darboy fit aussi en 1862 une lettre pastorale sur la nécessité du savoir. Mais ces prélats avaient beaucoup d'adversaires, et plusieurs de leurs collègues ne partageaient point ces préoccupations. « Des savants, que voulez-vous que j'en fasse ? », disait le cardinal de Bonald, archevêque de Lyon (2).

Le clergé parisien renfermait un homme capable de discuter les arguments de la critique scientifique, c'était l'abbé Meignan. Formé dans la grande école

(1) Isoard, *le Clergé et la Science moderne*, 1864.
(2) Houtin, *la Crise du clergé*, p. 240.

catholique de Munich, ayant séjourné à Dresde, Leipzig et Berlin, il continuait à se tenir au courant des travaux d'exégèse. Son livre sur les *Prophéties messianiques* (1856) marqua ses débuts dans la carrière d'apologiste. (1) Trois ans plus tard il signala aux catholiques la force du mouvement anti-religieux, favorisé à la fois par leur politique réactionnaire et leur faiblesse scientifique. « Le progrès religieux, disait-il, a cessé, à la fois, et dans les régions aristocratiques de l'intelligence et dans les couches profondes de la société. Le scepticisme et, disons le mot, l'athéisme se prononcent dans les régions de la science, tandis qu'une haine brutale du prêtre se déclare en bas (2). » Mais ce prêtre, ami intime de Maret, protégé de Darboy, membre du conseil de rédaction du *Correspondant*, ne tarda pas à rencontrer l'hostilité des catholiques autoritaires et se lassa de renouveler des appels inutiles.

Ce fut lui qui fit envoyer à l'Université de Tubingue un jeune prêtre d'avenir, l'abbé Vollot, pour lui faire étudier la critique scripturaire. Vollot travailla beaucoup et revint disposé à faire profiter de ses études les séminaristes parisiens; mais les difficultés lui apparurent bientôt. Aussi écrivait-il à un ami en 1865 : « Ce qu'il y a de terrible maintenant, c'est qu'on ne laisse personne en repos : si l'on ne déclare pas, à propos d'une brochure sur les sangsues, qu'on se soumet au jugement de l'Église mère et maîtresse, et que les épreuves ont été corrigées par les théolo-

(1) Dœllinger, en le félicitant de ce livre, ajoutait : « Se décidera-t-on donc en France à ne plus laisser tout au même état relativement aux études du clergé ? Ne fera-t-on pas un effort général pour fonder un foyer central de toutes les études? Les évêques ne sentent donc pas la nécessité pressante qu'on fasse enfin quelque chose ? » (Cité par Boissonnot, *le Cardinal Meignan*, p. 174).

(2) *Correspondant*, février 1869.

giens romains, tout est perdu (1). » Ainsi la faiblesse des études scientifiques, tout comme le développement du mysticisme religieux, favorisaient ceux qui voulaient écraser en France l'école catholique libérale.

(1) Cité par BAUDRILLART, *le Renouvellement intellectuel du clergé de France.*

CHAPITRE VIII

LA SECONDE DÉFAITE DU LIBÉRALISME

I

A la fin de 1858 l'union du clergé français avec
l'Empire semblait indissoluble, mais la guerre d'Italie
vint tout changer. La victoire du Piémont sur l'Autriche devait amener le triomphe des unitaires italiens sur la papauté : conséquence inévitable que
Napoléon III fut peut-être le dernier à voir. Les catholiques libéraux prirent l'alarme dès le commencement de la guerre; leur haine contre l'empereur les
rendait perspicaces. Plusieurs évêques du parti intransigeant conservèrent, jusqu'après Villafranca,
pleine confiance dans la protection impériale; mais
bientôt il n'y eut plus d'illusion possible : après la
Romagne, c'étaient les Marches et l'Ombrie qui reje-
taient le gouvernement des cardinaux, et la France
laissait faire. Alors commença la levée en masse de
l'épiscopat; ni en 1828 ni en 1844 le mouvement
n'avait été aussi général; libéraux comme Dupanloup et réactionnaires comme Pie, les violents tels
que Plantier ou les modérés tels que Guibert, tous
rivalisaient d'ardeur. L'accord était le même chez

les laïques : Veuillot fit dans l'*Univers* une telle campagne que le journal fut supprimé ; il reparut sous le nom de *Monde*, mais sans que le grand polémiste eût la permission d'y collaborer. Le rival de l'*Univers*, l'*Ami de la religion*, fut transformé depuis 1859 par les catholiques libéraux en journal quotidien avec un format plus grand, et se fit, lui aussi, le champion du Saint-Siège.

Il y avait toutefois quelques dissidents. Ils se trouvaient surtout dans le groupe, chaque jour moins nombreux, des catholiques républicains ; ceux-là ne voulaient point renier leur ancien enthousiasme pour l'indépendance de la Péninsule. Arnaud (de l'Ariège) par exemple, déclara que le pouvoir princier du pape devait disparaître, que la séparation de l'Église et de l'État, du temporel et du spirituel, mettrait fin à tous les conflits (1). Moins audacieux qu'Arnaud, Lacordaire se sépara pourtant, comme en 1848, de Montalembert et de ses amis conservateurs. Sa brochure *De la liberté de l'Italie et de l'Eglise* cherche à concilier les droits de la nation italienne et ceux de la papauté. Longtemps, disait-il, l'une et l'autre marchèrent d'accord ; aujourd'hui l'Italie veut avec

---

(1) « Nous voulons, écrivait-il, que la question des rapports entre l'élément religieux et l'élément politique soit tranchée à Rome, afin que les vrais principes, rayonnant du centre du monde chrétien, deviennent bientôt le droit commun de toutes les nations civilisées. » Il ajoute des paroles sévères pour le clergé de son temps : « Sans la complicité à la fois servile et dominatrice du prêtre, nous ne craignons pas de l'affirmer, tous les autres despotismes seraient impossibles... Nous rougissons, nous, catholique, d'avoir à défendre devant la France de 1789, devant l'Europe démocratique, les principes du droit moderne contre les attaques de ceux-là mêmes que le Christ a constitués les gardiens de sa doctrine libératrice. » (*L'Indépendance du pape et les droits des peuples*, 1860.) Arnaud fit, quelques années plus tard, un exposé complet de son système catholique-démocratique dans la *Révolution et l'Eglise*.

raison s'affranchir de l'Autriche et déteste l'alliance de Rome avec l'étranger ; mais cette alliance peut se rompre. L'État romain possède un gouvernement d'ancien régime, où n'existent point l'égalité civile, la liberté politique, la liberté de conscience ; mais ce gouvernement peut se transformer. Rome réconciliée avec l'Italie doit demeurer soumise au pape, afin que l'Église conserve son indépendance. — Cette brochure, qui inquiéta beaucoup les amis de Lacordaire, fut le dernier acte politique du grand dominicain (1). Reçu à l'Académie française, il eut encore la force de venir y célébrer, en faisant l'éloge de Tocqueville, l'alliance de la religion et de la liberté ; peu après il devait, conformément à sa promesse, mourir « catholique pénitent, libéral impénitent ». Aussi l'antipathie des catholiques autoritaires poursuivit-elle longtemps sa mémoire et ses disciples (2).

Lacordaire était un isolé (3). Presque tous les catholiques libéraux combattirent les envahisseurs piémontais ; leur *leader* était Montalembert, qui retrouva son activité d'antan pour mener cette nouvelle campagne. D'ailleurs le démenti que Napoléon III

(1) Sur les dissentiments entre Lacordaire et Montalembert, voir Lecanuet, III, p. 316. On fit demander à Lacordaire de ne rien dire de la question romaine dans son discours à l'Académie. (*Ibid.*, p. 319.)

(2) Le *Monde*, par exemple (1ᵉʳ février 1862), explique pourquoi Lacordaire n'eut pas « cette sûreté de doctrine, cette solidité inébranlable, cette rectitude souveraine qui s'appellent *l'autorité* ». Un des dominicains les plus liés avec lui, son biographe, le P. Chocarne, dut quelques années plus tard quitter ses fonctions de prieur à Bordeaux et partit pour les États-Unis. (*Le P. Chocarne*, par le P. Ollivier, 1900, chap. IV.)

(3) Citons pourtant aussi Gratry, qui engageait Dupanloup à ne pas défendre trop ardemment les abus liés au pouvoir temporel du pape. (Lettres citées dans *Demain*, 4 mai 1906.)

Weill. — Catholicisme.   11

donnait aux espérances des catholiques autoritaires
fortifiait l'audace et les convictions du gentilhomme
de La Roche-en-Breny ; une fois de plus, sa politique
présentait un singulier mélange de conservatisme
et de libéralisme. En Italie, Montalembert flétrit les
usurpations et les mensonges du gouvernement piémontais. Cavour avait promis aux catholiques de
faire, quand l'Italie serait unifiée, l'Eglise libre dans
l'Etat libre, et il avait cité Montalembert comme un
des précurseurs du régime souhaité par lui ; l'écrivain français proteste avec indignation contre les
éloges du ministre de Victor-Emmanuel. Mais en
même temps il supplie les catholiques italiens de ne
point se poser en alliés de l'Autriche, de ne pas imiter les folies des conservateurs français (1).

Ce n'est pàs l'Italie seule qui occupe Montalembert. L'ancien traducteur de Mickiewicz glorifie la
Pologne, cette nation en deuil soutenue par une foi
indomptable, et va jusqu'à invoquer l'intervention de
Napoléon III en faveur des Polonais ; en même
temps, il recommande à ceux-ci la tolérance religieuse (2). Aux Etats-Unis, la guerre de sécession
vient de finir ; Montalembert applaudit à la victoire
du Nord et conseille aux catholiques de rompre avec
les préjugés hostiles au pays de Washington, qui
leur furent enseignés par Joseph de Maistre (3). Les

(1) Ils doivent éviter « les aberrations de ces journaux
catholiques de France et de Belgique qui ont pu faire croire
que la mauvaise foi était une sorte de vertu théologique,
et qui professent hautement qu'on doit réclamer la liberté
quand on est le plus faible, sauf à la refuser dès qu'on devient le plus fort ». (*Correspondant*, juin 1869; reproduit
dans les *Œuvres* de MONTALEMBERT, t. IX.)

(2) Voir ses articles de 1861, 1863 et 1864, dans ses *Œuvres*,
t. IX.

(3) « Ce grand homme, comme plusieurs de ses pareils,
doit encore plus de renommée à ses exagérations, qu'à
son grand esprit. » (*La Victoire du Nord aux États-Unis;
Œuvres*, t. IX.)

Américains méritent l'estime par la façon dont ils respectent la liberté : or, les peuples n'ont plus à choisir qu'entre la démocratie césarienne et la démocratie libérale (1). Ainsi l'aristocrate hautain de 1848 reconnaissait maintenant la victoire de la démocratie ; Maistre, tant glorifié dans son discours de réception à l'Académie, lui paraissait dangereux. Il avouait d'ailleurs s'être trompé, non seulement après le 2 décembre, mais après le 24 février en soutenant une politique trop exclusivement conservatrice (2).

Cette campagne pour la liberté politique allait de pair avec l'éloge de la liberté en général. Celle-ci, autrefois louée par les Bautain et les Parisis, était maintenant condamnée, au nom de la religion, par l'*Univers* et par le grand journal des jésuites romains, la *Civilta cattolica*. Une nouvelle justification paraissait nécessaire ; elle fut présentée par l'abbé Godard, professeur au grand séminaire de Langres, en 1861 (3). Il étudie la Déclaration des droits de l'homme rédigée par la Constituante, et confronte chaque article successivement avec les opinions des trois grands théologiens classiques, saint Thomas, Bellarmin et Suarez. L'accord lui paraît complet. L'article X, par exemple, sur les opinions religieuses (4), est acceptable pour les catholiques : en

(1) « Tout le reste n'est que fantaisies d'utopiste ou regrets d'archéologue, fantaisies ou regrets infiniment respectables peut-être, mais parfaitement stériles. » (*Ibid.*)

(2) « A l'Assemblée nationale, vous vous en souvenez comme moi, nous eûmes le très grand tort de nous laisser trop exclusivement préoccuper par les appréhensions dominantes, par les émotions du moment. » (Lettre de 1865 à M. de Foblant sur la décentralisation, *OEuvres*, IX.)

(3) *Les Principes de 89 et la doctrine catholique*, par un professeur de grand séminaire, 1861, in-8. La seconde édition corrigée, dont il sera question plus loin, parut en 1863 sous le nom de l'auteur.

(4) « Nul ne doit être inquiété pour ses opinions, même

permettant de punir des manifestations dangereuses,
il exclut la liberté illimitée que l'encyclique *Mirari
vos* a condamnée. Certains catholiques pensent que
la liberté des cultes est bonne par elle-même (1).
D'autres la jugent mauvaise en principe, mais acceptable dans l'intérêt de la société civile. Le commentaire des autres articles montre également que les
catholiques peuvent accepter la Déclaration des
droits ; ce que les papes ont condamné, ce sont les
interprétations abusives présentées par les révolutionnaires.

Cet écrit fournissait aux libéraux les arguments
dogmatiques dont ils avaient besoin ; aussi Augustin
Cochin s'empressa-t-il de vanter la brochure de Godard (2). Grande fut sa mortification quand on lui
apprit que le livre était mis à l'Index. Se trouvant
précisément à Rome, il alla voir le P. Modena, secrétaire de la congrégation de l'Index. Le moine demeura inflexible, tout en plaisantant l'écrivain fran-

religieuses, pourvu que leur manifestation ne trouble pas
l'ordre public établi par la loi. »

(1) « Suivant eux, cette liberté doit être réglée non d'après
la vérité intrinsèque des religions, mais d'après le but
direct et propre de la société civile. Or, disent-ils, le bien
spirituel ici-bas et la félicité dans l'autre monde ne sont
pas le but primitif et propre des sociétés civiles ; ce but,
c'est le bien naturel, le bonheur temporel de la communauté... Les partisans de ce système ajoutent que la vérité
triomphera par elle-même et plus glorieusement que si elle
était secondée par la protection du pouvoir civil. La lutte
au moyen des armes spirituelles leur semble d'ailleurs la
seule en harmonie avec l'esprit de l'Évangile comme avec
l'esprit de notre époque... Nous ne prétendons pas ici attaquer ni défendre ce libéralisme. Seulement nous dirons à
nos adversaires : ceux qui le professent ont-ils été expressément censurés, condamnés par l'Église ? Si, comme ils
se le persuadent, ils ne l'ont pas été, vous n'êtes pas fondés
à reprocher en général aux catholiques l'opposition de leur
doctrine avec la liberté. » (GODARD, p. 108-110.)

(2) *Correspondant*, t. LIV, 1861, p. 163 sqq.

çais à cause de son attachement aux principes de 89 ; et Cochin de lui répondre que c'étaient ces principes qui montaient la garde, en pantalons rouges, aux portes de Rome (1). Aidé par l'évêque d'Orléans, il obtint du moins que Godard fût admis à publier une nouvelle édition de son livre, corrigée par les théologiens romains. Il est curieux de la comparer avec la première édition : partout on a introduit des jugements sévères sur la Déclaration et ses auteurs, supprimé les phrases favorables aux théories libérales (2). Cependant les rapprochements entre les articles de la Déclaration et les textes des théologiens subsistaient ; cela permit à Cochin, faisant contre fortune bon cœur, de montrer que Rome ne condamnait pas les principes de 1789 (3).

Les hommes du *Correspondant* restaient résolus à continuer leur œuvre, à combattre l'école intransigeante qui s'était ralliée autour du *Monde*. Les principaux d'entre eux étaient réunis en 1862 chez Montalembert à La Roche-en-Breny et s'occupaient des luttes futures. Un jour l'évêque d'Orléans célébra la messe, et tous ses amis voulurent communier de sa main, après avoir écouté l'allocution qu'il leur adressa. Montalembert, pour conserver le souvenir de cette journée, fit placer dans la chapelle une inscription qui devait plus tard attirer aux catholiques libéraux de violentes attaques (4).

(1) FALLOUX, *Augustin Cochin*, p. 162 sqq.

(2) Le passage cité plus haut, à propos de l'article 10, a fait place à une page d'esprit tout contraire : « Quoique le bien spirituel ici-bas et la félicité dans l'autre vie ne soient pas le but immédiat de la société civile, elle doit être néanmoins organisée et dirigée autant que possible de manière à conduire l'individu vers la fin dernière, à laquelle il faut subordonner tout le reste. » (P. 152.) Les condamnations du libéralisme par les papes sont insérées en appendice.

(3) *Correspondant*, février 1863.

(4) « In hoc sacello Felix, Aurelianensis episcopus, panem

En France ils pouvaient écrire, du moins avec certaines réserves, mais ils ne pouvaient parler. Les élections de 1863 ne leur ouvrirent point le Corps législatif. Montalembert soutenu dans le Doubs par le cardinal Mathieu, mais combattu en Bretagne par l'évêque de Saint-Brieuc, échoua contre les candidats officiels. La Belgique leur offrit alors une tribune. Les catholiques belges appelèrent leurs coreligionnaires de tous pays au congrès de Malines, pour créer des relations entre eux et provoquer une action commune des défenseurs de l'Église. C'était encore une idée de Lamennais qui se réalisait. Montalembert y alla, résolu à dire sa pensée tout entière: il avait composé ses discours d'avance, pour ne rien laisser au hasard de l'improvisation. Ces harangues fameuses, prononcées les 20 et 21 août 1863, donnent la formule la plus complète, la plus vigoureuse du catholicisme libéral tel que le comprit cette génération (1).

Les catholiques, dit Montalembert, sont généralement faibles et impuissants dans la vie publique. Pourquoi? Parce qu'ils n'ont pas encore pris leur parti de la révolution qui a enfanté la société nouvelle. Or le fait évident, c'est que la démocratie grandit toujours; ce déluge monte sans cesse. Pour qu'elle ne soit pas funeste, il faut corriger la démocratie par la liberté, concilier le catholicisme avec la démocratie. Voilà ce que doivent faire les catholiques. Pour y arriver, qu'ils renoncent au vain espoir de voir renaître un régime de privilèges, ou

verbi tribuit et panem vitæ christianæ amicorum pusillo gregi, qui, pro Ecclesia libera in patria libera commilitare jamdudum soliti, annos vitæ reliquos itidem Deo et libertati devovendi pactum instaurare... » (LECANUET, III, p. 332.)

(1) Les deux discours ont paru dans le *Correspondant* (1863, t. LIX et LX), sous ce titre, *l'Église libre dans l'État libre.*

une monarchie absolue favorable à l'Église ; qu'ils ne donnent aucun prétexte aux défiances populaires. La démocratie veut deux choses surtout, l'égalité politique et la liberté religieuse ; lorsqu'ils l'auront pleinement rassurée là-dessus, les catholiques pourront lui apprendre à aimer aussi la liberté politique. Celle-ci est nécessaire à l'Eglise ; elle lui est plus profitable que la protection des rois : le catholicisme français fut plus brillant au temps de l'édit de Nantes qu'après la Révocation ; la religion, impopulaire sous Charles X, a retrouvé son prestige sous Louis-Philippe. C'est ce que n'ont pas compris certains catholiques français ralliés à l'Empire (1). Certes la démocratie est menacée par de grands dangers, l'esprit révolutionnaire, la jalousie contre toute supériorité, les progrès d'une centralisation étouffante. C'est la religion qui peut remédier à ces défauts, pourvu que les catholiques inspirent pleine confiance dans leur sincérité.

Le second discours de Montalembert est consacré spécialement à la liberté religieuse. Les catholiques se défient d'elle et à tort. Ils la croient d'origine antichrétienne : c'est l'Eglise qui l'a inaugurée au temps des martyrs. Ils la voient invoquée surtout par les ennemis de l'Église ; mais ce sont précisément ces derniers qui l'ont violée contre les catholiques, pendant la Réforme et la Révolution. Ils croient que l'Église perdra au régime de liberté. Mais elle n'a rien à y perdre : la protection des despotes en Espagne, en Portugal, en Piémont, a provoqué des réactions furieuses contre l'Église. Elle n'a qu'à y gagner, puisque dans la plupart des pays européens les catholiques souffrent du manque de liberté. Les

(1) « S'il éclatait aujourd'hui une nouvelle révolution, on frémit à la pensée de la rançon qu'aurait à payer le clergé pour la solidarité illusoire qui a semblé régner pendant quelques années entre l'Église et l'Empire. »

témoignages de nombreux évêques prouvent que ce régime n'a rien de condamnable (1). Faudra-t-il donc donner aussi la liberté à l'hérésie, à l'erreur ? Oui. La persécution faite au nom de l'Église est aussi odieuse que la persécution dirigée contre elle (2). N'imitons pas la déloyauté de certains catholiques, infidèles à leurs promesses (3). Le droit commun est à présent le seul asile de la liberté religieuse. L'Église aujourd'hui est assez forte, assez vivante pour n'avoir rien à craindre de la libre discussion.

Les discours de Montalembert avaient rencontré à Malines un accueil enthousiaste. En France, les catholiques intransigeants s'indignèrent et se plaignirent à Rome ; après quelques hésitations Pie IX, s'abstenant d'un blâme public, fit témoigner à Montalembert son mécontentement par une lettre confidentielle du cardinal Antonelli. Blessé au cœur, l'orateur libéral s'abstint de participer au deuxième congrès de Malines en 1864 ; mais comme le libéralisme n'était pas encore officiellement condamné, Dupanloup et le P. Félix allèrent en Belgique soutenir, avec plus de modération, des idées semblables à celle de leur ami. Le célèbre prédicateur jésuite surtout affirma que l'Église, après avoir résisté à la persécution, comme à la protection des

(1) Montalembert se donne le plaisir de citer ici les évêques jadis libéraux, Salinis et Parisis ; mais il cite davantage Dupanloup et surtout l'évêque allemand Ketteler.

(2) « Les bûchers allumés par une main catholique me font autant d'horreur que les échafauds où les protestants ont immolé tant de martyrs. Le bâillon enfoncé dans la bouche de quiconque parle avec un cœur pur pour prêcher sa foi, je le sens entre mes propres lèvres, et j'en frémis de douleur... L'inquisiteur espagnol disant à l'hérétique : *la vérité ou la mort !* m'est aussi odieux que le terroriste français disant à mon grand-père : *la liberté, la fraternité ou la mort !* »

(3) Des citations de l'*Univers* expliquent fort clairement cette allusion.

rois, saurait bien s'accommoder de leur tolérance :
il en donnait comme preuves la Grande-Bretagne,
« où chaque degré ascendant de la liberté publique
mesure le progrès croissant de la vie catholique »,
et l'Amérique, « où cinquante nouveaux diocèses,
fondés en moins de cinquante ans, montrent, à ceux
qui savent voir et comprendre, comment la liberté
nous tue ». Mais Pie IX répondit aux libéraux, trois
mois après, par l'encyclique *Quanta Cura* et le *Syllabus*.

II

Pour comprendre la stupeur douloureuse des
catholiques libéraux, il faut se rappeler quels avaient
été depuis quinze ans leurs rapports avec la papauté.
Dans les luttes engagées contre les intransigeants,
Rome leur avait souvent donné raison. Veuillot avait
combattu la loi Falloux en 1850 : une lettre du
nonce invita les évêques et les fidèles à en tirer profit. L'*Univers* avait mené la campagne contre les
classiques païens : l'encyclique de 1853 permit de
continuer l'enseignement donné dans les collèges
depuis la Renaissance. Toute l'école autoritaire
avait soutenu le traditionnalisme ; en 1855 la congrégation de l'Index désapprouva les théories de
Bonnetty. L'année suivante Pie IX, sollicité par
quelques rédacteurs du *Correspondant*, refusa de
condamner l'*Univers*, mais déclara que ce n'était
point « son journal », comme on le répétait. L'attitude même de la cour romaine vis-à-vis de Godard
semblait encourageante puisque, tout en lui imposant d'humiliantes palinodies, on lui avait permis
de maintenir le fond de sa thèse. Dupanloup, venu
à Rome en 1862 avec des centaines d'évêques pour
la grande cérémonie où l'on canonisa les martyrs

japonais, fut reçu avec des égards particuliers, et put faire écarter de l'adresse épiscopale une phrase contre les libertés modernes. Les catholiques libéraux savaient bien que le pape était de plus en plus contraire à leurs opinions, qu'il encourageait les théoriciens intransigeants de la *Civilta*, qu'il prodiguait les encouragements et les attentions à Louis Veuillot et ses amis. Toutefois ils crurent que, sans les approuver, on les laisserait faire ; l'ardeur déployée par eux pour la défense du pouvoir temporel ne méritait-elle pas cette modeste récompense ? Leurs espérances n'étaient pas justifiées ; Rome agissait lentement, comme toujours, mais Pie IX avait résolu d'en finir avec le libéralisme, et le *Syllabus* parut.

Ce fut pour les libéraux un véritable coup de massue. Leurs jeunes disciples, tels que Maurice d'Hulst et l'abbé de Broglie, éprouvèrent un désespoir profond (1). Montalembert, Augustin Cochin, Albert de Broglie voulurent quitter le *Correspondant*, mais Falloux, Foisset, de Meaux les décidèrent à rester. Dupanloup, avec son esprit fertile en ressources, trouva le moyen de sauver la cause libérale en acceptant l'encyclique (2). Il profita de la distinction toujours établie par les théologiens entre la *thèse* et *l'hypothèse*, entre les principes absolus de l'Église et les concessions imposées par les faits. La *Civilta* répétait souvent la distinction, reprochant aux libéraux de ne considérer que l'hypothèse et d'oublier la thèse ; Dupanloup s'en servit contre

(1) D'Hulst a rappelé plus tard « la violence de la secousse » éprouvée par lui et ses amis. (*Correspondant*, 25 septembre 1891.) Pour l'abbé de Broglie, l'encyclique fut « un coup de foudre ». (BAUDRILLART, dans le *Correspondant*, 25 mars 1902.). V. les lettres de d'Hulst dans *Revue pratique d'apologétique*, 15 novembre 1907.

(2) *La Convention du 15 septembre et l'Encyclique du 8 décembre, 1865.* (*Nouvelles Œuvres choisies*, t. IV.)

les intransigeants, et soutint que l'encyclique donnait la thèse, sans qu'on pût en conclure à l'hypothèse. Autoritaires et anticléricaux, le *Monde* aussi bien que le *Siècle* interprétaient le document pontifical comme destiné à l'application immédiate. C'est faux, leur répondit l'évêque d'Orléans. L'encyclique donne l'idéal d'une société complètement chrétienne ; mais elle laisse les fidèles libres d'agir conformément aux conditions de la société politique aujourd'hui existante. Le *Syllabus* est un catalogue de propositions condamnées ; on en conclut que le Saint-Siège approuve les propositions *contraires*, tandis qu'il accepte seulement les propositions *contradictoires*, c'est-à-dire bornées à l'exclusion des formules condamnées. On attaque surtout le dernier article du *Syllabus*, condamnant cette proposition : « Le pape peut et doit se réconcilier et transiger avec le progrès, le libéralisme et la civilisation moderne. » Mais cette civilisation renferme des choses bonnes ou indifférentes ; le pape n'a point à se réconcilier avec cela, c'est une injure de le lui demander ; quant aux éléments funestes du régime moderne, il ne peut pas les accepter.

Il faut donc bien comprendre le *Syllabus* avant de le blâmer, continue Dupanloup ; il faut peser les mots, saisir les nuances. Le pape condamne la liberté illimitée de la presse ; tous les gouvernements d'aujourd'hui font de même. Il condamne le progrès seulement dans le sens faux où l'on prend souvent ce terme. Il condamne l'indifférentisme religieux, mais non la liberté civile des cultes. L'idéal des catholiques, c'est l'unité, l'harmonie ; mais cet idéal une fois formulé, ils acceptent les faits existants, et jamais ils ne profiteront du succès pour refuser la liberté aux autres. D'ailleurs eux-mêmes, persécutés, suspectés, ont besoin de la liberté.

Le succès du livre de Dupanloup fut considérable.

Il calmait les tortures morales de nombreux catholiques choqués par le défi que Rome avait lancé au monde moderne ; les adhésions arrivèrent du monde entier ; 63o évêques annoncèrent à leur collègue d'Orléans qu'ils approuvaient son interprétation. Les catholiques libéraux de France furent naturellement les plus empressés à féliciter l'auteur, à se prévaloir du bref pontifical, assez vague pourtant, qui le remercia ; ils citèrent également d'autres commentaires publiés par des évêques libéraux, surtout celui de Ginouilhac, évêque de Grenoble, un des meilleurs théologiens de l'épiscopat français. Mais ce n'étaient là que des formules destinées à cacher leur défaite ; ils savaient bien que le *Syllabus* avait été fait contre eux, et les cris de joie des catholiques autoritaires, les mandements des évêques ennemis du libéralisme, le disaient assez (1). Aussi les libéraux demeuraient-ils attristés et découragées. Leur journal quotidien, l'*Ami de la religion*, avait disparu en 1862, victime d'une intrigue menée par leurs adversaires (2);

(1) Pie disait en 1865 au clergé poitevin, à propos du manifeste pontifical : « Il est dirigé contre les adversaires, contre ceux du dehors, c'est vrai ; mais il s'adresse encore plus, s'il est possible, à ceux de la maison. Par voie d'affirmation plutôt que de condamnation, il tend à mettre fin à des divisions domestiques, à régler la croyance et le langage de catholiques qui s'éloignaient de la doctrine et de l'esprit de l'Église. Le naturalisme politique, érigé en dogme des temps modernes par une école sincèrement croyante, mais qui se met en cela d'accord avec la société déchristianisée au sein de laquelle elle vit : voilà l'erreur capitale que le Saint-Siège a voulu signaler, et à laquelle il a voulu opposer les vrais principes de la croyance catholique. » (*OEuvres*, V, p. 436.)

(2) « Dans la presse quotidienne, écrivit tristement Carné, la pensée qui avait inspiré le premier *Correspondant* est venue, après plus de trente ans, mourir sous les débris de l'*Ami de la religion*. » (Notice sur Wilson, dans le *Correspondant*, 1862, t. LV.) — Sur la fin de l'*Ami de la religion*,

leur revue, le *Correspondant*, était menacée des foudres épiscopales (1).

III

Cependant il est un sujet qui a toujours mis d'accord les catholiques militants, c'est la lutte contre l'enseignement laïque ; aussi, malgré leurs divisions, furent-ils unanimes à combattre la politique scolaire de Victor Duruy. Nous avons vu combien le corps universitaire était surveillé, tenu en suspicion pendant les premières années de l'Empire. Ce régime paraissait juste et naturel aux catholiques des différentes écoles ; seulement les autoritaires en profitaient pour continuer leurs attaques habituelles contre l'enseignement irréligieux ; les libéraux, toujours plus courtois dans la forme, s'abstenaient de violences devenues inutiles, et témoignaient même à l'Université une bienveillance un peu dédaigneuse. Ils avaient loué la fête des Ecoles instituée par Sibour, et cité avec plaisir le discours de Landriot, évêque de La Rochelle, présidant la distribution des prix d'un lycée (2). « La paix est faite », répétaient-ils volontiers, sans se demander si la domination d'un Fortoul semblait satisfaisante à l'Université (3).

voir la notice biographique en tête du *Journal politique* de CHARLES DE LACOMBE.

(1) La *Revue chrétienne* racontait, quelques mois avant le *Syllabus* (mars 1864), que deux évêques, Pie et Doney, avaient menacé d'interdire la lecture du *Correspondant* à leurs diocésains.

(2) Ce discours fut reproduit par le *Correspondant* (juillet 1857).

(3) La loi Falloux est « l'édit de Nantes des catholiques », écrivait Foisset (*Correspondant*, septembre 1860). « Aujourd'hui la paix est faite », écrivait Armand de Melun (*Ibid.*, 1861, p. 650).

L'avènement de Victor Duruy, d'un professeur de carrière, les inquiéta bientôt.

Le nouveau ministre, laissant à l'enseignement congréganiste son entière liberté, voulut ranimer les écoles de l'État, y développer le goût de la science et du travail. Trois parties de son œuvre surtout déplurent aux catholiques: le projet de rendre l'enseignement primaire gratuit et obligatoire, l'organisation de cours secondaires laïques pour les jeunes filles, la restitution de la liberté scientifique à l'enseignement supérieur. Le premier projet demeurait loin de la réalisation, mais une société privée, la Ligue de l'enseignement, se mettait à créer des écoles. Les cours de jeunes filles s'ouvrirent dans les grandes villes, faits par les professeurs de l'Université ; les jeunes filles, disait Duruy, recevraient ainsi la même éducation que leurs frères. Grande fut l'émotion du clergé (1). Presque toutes les jeunes filles de la bourgeoisie étaient élevées dans les maisons religieuses ; n'avait-on pas répété maintes fois que la grande force du catholicisme en France lui venait des femmes ? Les prélats dénoncèrent les cours nouveaux comme un danger public. Ce fut encore une fois le chef des libéraux, l'évêque d'Orléans, qui mena l'attaque. L'enseignement des jeunes filles est bon, disait-il ; pourquoi en créer un nouveau ? Les professeurs des lycées ont trop à faire pour s'acquitter comme il convient de cette nouvelle tâche. Les cours faits dans des mairies bruyantes, les examens publics ne conviennent point à l'éducation morale des jeunes filles. Les professeurs seront souvent des jeunes gens, mal défendus contre leurs passions ; ils n'ont pas une doctrine sûre, pas plus que leur chef. Dupanloup, toujours prêt à employer

____

(1) Sur cette lutte, voir DURUY, *Notes et Souvenirs*, I, chap. XIII ; LAVISSE, *Victor Duruy*, 1895.

l'argument *ad hominem*, signale dans les manuels historiques de Duruy le manque d'esprit chrétien ou même l'attaque voilée contre l'Église ; fidèle à une autre de ses habitudes, il montre que les réformes projetées conduiront à des conséquences dangereuses pour l'ordre politique et social (1). Aucun des catholiques intransigeants ne mit plus d'ardeur que l'évêque libéral dans cette guerre contre l'esprit universitaire.

L'accord des catholiques fut le même au sujet de l'enseignement supérieur. Falloux avait projeté dès 1849 de l'ouvrir, tout comme l'enseignement secondaire, aux fondations du clergé. Le temps lui manqua, et les catholiques, absorbés par la création de leurs collèges, n'insistèrent pas sur cette nouvelle réforme. Le gouvernement impérial était là pour surveiller les professeurs mécréants. Mais quand Duruy voulut réveiller les Facultés, les affranchir d'entraves gênantes, la campagne menée de 1842 à 1846 contre les professeurs de l'enseignement supérieur fut reprise dans plusieurs villes. On dénonça les audaces des maîtres, l'irréligion des étudiants. Ces hostilités aboutirent au grand débat qui s'ouvrit devant le Sénat le 19 mai 1868. Duruy, abandonné par ses collègues, attaqué par les cardinaux et leurs amis, fit, tête à l'orage ; le Sénat, quoique favorable en majorité à ses adversaires, ne voulut pas infliger un blâme public au ministre de Napoléon III. C'est alors que les catholiques songèrent à créer des Facultés leur appartenant ; de même que les ordonnances de 1828 avaient fait réclamer la liberté de l'enseignement secondaire, les réformes de Duruy suscitèrent les revendications pour la liberté de l'enseignement supérieur. Le succès de la Ligue de l'enseignement suscitait en même temps une organisation rivale,

_____

(1) *Nouvelles Œuvres choisies*, t. III.

destinée à soutenir les écoles religieuses de tout ordre. Un groupement formé dès 1867 constitua bientôt la Société générale d'éducation et d'enseignement, qui fit paraître son Bulletin à partir de 1868. Comme c'étaient des catholiques de nuance libérale qui en avaient pris l'initiative, ils furent mollement soutenus par les autoritaires, et la nouvelle association végéta jusqu'à la fin de l'Empire.

IV

Cette campagne contre Duruy avait rendu vigueur aux catholiques libéraux. L'impression causée par le *Syllabus* allait s'atténuant ; ils espéraient que l'interprétation de Dupanloup, approuvée par tant d'évêques, deviendrait également celle de Rome. Falloux ne craignait point d'aller en 1867 prendre la parole au troisième congrès de Malines, et de répéter les affirmations libérales. Le parti du *Correspondant* avait pour lui beaucoup d'évêques, fatigués des excès ultramontains, inquiets de voir le bas clergé se révolter contre ses chefs diocésains au nom de Pie IX et de Louis Veuillot ; quelques-uns d'entre eux, Lavigerie par exemple, se plaignaient à Duruy de l'influence exercée par le *Monde* (1). L'*Univers*, que Veuillot put ressusciter en 1867, leur inspira plus de craintes encore. Dans les ordres religieux français, le parti libéral avait beaucoup d'amis. Tandis que les jésuites italiens faisaient la guerre au libéralisme dans la *Civilta cattolica*, ceux de Paris continuaient les traditions du P. Chastel ; leur revue, les *Études religieuses*, marchait souvent d'accord avec le *Cor-*

(1) Duruy raconta, le 18 décembre 1866, dans une lettre à Napoléon III, la conversation qu'il avait eue à ce sujet avec les cinq évêques membres du Conseil supérieur de l'instruction publique. (DURUY, *Notes et Souvenirs*, I, chap. XIII.-)

respondant (1). Parmi les dominicains, plusieurs
gardaient l'esprit de Lacordaire, par exemple un nouveau venu, le P. Didon, issu d'une famille républicaine (2). Deux moines surtout, l'un remarquable
comme orateur, l'autre comme écrivain, se rendirent
célèbres par la largeur de leurs idées; c'étaient un
carme, le P. Hyacinthe, qui eut grand succès dans
la chaire de Notre-Dame, et un oratorien, le P. Gratry. Celui-ci dut aux sympathies des catholiques
libéraux son élection à l'Académie française. Son
discours de réception, prononcé le 26 mars 1868, ne
ressemblait guère à celui qu'avait fait Montalembert
en 1852 : Montalembert avait condamné la Révolution en bloc et flétri la Constituante; Gratry opposait la révolution légitime à la révolution coupable,
l'esprit justement novateur du dix-huitième siècle à
l'esprit irréligieux de Voltaire, la Constituante à la
Convention, le système des Chateaubriand et des
Royer-Collard aux doctrines socialistes ; et il approu
vait hautement le libéralisme qui se conciliait avec
l'Évangile. Les deux religieux. Hyacinthe et Gratry,
n'hésitèrent point à participer, avec des protestants
et des libres-penseurs, à la formation d'une Ligue
de la paix; cette audace devait soulever contre eux
les amis de l'*Univers* (3).

(1) Meignan (*Correspondant*, mars 1859) loua beaucoup les
Études. Celles-ci publièrent de 1864 à 1866 une série d'articles
du P. Matignon concernant les doctrines de la Compagnie
de Jésus sur la liberté. L'auteur y déclarait, par exemple,
que « l'apostolat qui a le plus de chances d'être écouté à
l'avenir est celui qui proposera la lumière sans l'imposer... »
Jules Morel fit une réponse très vive à ces articles, et déclara que le P. Matignon était « une victime des catholiques
libéraux ». (*Somme*, II, p. 377 sqq.)
(2) Voir REYNAUD, *le Père Didon*, p. 67 sqq. Il était fort
lié dès 1868 avec le P. Hyacinthe,
(3) Cette Ligue internationale fut organisée en 1867. Le
discours prononcé pour elle par le P. Hyacinthe fit scandale chez les catholiques autoritaires; il fut néanmoins

Les catholiques libéraux crurent leur jour venu en apprenant que Pie IX décidait la convocation d'un concile œcuménique. Le pape ne se rendait-il pas ainsi aux vœux de ceux qui désiraient voir limiter son pouvoir autocratique dans l'Église ? Dupanloup pensait qu'on atténuerait dans cette assemblée la portée du *Syllabus* (1). Mais les évêques de l'autre parti étaient mieux renseignés. Bientôt les journaux autoritaires, appuyant l'initiative de la *Civilta*, dirent que le concile définirait l'infaillibilité du pape et transformerait les formules négatives du *Syllabus* en propositions affirmatives, en article de foi. Ils entendaient réunir ainsi, *per saturam*, l'apologie de l'infaillibilité et la condamnation du libéralisme.

Leurs adversaires catholiques appartenaient à deux groupes différents, les gallicans et les libéraux : l'appui des premiers était d'ailleurs compromettant pour les seconds. Le gallicanisme conservait deux notables défenseurs, l'archevêque de Paris et le doyen de la Faculté de théologie. Darboy était, comme Sibour, un ancien ultramontain passé au gallicanisme ; il ne craignait point de résister énergiquement à Pie IX, qui l'en punit par une lettre de reproches rendue bientôt publique (2). Maret publia en 1869 son livre, *Du Concile général*, pour montrer,

---

publié en brochure, avec une préface élogieuse de Gratry. Ce dernier s'attira un désaveu public du P. Pététot, supérieur général de l'Oratoire,

(1) Lecanuet, *Montalembert*, III, p. 430.

(2) Voir les lettres de Darboy dans la *Revue d'histoire et de littérature religieuses*, 1907. Darboy avait pris en 1864 la défense de l'abbé Perreyve, puis du P. Hyacinthe accusés de libéralisme ; il avait, dans un discours au Sénat, le 15 mars 1865, approuvé les Articles organiques. La lettre de blâme de Pie IX, du 26 octobre 1865, parut en 1868 dans un journal canadien, puis fut reproduite par les journaux français. Darboy protesta énergiquement à Rome contre cette publication et refusa d'écrire la lettre de soumission qu'on lui demandait.

en invoquant l'histoire, que le pape n'a point dans l'Église la monarchie absolue ; la souveraineté, partagée entre le souverain pontife et le concile œcuménique, ne réside complète que dans leur union.

Les catholiques libéraux appartenaient tous par leur passé aux opinions ultramontaines. Les exagérations de l'école de l'*Univers* amenèrent plusieurs d'entre eux à ressentir quelque sympathie pour le gallicanisme (1). Cependant ils eurent soin de se distinguer des gallicans. Maret niait le principe de l'infaillibilité personnelle du pape ; ils déclarèrent seulement que la définition de ce dogme était inopportune ; ils ne furent pas « anti-infaillibilistes », mais « anti-opportunistes ». Leurs idées et leur programme furent exposés dans un article du *Correspondant*, paru le 10 octobre 1869, imprimé avec des caractères à part et non signé. C'était l'œuvre du comité de rédaction tout entier (2).

L'article débute par des éloges pour l'assemblée qui va s'ouvrir, pour la civilisation qui permet aux évêques du monde entier de répondre à l'appel du pape. Mais deux craintes se sont fait jour : on croit que le concile transformera l'Église en monarchie absolue et condamnera certains principes qui figurent dans la plupart des Constitutions modernes. Ces craintes ne se réaliseront pas. Le concile de Trente renonça, devant la résistance des évêques français, à définir l'infaillibilité ; Pie IV fit écarter le sujet de l'ordre du jour ; Pie IX n'aura pas moins

(1) Montalembert écrit à Foisset, le 31 mai 1869, qu'il reste ultramontain, mais qu'il comprend maintenant « les réserves salutaires, les garanties, quoique mêlées d'exagérations blâmables, que nos ancêtres gallicans avaient toujours su maintenir, depuis Hincmar, contre les abus de la puissance ecclésiastique ». (Cité par LECANUET, III, p. 430.)

(2) On l'attribua généralement au prince de Broglie. Mais Falloux dit qu'Augustin Cochin « prit une part avouée à sa rédaction ». (*Augustin Cochin*, p. 302.)

à cœur de maintenir la concorde. D'ailleurs le concile ne saurait trancher la question sans de mûres délibérations (1). Il est difficile de préciser les conditions où le pape enseigne *ex cathedra*. L'infaillibilité une fois proclamée s'appliquerait à l'œuvre des papes antérieurs, même à des actes que n'admet plus le droit public moderne (2).

Le concile, continue l'écrivain anonyme, ne doit pas être une comédie (3) ; il ne se laissera pas égarer par les hyperboles du journalisme catholique. Il doit résoudre sagement ces questions mi-politiques, mi-religieuses, qui soulèvent aujourd'hui des conflits, sinon plus graves, du moins plus bruyants qu'autrefois grâce à l'universelle publicité. Les évêques ont plus d'une fois atténué ces conflits en interprétant les décisions des papes : les prélats belges après l'encyclique *Mirari vos*, les prélats français après le *Syllabus* ont calmé les craintes soulevées par les formules romaines ; ils les ont traduites de la langue théologique dans la langue com-

(1) « Qui se sentirait de taille à condamner dédaigneusement et par voie de prétérition des docteurs comme Bossuet, des princes de l'Église romaine comme Bausset et La Luzerne, et avec eux le passé le plus pur de l'Église de France ? »

(2) « Comment empêcher les ennemis de l'Église de prétendre qu'une fois l'infaillibilité admise, elle s'étend à cette nature d'actes pontificaux comme à toute autre...; que Pie IX, qu'il le veuille ou non, est obligé de traiter Napoléon III comme Boniface traitait Philippe le Bel, et de parler à François-Joseph sur le même ton dont Innocent III commandait à Frédéric de Hohenstaufen ? Et comment empêcher d'imprudents amis que nous connaissons de relever le défi et de le soutenir ? »

(3) « Le grand cœur de Pie IX nous est garant qu'il n'a jamais songé à faire du concile une de ces formalités solennelles qui dans les démocraties asservies viennent colorer la dictature du simulacre de la légalité. On n'y verra pas de plébiscite proposé par *oui* ou par *non* à un peuple muet ou ébloui. »

mune de leur pays. Réunis en concile autour du pape, ils éviteront toute imprudence et constateront que le bien le plus nécessaire à l'Église est la liberté. Il la faut aux catholiques dans les pays où ils sont en minorité, en Turquie, aux États-Unis, en Prusse, en Russie, en Angleterre. Il la leur faut aussi dans les pays catholiques où les gouvernements luttent contre la papauté, en Espagne, en Italie, en Autriche. En France, plusieurs catholiques ont espéré du césarisme des faveurs pour l'Église ; d'autres ont préféré pour elles des garanties légales. Les faits ont donné raison à ces derniers, d'autant plus complètement que le pouvoir absolu vient d'abdiquer (1).

Ce régime de liberté serait-il l'idéal, le seul bon ? Nous ne l'avons jamais dit, continuent les rédacteurs du *Correspondant* ; mais il existe et nous l'aimons (2). Nous le disons bien haut, pour qu'on ne soupçonne point notre loyauté ; de pareils soupçons, tant qu'on ne les aura pas dissipés, nous empêcheront d'obtenir la liberté d'association et la liberté d'enseignement. Nos évêques viennent de réclamer cette dernière pour l'enseignement supérieur, sans parler de privilèges dus à l'Église. Ils ne voudront pas éloigner les paysans qui doivent tout aux institutions modernes, les ouvriers des villes qu'une parole imprudente séparerait de l'Église, et cette jeunesse chrétienne qui refuse de haïr la société actuelle.

Cet article-programme intéressa les lettrés et les modérés ; mais les masses catholiques allaient à

(1) « Contraints ou volontaires, il n'y a plus que des catholiques libéraux en France. »

(2) « Depuis quand est-il défendu au chrétien de bénir la condition où Dieu l'a placé ? Depuis quand est-il tenu de s'affliger de n'être pas né dans d'autres temps et dans d'autres lieux que ceux où il a vu le jour ? de se consumer dans le regret de l'irréparable et dans le désir de l'impossible ? »

l'école opposée. Le bas clergé, auquel Pie IX avait accordé le recours contre les décisions épiscopales, voulait fortifier l'autorité de son grand protecteur. La souscription ouverte par l'*Univers* pour couvrir les frais du concile fournit à d'innombrables prêtres l'occasion de manifester leurs sentiments. Veuillot, porté par ce mouvement, déployait plus d'ardeur que jamais contre les catholiques libéraux. L'ouvrage de Maret lui permettait de les confondre avec les gallicans ; la rupture du P. Hyacinthe avec l'Église en 1869 l'autorisait à montrer qu'il n'y a pas loin du libéral au schismatique. Le bouillant évêque d'Orléans ne put contenir sa colère et lança l'*Avertissement à M. Louis Veuillot* : il énumérait minutieusement les variations de l'*Univers*, les phrases libérales d'autrefois, les phrases violentes d'aujourd'hui contre les libéraux ou les simples modérés ; il indiquait l'accord constant de l'*Univers* et du *Siècle* sur le sens des actes pontificaux. Le journaliste, en opposant le pape aux évêques, en disant que le pape est le Fils de Dieu, n'arrivait-il pas à une véritable idolâtrie, faite pour déshonorer l'Église aux yeux du monde ?

Dupanloup partit pour Rome plein d'espoir, comptant former dans le concile une majorité favorable. Ses amis demeurés en France ne restèrent pas inactifs. Gratry intervint dans la polémique engagée entre l'évêque d'Orléans et l'archevêque de Malines (1). Ses brochures courtes, incisives, pressantes, ne discutaient pas seulement des faits historiques, tels que la condamnation du pape Honorius ; il insista sur le mépris des catholiques autoritaires pour la vérité, pour la probité scientifique. N'ose-t-on pas dire qu'il fut opportun de condamner Gali-

---

(1) Les quatre *Lettres à Mgr Dechamps* parurent successivement en 1870.

lée ? « Hommes de peu de foi, et de bas esprit, et de
cœur misérable, vos ruses ne sont-elles pas devenues
le scandale des âmes ? Le jour où la grande science
de la nature s'est levée sur le monde, vous l'avez
condamnée. Ne vous étonnez pas si les hommes,
avant de vous pardonner, attendent de vous l'aveu,
la pénitence, la contrition profonde et la réparation
de votre faute (1). »

Montalembert, quoique malade et vieilli, conservait la même ardeur contre le parti autoritaire. Il
avait voulu exprimer ses opinions avec plus de force
que jamais en 1868, dans un article sur la récente
révolution d'Espagne; le conseil de rédaction du
Correspondant refusa de l'insérer, tant on redoutait
une censure de Rome; l'auteur indigné cessa tout
rapport avec la revue qu'il avait si longtemps inspirée (2). Le concile une fois ouvert, il ne put garder
le silence. Le 7 mars 1870 la *Gazette de France* publia, sur sa demande, une lettre où il montrait les
ultramontains venant « immoler la justice et la vérité,
la raison et l'histoire, en holocauste à l'idole qu'ils
se sont érigée au Vatican (3) ». Sa mort, survenue
quelques jours plus tard, sembla être la mort de
cette école catholique libérale qu'il avait conduite
pendant trente ans.

Le concile œcuménique acheva, en effet, la dé-
route des gallicans et des libéraux. Les évêques
français fournirent à l'opposition un groupe notable,

(1) Première lettre. Il parle dans cette même lettre d'une
thèse présentée à la Faculté de théologie de Paris, où le
candidat ecclésiastique justifiait les fausses décrétales, disant
que ce n'était pas une fraude odieuse, mais une fraude
pieuse.

(2) LECANUET, III, p. 439 sqq. Cet article fut publié en 1876
par M. Hyacinthe Loyson dans la *Revue suisse*.

(3) Gratry, dans sa troisième lettre à Dechamps, cite les
ultramontains écrivant « que le pape, c'est l'Eucharistie,
que le pape, c'est le Saint-Esprit... »

dirigé par Dupanloup; mais plusieurs de ceux sur lesquels ils comptaient les abandonnèrent ; les politiques, un Bonnechose, un Lavigerie, un Guibert, préoccupés d'assurer l'ordre dans l'Église comme dans l'État, voulurent en finir avec cette question embarrassante et votèrent la définition. Néanmoins on vit figurer parmi les *non placet* la plupart des prélats connus comme favorables au catholicisme libéral.

CHAPITRE IX

LES DERNIÈRES ANNÉES DE PIE IX

I

Les décrets du concile du Vatican rencontrèrent
en France la soumission générale des fidèles. Le
P. Hyacinthe n'entraîna presque personne avec lui;
on ne vit pas se produire un schisme des vieux-
catholiques, pareil à celui qui se fit en Allemagne ou
en Suisse. Dupanloup fut un des plus empressés à
proclamer son adhésion; Darboy hésita quelques
mois, puis obéit; Maret fut le dernier à se soumettre
en 1872, entraînant avec lui les théologiens de la
Sorbonne. Les catholiques intransigeants fêtaient la
ruine du gallicanisme, le désastre de la philosophie
rationaliste (1); ils ne montrèrent aucun ménage-
ment pour les vaincus. L'évêque de Rodez, par

(1) Voici comment Bonnetty expliquait la discussion engagée devant le concile ; « C'est l'esprit humain communi-
quant directement avec Dieu, c'est la raison humaine, écoul-
lement, participation, intuition directe de Dieu à l'homme
et de l'homme à Dieu, seule, sans médiateur, qui a combattu contre l'esprit humain, contre la raison humaine prenant pour guide le médiateur Jésus, Verbe de Dieu, qui,

exemple, dans une circulaire à son clergé, appela Dupanloup un « nouvel Erostrate » et raconta les méfaits commis par le « triumvirat agitateur » de Doellinger, Dupanloup et Maret, auxquels s'était joint ensuite « un insulteur illuministe de l'Église romaine », Gratry (1). Ce dernier, réduit à la misère, mourut peu après avoir envoyé sa lettre de soumission (2).

A la victoire de l'infaillibilité dans l'Église parut devoir succéder le triomphe du catholicisme en France. Les désastres de la guerre de 1870, imputés aux bonapartistes, puis aux républicains, et le désir général de la paix, combattu par Gambetta et ses amis, firent élire à l'Assemblée Nationale une forte majorité conservatrice, dont les membres étaient à la fois royalistes et catholiques. La Commune et le massacre des otages provoquèrent dans une partie de la France, mais avec moins d'intensité, un mouvement semblable à celui qui avait suivi les journées de juin 1848. Les évêques montrèrent à l'envi où menaient les doctrines irréligieuses, et firent des événements survenus à Belleville la conséquence logique de l'athéisme révolutionnaire (3). Tous affirmèrent que

pour les choses qu'il faut croire et pratiquer, *dogne et morale*, a révélé extérieurement toutes les vérités, les a toutes *accomplies*, puis les a confiées à ses apôtres, a donné à ces apôtres un chef, et a promis de les assister contre les portes de l'enfer jusqu'à la fin des siècles... » (*Annales de philosophie chrétienne*, 6ᵉ série, t. II, p. 7.)

(1) *Annales, ibid.*, p. 10 sqq.

(2) Sur sa fin, voir Houtin, *Charles Perraud*, 1908.

(3) L'évêque de Poitiers, dans son instruction synodale de juillet 1871, place la source de toutes les erreurs dans le naturalisme : les attaques contre l'ordre surnaturel entraînent celles contre la société naturelle; on vient de le voir à Paris. Nous ne pensions pas, ajoute Pie, « que les événements dussent fournir au texte du concile une démonstration si prochaine et un si effrayant commentaire ». (*Œuvres*, VII, p. 197.)

les deux causes vaincues, celle du pouvoir temporel
à Rome et celle de la France en Alsace-Lorraine,
étaient unies par des liens indissolubles. Dans la
bourgeoisie comme dans la noblesse l'esprit clérical grandissait : le desservant, le curé de village, auparavant traité comme un inférieur, occupait maintenant toujours la première place (1).

Tous les catholiques travaillèrent à cette réaction
contre l'irréligion ; mais ils demeurèrent irrémédia-
blement divisés. Les catholiques libéraux se trouvèrent alors dans une situation paradoxale, aussi
faibles dans l'Église que puissants dans l'État. La
majorité de l'Assemblée se composait de catholiques
pratiquants et de cléricaux déclarés : dans le parti
conservateur qui dominait à l'Assemblée Législative
de 1849, l'idée commune, c'était la défense de la propriété ; dans celui de 1871, c'était la défense de la
religion. Mais la plupart de ces conservateurs avaient
lutté contre la politique personnelle, contre les procédés arbitraires de l'Empire ; ils avaient fait partie
de l'Union libérale et réclamé le régime parlementaire. La monarchie de Henri V ne semblait possible, même aux légitimistes, qu'avec un ensemble
d'institutions modernes. C'était précisément le programme des catholiques libéraux. Falloux avait
échoué aux élections, mais Albert de Broglie (devenu
duc de Broglie à la mort de son père) et Dupanloup
étaient nommés ; ils devinrent les guides principaux
de l'Assemblée, dans les questions religieuses comme
dans les questions politiques. Or, ils étaient suspects
au monde catholique ; le réveil religieux qu'ils encourageaient s'accomplissait contre eux, sous l'influence de leurs adversaires constants. Ce contraste
n'a pas peu contribué aux divisions et à l'échec final
de la majorité nommée au lendemain de la guerre.

(1) Péroz, *Débuts de soldat.* (*Revue de Paris*, 15 octobre 1905.)

L'essai d'organisation catholique tenté à partir de 1871 eut une grande extension. Ses principaux organes furent le Comité catholique, avec les comités affiliés, s'adressant aux classes élevées ; l'Union des œuvres ouvrières, cherchant à gagner le peuple ; enfin, pour établir un lien entre les deux, l'Œuvre des cercles catholiques d'ouvriers. Le Comité catholique formé à Paris pendant le siège était purement religieux au début. Quarante-cinq comités semblables se constituèrent dans différentes villes pendant l'année 1871, et leurs délégués tinrent à Paris en 1872 la première assemblée générale. Celle de 1873, dirigée par Chesnelong qui allait rester désormais le président régulier de ces réunions annuelles, organisa neuf commissions permanentes. Elles se rapportaient aux groupements suivants : œuvres de prière, pontificales, générales, d'enseignement, de propagande, d'économie sociale, d'art chrétien, de législation et contentieux ; enfin venait la commission des pèlerinages en Terre-Sainte et des chrétiens d'Orient. Le Comité catholique de Paris comptait parmi ses membres beaucoup de libéraux ; mais il proclama son adhésion formelle au *Syllabus* et plus d'une fois s'inspira des principes du catholicisme intransigeant. Il en était de même des comités provinciaux, parmi lesquels celui de Lille se distingua par sa forte organisation et sa propagande active.

L'Union des œuvres ouvrières avait été déjà ébauchée, sans grand succès, vers la fin de l'Empire. Le congrès de Nevers l'organisa en septembre 1871, et le Bureau central choisit comme président Gaston de Ségur, cet évêque aveugle, connu pour son zèle charitable, qui était l'adversaire déjà ancien du catholicisme libéral ; il fit régner dans l'Union « le catholicisme militant et intégral (1) ».

(1) Le P. Marquigny, dans les *Études religieuses*, septembre 1874.

Beaucoup plus importante fut l'Œuvre des cercles. Depuis plusieurs années vivait à Paris un cercle d'ouvriers, fondé par Maurice Maignen avec l'appui d'Augustin Cochin. Deux officiers, le comte de Mun et le marquis de La Tour du Pin Chambly, qui avaient connu la captivité en Allemagne en 1870 et les horreurs de la guerre civile en 1871, voulurent se consacrer à la régénération de la France par l'Église. Ils prirent le cercle Montparnasse comme modèle, mais pour répandre dans les classes ouvrières l'esprit du catholicisme intransigeant. La devise de la nouvelle société fut « la Contre-Révolution par le *Syllabus* ». Il s'agissait, d'ailleurs, non pas d'émanciper les prolétaires, mais de les mettre sous la protection des classes élevées ; chaque cercle ouvrier se formait sous la tutelle d'un groupe dirigeant. Aux prolétaires l'Œuvre comptait enseigner le respect pour l'Église et pour la hiérarchie sociale ; aux bourgeois et aux gentilshommes, l'aversion pour le libéralisme économique aussi bien que pour le libéralisme politique.

Un essai pareil de restauration eut lieu dans le droit. Les jurisconsultes catholiques organisèrent des congrès annuels : la première réforme préconisée par eux consistait à rendre le mariage religieux indépendant du mariage civil et suffisant devant la loi. L'organe de ce groupement, la *Revue catholique des institutions et du droit*, débuta (1873) en glorifiant le *Syllabus* et en promettant d'écarter « les concessions et les transactions (1) ».

A côté de ces efforts conscients et réfléchis, le mouvement catholique se traduisit par un grand élan de mysticisme. Nous avons vu le succès obtenu bien avant 1870 par les dévotions nouvelles, puis par les miracles de la Salette et de Lourdes. Mais com-

(1) T. I, p. 11.

bien le mysticisme devait grandir après les épreuves
de l'année terrible, après ces catastrophes multi-
pliées qui faisaient sentir aux croyants le besoin de
la protection céleste ! Quand Trochu, le général
breton, proposait au gouvernement de la Défense
nationale de mettre Paris assiégé sous la protection
de sainte Geneviève, il exprimait des sentiments
très répandus chez les fidèles (1). Ces sentiments se
traduisirent dans les pèlerinages : le pèlerinage
national fait à la Salette en 1872 fut suivi de beaucoup d'autres; Lourdes surtout devint le but préféré
des voyageurs catholiques. Beaucoup d'anciens
sanctuaires, négligés depuis longtemps, virent les
fidèles reparaître. En même temps se développait
une dévotion exaltée au Sacré-Cœur ; elle devint le
véritable culte national, et aussi le signe de ralliement des ultramontains, des « catholiques avant
tout (2) ». Un grand enthousiasme accueillit le projet de construire à Paris une basilique nouvelle,
attestant que la France était vouée au Sacré-Cœur ;
des foules considérables allèrent à Paray-le-Monial
saluer la ville où Marie Alacoque avait eu ses visions.
Ce réveil de la foi s'alliait à une politique déterminée:
il s'agissait de restaurer les idées et les institutions
conservatrices ; il s'agissait avant tout de restaurer

(1) Voir aussi la lettre écrite au *Figaro* par le général Du
Temple, député d'Ille-et-Vilaine, le 24 mars 1872. Le jour
où les troupes françaises quittèrent Rome, dit-il, ce fut la
défaite de Wissembourg; le jour où elles partirent de
Civita-Vecchia, ce fut Reischoffen; le 4 septembre est le
dixième anniversaire de l'entrevue de Napoléon III avec
Cavour en 1860. Au contraire, le jour où le *Journal officiel*
annonce les prières publiques ordonnées par l'Assemblée,
le télégraphe annonce l'entrée de l'armée de Mac-Mahon
dans le Paris de la Commune.
(2) Ce culte fut « le symbole social et politique de l'ultramontanisme ». (*Souvenirs* de Saint-Valry, cités par HANO-
TAUX, *Histoire de la France contemporaine*, II, p. 75.)

le Souverain Pontife à Rome, le Roi en France. Pie IX et Henri V, le captif du Vatican et l'exilé de Frohsdorff, apparaissaient comme les deux martyrs de la Révolution, de la franc-maçonnerie ; doués de toutes les vertus, appelés à toutes les gloires, ils personnifiaient cet ordre chrétien dont les fidèles demandaient le retour.

Devant ces élans religieux, devant ces espérances extatiques, la prudence nécessaire de la politique semblait médiocre et même coupable. Les catholiques libéraux, qui dominaient dans l'Assemblée Nationale, portèrent la peine des votes imposés par cette prudence. Demander le rétablissement immédiat du pouvoir temporel, c'était réclamer la guerre contre l'Italie ; cela n'arrêta point les manifestations des évêques et des comités catholiques ; mais l'Assemblée se montra moins ardente, l'évêque d'Orléans lui-même admit les ajournements indispensables, ce qui leur valut de vifs reproches. L'Assemblée vota la loi qui autorisait l'érection de l'église du Sacré-Cœur à Montmartre, mais sans mettre le « vocable sacré » dans le texte ; un député de l'extrême-droite s'en plaignit et reçut une lettre de félicitations du comte de Chambord.

Si les dangers de guerre empêchaient de rétablir le pouvoir temporel du pape, la France était libre de rendre la couronne à Henri V. Tous les catholiques furent d'accord là-dessus. Les évêques de toutes nuances travaillaient à la restauration, celui d'Orléans autant que celui de Poitiers ; le cardinal Mathieu avait envoyé au comte de Chambord un de ses vicaires généraux ; Lavigerie lui donna plus tard des conseils d'action énergique. Même entente chez les laïques : Falloux demandait le retour du roi, tout comme Louis Veuillot, définitivement revenu aux idées légitimistes ; l'apologiste Auguste Nicolas célébrait le prince chrétien. L'Œuvre des cercles catholiques d'ouvriers faisait pour lui une propagande active. Mais les discordes recommençaient dès qu'on voulait déterminer le caractère de la future monarchie. Les catholiques libéraux demandaient au roi d'accepter le drapeau tricolore et le régime parlementaire ; les catholiques autoritaires souhaitaient qu'il demeurât fidèle à ses principes. C'était le conflit de la « thèse » et de « l'hypothèse » qui reparaissait en politique. Le comte de Chambord se mit du côté des intransigeants ; aux conseils de l'évêque d'Orléans il répondit, le 6 février 1873, par une lettre hautaine et ironique, tandis que l'évêque de Poitiers devenait son véritable directeur de conscience en politique. L'Assemblée Nationale dut renoncer à mettre sur le trône le Bourbon qui ne voulait pas être « le roi légitime de la Révolution ».

II

La guerre des catholiques autoritaires contre les libéraux n'avait jamais cessé depuis le concile du Vatican. L'exemple leur était donné par le pape. Dès 1871, recevant un pèlerinage français conduit par l'évêque de Nevers, Pie IX s'écriait : « Ce que je crains, ce ne sont pas tous ces misérables de la Commune... Ce que je crains, c'est cette malheureuse politique, ce libéralisme catholique qui est le véritable fléau. » Dès lors, il apporta une véritable passion à renouveler ces anathèmes ; en 1873 surtout, des brefs adressés aux catholiques d'Italie, de Belgique, de France, d'Allemagne répétèrent ces conseils. Ainsi le bref à l'évêque de Quimper dénonçait les fidèles qui, « conservant et entretenant le virus caché des principes libéraux qu'ils ont sucé avec le lait, sous prétexte qu'il n'est pas infecté d'une malice manifeste et n'est pas, suivant eux, nuisible à la religion, l'inoculent aisément aux esprits et propagent ainsi les semences de ces révolutions dont le monde est depuis longtemps ébranlé (1) ».

L'*Univers* et ses amis avaient aussi recommencé l'attaque dès 1871, d'autant plus que les élections à l'Assemblée Nationale donnaient à leurs adversaires le pouvoir politique. Louis Veuillot eut connaissance en 1871 de l'inscription de la Roche-en-Breny qui rappelait, comme nous l'avons vu, la réunion tenue en 1862. L'*Univers* consacra plus de cinquante articles à dénoncer la secte libérale qui s'était formée là autour de l'évêque d'Orléans (2). Le libéralisme fut pourchassé dans le clergé. Les jésuites de Paris étaient mal vus pour la façon dont ils rédigeaient les *Etudes religieuses* ; on transféra le siège de la revue à Lyon, les PP. Ramière et Marquigny firent leurs articles dans l'esprit du *Syllabus*, et bientôt Jules Morel put écrire : « Un jésuite libéral est un phénomène et un contre-sens qu'on ne rencontre plus (3). »

Les attaques devinrent plus vives encore en 1873, quand le chef du groupe détesté, le duc de Broglie, fut arrivé à la présidence du Conseil. Elles se multiplièrent surtout après l'échec de la restauration ; une défaite amène toujours chez les vaincus des querelles intestines, des imputations réciproques. Les catholiques autoritaires accusaient les libéraux

(1) Ces textes, souvent cités, sont reproduits par BARBIER, *le Progrès du libéralisme catholique en France sous le pape Léon XIII*, t. I, appendice.

(2) Cette campagne empêcha Thiers d'envoyer Augustin Cochin comme ambassadeur auprès du Vatican (voir FALLOUX, *Augustin Cochin*).

(3) *Somme*, préface générale, p. XLIV. La campagne contre les jésuites libéraux fut menée par Maurice de Bonald (voir sa brochure, *Une certaine divergence*, 1872, Bibl. nationale, D 67 407).

WEILL. — Catholicisme.   13

d'avoir demandé au roi son déshonneur ; ceux-ci reprochaient à leurs adversaires d'avoir affermi le comte de Chambord dans sa résistance aux concessions indispensables. Quand le ministère de Broglie, redoutant la colère de Bismarck insulté par les journaux ultramontains, suspendit l'*Univers* pour deux mois, les amis de Veuillot crièrent à la vengeance libérale, et Pie IX adressa au journaliste frappé une lettre de remerciements (1).

Deux écrits surtout résument cette campagne contre le catholicisme libéral : les auteurs sont deux évêques, Ladoue et Ségur. Biographe de Salinis et de Gerbet, Ladoue fut fait évêque de Nevers par Broglie ; néanmoins, il organisa dans son diocèse, dès le début de 1874, des conférences destinées à réfuter le libéralisme et les résuma lui-même dans une note succincte (2). Le libéralisme, dit-il, c'est « un système qui, au nom de la liberté, prétend constituer l'indépendance de l'existence humaine dans l'ordre des intérêts temporels ». Cette prétention unit les trois libéralismes, le radical, le modéré, le catholique. Le libéralisme catholique a son principe formulé dans le premier article de la déclaration de 1682, c'est l'indépendance absolue de l'ordre naturel ; d'où résultent, dans l'ordre intellectuel, la liberté de penser, dans l'ordre religieux, la liberté de conscience, dans les relations extérieures, la liberté de tout faire pourvu qu'on ne porte pas atteinte au droit d'autrui. On méconnaît ainsi les

(1) L'évêque de Poitiers, dans ses entretiens avec son clergé, critiquait sans relâche le libéralisme. Il se plaignit que les pasteurs et les rabbins fussent invités, comme les prêtres catholiques, à faire des prières publiques, à participer à l'administration des hôpitaux (*Œuvres*, VII, p. 572 sqq). Il rappela, pour les critiquer, des phrases de Broglie dans l'*Église et l'Empire romain* (VIII, p. 147 sqq.).

(2) Elle fut publiée dans la *Revue de l'enseignement chrétien*, reproduite par Tolra de Bordas, *Mgr de Ladoue*, 1878.

droits de Dieu sur la conscience, les suites du péché originel, la véritable notion de la liberté. Les applications du libéralisme catholique sont nombreuses et funestes : il a voulu faire de l'Église, monarchie pure, une monarchie parlementaire ; il prétend limiter la surveillance de l'Église sur l'école ; il remplace la charité catholique, si respectueuse pour les indigents, par la vulgaire bienfaisance. Enfin il accepte les libertés politiques imposées à notre société par le malheur des temps.

Gaston de Ségur publia un pamphlet très vif, en langage simple et populaire (1). Le catholicisme libéral, dit-il, quoiqu'on ne l'ait pas encore déclaré formellement hérétique, est flétri et. réprouvé par le pape. On doit y distinguer un sentiment, un parti, une doctrine. Le sentiment contient du bon, l'horreur de la tyrannie, mais surtout du mauvais, l'esprit d'indépendance et de révolte. Le parti introduit la division parmi les catholiques, et se laisse mener par des intrigants qui « aiment étrangement les faveurs, les décorations et les bonnes places ». La doctrine est un système dangereux qui « tend à amoindrir les vérités et les principes, et à les remplacer par des nuances et par du sentiment »... Il est faux de prétendre qu'on peut être catholique en religion et libéral en politique. Défions-nous donc de ces hommes, de leurs journaux, de leurs livres, et surtout des prêtres de leur parti. « Un prêtre catholique libéral fait à lui seul plus de mal que cinq cents laïques. »

Ce groupe tant critiqué fut cependant le principal auteur d'une réforme demandée par tous les catholiques militants, la liberté de l'enseignement supérieur. La campagne, commencée pendant le ministère de Duruy, fut reprise avec une grande vigueur

(1) *Hommage aux jeunes catholiques libéraux*, 1874.

dès 1871. Les catholiques luttant contre le monopole
sous Louis-Philippe avaient invoqué la liberté; en
1871 ils invoquèrent le patriotisme. Tout le monde
après la guerre constatait les lacunes de l'instruction
publique en France, la faiblesse de l'enseignement
supérieur, le besoin d'un renouveau scientifique;
ils affirmèrent que la liberté seule, avec la concurrence, pourrait donner aux Facultés l'élan nécessaire. Les catholiques libéraux développaient leurs
vœux dans le *Bulletin* de la Société générale d'éducation et d'enseignement; les catholiques autoritaires se réunirent autour de la *Revue de l'enseignement chrétien*, ressuscitée par le P. d'Alzon. Le fondateur de l'ordre des assomptionnistes y lança le cri
de guerre contre l'Université: « *Delenda Carthago.*
Il est temps de savoir quels sont les vrais auteurs de
nos défaites; d'où venait l'enseignement si affaibli
de nos officiers en face de la science incontestable
des états-majors prussiens; par quelle formation
pédagogique avaient passé ces paysans qui refusaient
le pain à nos soldats, trouvant habile de le réserver
pour l'envahisseur...; quels maîtres ont eu les gens
de Belleville et quels maîtres ont eu les marins, les
mobiles bretons et les zouaves pontificaux (1). »

Les catholiques libéraux, très sévères aussi pour l'enseignement universitaire, montraient cependant plus
de discrétion et de prudence. Le *Correspondant* (2),
par exemple, emprunta la plume d'un professeur de
l'État, Heinrich, pour réclamer la liberté dans l'in-

(1) *Revue...,* premier numéro (mai 1871). Voir dans le même
recueil les articles de L. Allemand sur l'Université (t. I).
Dans le *Bulletin* de la Société générale d'éducation, c'est
surtout E. de Germiny qui attaque l'Université, « cette
grande coupable de l'état actuel de notre pays » (1872, p. 65).
Il déclare que le *Bulletin* est d'accord avec la *Revue de l'enseignement chrétien*, malgré quelques différences d'apprécia-
tion.

(2) 10 juin 1875.

térêt de tous. Mais ce fut Dupanloup surtout qui sut rassurer les modérés. Les talents qu'il avait déployés en 1849 pour gagner Thiers au projet de loi présenté par Falloux, il les retrouva en 1874 pour s'assurer l'appui des libéraux purs menés par Edouard Laboulaye. Dans ses discours à l'Assemblée Nationale, aucune réserve, même théorique, en faveur du droit supérieur de l'Église (1). Répondant à Paul Bert le 4 décembre 1874, il insista sur les avantages de l'émulation, de la concurrence, et affirma que la liberté donnerait aux Facultés des élèves et des professeurs. Le lendemain, dans une réplique à Challemel-Lacour, il rappela son interprétation libérale du *Syllabus* louée par le Saint-Siège et approuvée par plus de six cents évêques. De même, dans la troisième délibération, l'évêque d'Orléans répéta que les catholiques ne voulaient aucun monopole : « Ils demandent simplement le droit commun, la liberté commune. Ils n'ont jamais voulu autre chose (2). » D'ailleurs il profitait comme toujours de l'occasion pour attaquer des thèses matérialistes soutenues dans les écoles de l'État et pour dénoncer les progrès de l'athéisme. Les déclarations de Dupanloup ne rassurèrent pas le vieux représentant du catholicisme républicain, Arnaud (de l'Ariège) ; il reprocha au clergé de s'isoler de la nation (3). Mais elles satisfirent complètement le rapporteur, Laboulaye, qui obtint le vote de la loi établissant la liberté de l'enseignement supérieur.

(1) Pie le lui reprocha dans un de ses entretiens avec le clergé poitevin (*OEuvres*, IX, entretien de juillet 1875).

(2) Séance du 7 juin 1875.

(3) « Ce n'est pas en vous isolant de la jeunesse, en parquant vos adeptes avec un soin jaloux, ce n'est pas en maudissant nos conquêtes ou en vous signant devant nos libertés que vous exercerez votre universelle et féconde influence. » (Séance du 14 juin 1875.)

L'épiscopat mit le même empressement qu'en 1850 à utiliser la nouvelle conquête de l'Église. Des réunions d'évêques jetèrent aussitôt les fondements de l'Institut catholique de Paris; Freppel, devançant son collègue de Poitiers, créa les Facultés d'Angers. Même ardeur à Lille, à Lyon, à Toulouse. Pie IX recommanda aux évêques d'éviter l'infiltration des idées libérales dans ces nouvelles écoles. Cette fois comme en 1850, le catholicisme autoritaire s'efforça d'utiliser au profit de ses idées les conquêtes faites par le catholicisme libéral.

Les deux principaux survivants du groupe de la Roche-en-Breny, Falloux et Dupanloup, demeuraient en butte à des attaques incessantes. Falloux était fort mal traité par les évêques de sa région, Pie et Freppel ; le cardinal Pitra, venant en Anjou, l'invitait à quitter ses erreurs (1). On reprit en 1874 contre lui et ses amis, avec une nouvelle violence, la campagne relative à l'inscription du château de Montalembert. Falloux n'était pas homme à rester sans réplique. Sa biographie d'Augustin Cochin fut à la fois une apologie de ce grand libéral et une charge à fond contre ses ennemis habituels. Dans ce livre l'auteur affirmait sa soumission au *Syllabus*, mais en atténuant la portée de ce document ; ainsi, à propos du dernier article, il disait cavalièrement : « A-t-on jamais fâché quelqu'un en disant que les mathématiques ne doivent se réconcilier ou transiger avec personne (2) ? » Falloux se déclarait sans crainte sur l'avenir : « Cette orgie de haine, de diffamation et de discorde, cette constante agression au bon sens, à la justice, à la vérité, cette tyrannie

(1) Voir Eugène Veuillot, *le Comte de Falloux et ses Mémoires*, p. 210 sqq.; Battandier, *le Cardinal Pitra*, p. 593. Sur les rapports de Freppel avec Falloux, voir Lair dans *le Correspondant* (10 avril 1892).
(2) *Augustin Cochin*, p. 278.

d'une petite bande d'esprits mal faits et malfaisants sur un trop grand nombre d'hommes sincères, tous ces excès, précisément parce qu'ils sont des excès, n'auront qu'une courte durée (1). »

Dupanloup n'était pas plus épargné, ses adversaires ne lui passaient rien. Dans un service funèbre à la cathédrale d'Orléans on avait refusé de faire figurer un *fac-simile* de l'étendard du Sacré-Cœur, celui de Loigny. L'*Univers* dénonça le « scandale d'Orléans ». L'évêque adressa une lettre énergique au rédacteur en chef. Louis Veuillot lui répondit par un article énumérant toutes les attaques du prélat contre son journal, et ajouta dédaigneusement : « Ces manifestations d'une mauvaise humeur infiniment persistante ont fait plus de bruit qu'elles n'ont obtenu de fortune (2). » Jusque dans le clergé orléanais, si fidèle à son évêque, il se trouva un chanoine pour lui rappeler ses péchés libéraux et l'inviter à une rétractation (3). Un de ses amis, l'évêque de Nîmes, Besson, avait mis dans une lettre pastorale quelques mots d'éloge pour celui qui défendait si bien le catholicisme devant les assemblées politiques ; le P. d'Alzon, chargé de la lire en chaire, omit la phrase sur Dupanloup (4).

Les évêques libéraux ajoutaient encore à l'irritation de leurs adversaires en essayant de réagir contre l'abus du mysticisme. Le 24 mai avait suscité un flot de brochures bizarres, de prophéties annonçant le salut (5). Dupanloup n'hésita point à publier en 1874 une lettre pastorale pour mettre son clergé en garde contre les prophéties mensongères. Le spiri-

<hr>

(1) AUGUSTIN COCHIN, p. 379.
(2) *Univers*, 9 janvier 1874.
(3) PELLETIER, *Mgr Dupanloup*, 1876.
(4) BASCOUL, *Mgr Besson*, II, p. 59.
(5) LECANUET, *l'Église de France sous la troisième République*, p. 202.

tuel Besson également avertit ses prêtres de se méfier des récits de guérisons extraordinaires, d'apparitions miraculeuses, de visions prophétiques (1).

En général, les catholiques libéraux, accablés par les condamnations répétées de Pie IX, s'abstenaient d'imiter Falloux, d'attaquer vigoureusement leurs adversaires. Cette prudence caractérisa leur journal, le *Français*. A ses débuts déjà, vers la fin de l'Empire, Montalembert lui avait reproché une excessive timidité en face de l'*Univers* (2). Devenu sous la République l'organe officieux du duc de Broglie, il évita de son mieux les polémiques avec le journal de Veuillot. Plus tard un groupe catholique fonda, sous l'inspiration de Dupanloup, la *Défense sociale et religieuse*. Ce nouvel organe s'abstint également de tout conflit avec les feuilles de droite. « C'est en vain, disait-il, qu'on cherchera à diviser les journaux catholiques. Nous sommes tous soldats de la même cause : nous détestons les mêmes erreurs et nous aimons les mêmes vérités (3). » La *Défense* consacra ses efforts à combattre les progrès du parti républicain et de la propagande irréligieuse.

Ces progrès étaient considérables. Les menaces des catholiques exaltés, leurs attaques répétées contre les principes de 1789, les manifestations des pèlerins, les pétitions en faveur du pouvoir temporel donnaient un formidable essor à l'anticléricalisme. Plusieurs des maîtres de la pensée française aidaient à la lutte contre la réaction : Renan avait recouvré sa chaire au Collège de France ; Littré gagnait Gambetta et Jules Ferry à sa doctrine positiviste, fort éloignée de celle d'Auguste Comte ; Renouvier, dans la *Critique philosophique*, réfutait les théories des

(1) Un passage de ce mandement fut cité à la Chambre dans la séance du 3 mai 1877.

(2) LECANUET, *Montalembert*, III, p. 436.

(3) 28 septembre 1876.

réactionnaires ; Paul Bert condamnait la religion au nom de la science. Le grave journal fondé par Gambetta, la *République française*, dirigeait le mouvement ; le *Dix-neuvième Siècle*, avec About et Sarcey, le *Rappel* avec Vacquerie et M. Lockroy, dénonçaient les abus de pouvoir commis par des prêtres. Tandis que le parti catholique s'adressait aux classes élevées, le parti républicain gagnait le peuple par ses discours, par ses petits livres de propagande, par les pétitions de la Ligue de l'enseignement pour l'instruction primaire gratuite et obligatoire. Le zèle royaliste du clergé achevait de lui aliéner les partis de gauche. « On ne pouvait entrer dans le modeste salon d'un presbytère de village sans y voir côte à côte et sur le même rang les images de Notre-Seigneur Jésus-Christ, de la sainte Vierge et du comte de Chambord (1). » Les catholiques républicains, tels que M. Étienne Lamy, étaient bien rares. Les catholiques libéraux de la *Défense* luttaient contre la gauche avec autant de violence que les hommes de l'*Univers*.

La Chambre élue en 1876 eut une majorité républicaine et anticléricale. Les conservateurs, maîtres du Sénat, lui résistèrent en refusant de rendre à l'État la collation des grades. Ce fut après une grande interpellation sur les menées du clergé que Mac-Mahon rendit le pouvoir au duc de Broglie, si bien que les ministres du 16 mai apparurent comme les représentants du cléricalisme. Ils protestèrent publiquement contre cette allégation, et fournirent ainsi aux catholiques intransigeants une nouvelle occasion d'attaquer la tiédeur du groupe libéral. Veuillot se déclara peu favorable à la tentative du duc de Broglie ; l'évêque de Poitiers railla ce coup

____

(1) LÉON CHAINE, *les Catholiques français et leurs difficultés actuelles*, p. 96.

d'État entrepris sans programme précis ni volonté ferme. La défaite du 16 mai fut rapide et complète. Ainsi, au moment de la mort de Pie IX, les catholiques libéraux, flétris maintes fois par le pape, étaient vaincus et humiliés. Le vieux compagnon d'armes de Veuillot, Jules Morel, publiant le recueil de ses brochures contre les Falloux, les Gratry, les Dupanloup, chantait le *Nunc dimittis* et saluait la ruine du catholicisme libéral : « J'ai dit, en commençant, que je l'avais vu naître, et je finis en disant que, quoique devenu septuagénaire, je le verrai mourir (1). »

(1) *Somme...*, préface générale, p. LX.

CHAPITRE X

LE RALLIEMENT

I

En 1878 Léon XIII remplaça Pie IX. A un pape sentimental, passionné, tout de premier mouvement, succéda un politique habile, maître de lui, fin diplomate, aimant à connaître le caractère des hommes et la situation des partis dans chaque pays. Dès qu'il fut élu, on se douta que la modération allait succéder à l'intransigeance. « C'est un opportuniste sacré », disait avec joie Gambetta. Un des derniers survivants du saint-simonisme, Isaac Pereire, exhorta Léon XIII à diriger les réformes sociales nécessaires à la démocratie (1). Quant aux catholiques, ils reconnurent bientôt que la doctrine de l'Eglise n'avait pas changé. Léon XIII, un des promoteurs du *Syllabus*, en a toujours conservé les idées ; ses adversaires de droite reconnaissent qu'il a proclamé la « thèse » catholique aussi fortement que Pie IX (2). Mais les procédés furent différents : sa conduite révéla des tendances à la conciliation

(1) PEREIRE, *la Question religieuse*, 1878.
(2) Voir BARBIER, *le Progrès du libéralisme catholique*.

avec cette société moderne que son prédécesseur avait
poursuivie de si nombreux anathèmes.

Le courage revint aux chefs des anciens catholiques libéraux. Dupanloup racontait ses espérances
à ses amis et se préparait à partir pour Rome
quand il mourut (1). Falloux reprit la plume pour
combattre les intransigeants. Ce politique ingénieux,
qui avait su gagner en 1848 les alliances nécessaires,
ne comprenait pas qu'on prît pour devise la contre-
révolution, qu'on employât le langage le plus propre
à irriter la France. L'Œuvre des cercles catholiques,
avec ses bruyants défis à la Révolution, lui semblait
dangereuse, et il adressa publiquement aux meneurs
des conseils de sagesse. L'empire des mots est
grand, écrivait-il ; pourquoi choisir comme cri de
ralliement une formule que les Français traduisent
par « ancien régime » ? On condamne la société moderne tout entière, ce que les papes les plus rigides
n'ont pas fait ; on condamne la Révolution en bloc,
alors que Joseph de Maistre lui-même n'allait point
aussi loin. Une restauration monarchique heureuse ne
pourrait pas aujourd'hui défaire l'œuvre de 1789.
Les intransigeants reprennent toutes les exagérations
de Lamennais ; ils oublient que la politique veut
avant tout de la prudence. L'esprit de conciliation a
valu aux catholiques la loi de 1850 et celle de 1875.
Et Falloux s'écrie en finissant : « Dieu dans l'éducation ; le Pape à la tête de l'Église ; l'Église à la
tête de la civilisation. Voilà le programme que je
m'étais tracé dans ma courte carrière politique ;
j'avoue qu'aujourd'hui encore il me paraît suffisant,
et que la contre-révolution, qui n'y ajoute rien, peut
grandement entraver son succès (2). »

(1) Voir le récit anonyme publié par son entourage, *les
Derniers Jours de Mgr Dupanloup*. (*Correspondant*, 25 mai
1879).

(2) *Correspondant*, 25 octobre 1878. Les intransigeants lui

Les élèves des vieux libéraux s'appliquèrent à mettre en lumière la modération du nouveau pape. Un disciple de Dupanloup, le comte Conestabile, résuma les mandements de l'ancien archevêque de Pérouse sur l'union nécessaire de l'Église et de la civilisation (1), puis commenta la lettre où Léon XIII, protestant contre les décrets de Jules Ferry sur les congrégations, montrait que l'Église accepte toutes les formes de gouvernement (2). Dans ce commentaire l'écrivain libéral désavoue les doctrines de Bonald, ses comparaisons entre le pouvoir du roi et celui du père de famille. La phrase de Montalembert sur « la liberté réglée, contenue, ordonnée, tempérée, la liberté honnête et modérée », lui paraissait n'être que le « commentaire anticipé » du Syllabus. Outre ce rapprochement quelque peu inattendu, il empruntait à l'*Univers*, à la *Civilta cattolica* des textes où ces organes intransigeants acceptaient le régime du droit commun, reconnaissant qu'il faut admettre la liberté du mal. Mais ses principales autorités, c'étaient Ketteler et Lacordaire, le Lacordaire de l'*Avenir*.

Ce que disait avec prudence l'élève de Dupanloup fut répété avec plus d'énergie par un élève de Lacordaire. C'était le P. Didon, en qui Montalembert avait salué de bonne heure l'héritier de son grand ami (3). Des discours libéraux lui valurent, avec les dénonciations de l'*Univers*, une première dis-

répondirent très vivement, surtout dans l'*Association catholique*, organe de l'Œuvre des cercles d'ouvriers.

(1) *Correspondant*, 25 octobre 1878.

(2) *Correspondant*, 25 janvier 1881. Un évêque devenu plus tard un des chefs du parti intransigeant, Mgr Turinaz, fit aussi l'apologie de la politique nouvelle dans une lettre pastorale sur *Léon XIII et sa mission providentielle*. (*Correspondant*, 25 février 1880.)

(3) LECANUET, *Montalembert*, III, p. 456.

grâce (1). Encouragé par l'avènement de Léon XIII et par une audience du nouveau pape, il parla net dans la préface de ses conférences sur le divorce (2). La guerre religieuse qui existe en France, disait-il, est à la fois politique et scientifique ; mais les doctrines du catholicisme ne la rendent pas nécessaire. Ce sont les fautes des hommes qui l'ont allumée. « Les croyants sont-ils tous innocents de cette lutte ? Il faudrait être dénué de sincérité pour le dire et dépourvu de toute clairvoyance pour le penser. » Sans doute le catholicisme est dominé actuellement par l'esprit d'autorité, alors que l'esprit de liberté souffle en France ; mais puisque l'Église et l'État n'ont pas le même domaine, les deux courants peuvent coexister, comme aux États-Unis, pourvu que les gouvernants reconnaissent l'incompétence de l'État en matière religieuse. La politique rend cette conciliation difficile (3), et cause des souffrances très grandes aux hommes sincères qui sont à la fois catholiques et républicains ; mais cette guerre entre l'Église et la République peut cesser. De même le procès entre la science et la foi ne viendra pas troubler la foule si l'État se renferme dans le seul rôle qui lui convienne, la neutralité. Le P. Didon faisait en même temps ses conférences du carême sur la réconciliation de l'Église avec la société moderne. Le châtiment ne se fit pas attendre ; appelé à Rome par le Maître général de l'ordre, l'audacieux dominicain fut exilé dans un

(1) La *Revue chrétienne* (avril 1878) déclare qu'il réveille le catholicisme libéral.

(2) DIDON, *Indissolubilité et Divorce*, 1880.

(3) « D'une part, les catholiques militants se sont trouvés appartenir presque tous, en politique, aux partis déchus. Le clergé, en masse, s'est enrôlé sous la bannière de la monarchie ancienne. D'autre part, les gouvernants, presque tous, étaient ou indifférents ou hostiles au catholicisme, et ceux qui, lui étant fidèles, ont passé au pouvoir, n'ont jamais conquis la popularité. » (Préface, p. xix.)

un triste monastère de la Corse (1). L'élève de Gratry, l'abbé Charles Perraud, ne fut pas mieux écouté
que celui de Lacordaire quand il essaya, lui aussi,
de demander en chaire la conciliation de l'Église
avec le siècle (2).

Les catholiques militants n'étaient pas, en effet,
disposés à écouter ce langage. Le parti républicain,
définitivement arrivé au pouvoir en 1879 par l'élection de Jules Grévy comme successeur de Mac-
Mahon, faisait les décrets de 1880 contre les ordres
religieux non autorisés et préparait la loi sur l'enseignement primaire gratuit et obligatoire. L'union des
catholiques s'était aussitôt refaite : on luttait contre
Jules Ferry comme autrefois contre Victor Duruy et
Jules Simon. Tout au plus pouvait-on remarquer,
dans les réclamations des évêques, un ton plus modéré qu'au temps de Pie IX (3); c'était vrai surtout
des prélats libéraux, tels que Ramadié, archevêque
d'Albi (4). Même les plus belliqueux des prélats autoritaires s'astreignaient à une certaine réserve ; le grand
évêque de Poitiers montrait une prudence qui fut
récompensée par le chapeau de cardinal, mais qui lui
coûtait beaucoup (5). Toutefois les militants n'admettaient pas qu'un évêque fût républicain : lorsque
Bellot des Minières, un ami du gouvernement,
succéda au cardinal Pie, la noblesse poitevine rompit
avec lui, son collègue Freppel lui adressa une remon-
trance hautaine, un journal royaliste publia quelques

(1) Reynaud, le P. Didon. Il reçut des lettres d'encoura-
gement, celle de Falloux entre autres (p. 217).
(2) Largent, l'Abbé Charles Perraud, 1894.
(3) Voir les citations faites par L. de Gaillard (Correspondant, 10 avril 1879).
(4) Son mandement (Correspondant, 10 mars 1880) justifie
« Liberté, Égalité, Fraternité ».
(5) Battandier (le Cardinal Pitra, p. 885) affirme que Pie
fut « tué par un silence imposé ».

poésies, un peu légères, composées par lui dans sa
jeunesse (1).

Léon XIII était d'ailleurs trop prudent pour indiquer brusquement au public sa politique nouvelle;
ses préférences étaient pour une action secrète,
modifiant peu à peu l'attitude et le langage des
évêques. Pour dégager ceux-ci de leurs compromissions avec le comte de Chambord, il chargea le
nonce d'obtenir que les conservateurs fissent, aux
élections législatives de 1881, une campagne purement catholique et non royaliste; mais le prétendant
de Frohsdorf ne voulut pas abandonner ses platoniques
revendications (2). Bientôt la mort enleva Louis
Veuillot, puis le dernier Bourbon de la branche aînée;
le champ était ainsi déblayé pour la politique du
ralliement. Un des chefs du parti anticlérical, Paul
Bert, prédit, en adversaire clairvoyant, que l'Église
évoluerait vers la République sans rien perdre de son
intransigeance et de ses prétentions (3). Les nonces
pontificaux, bien choisis par le pape, Rotelli et surtout Ferrata, continuèrent silencieusement ce travail
pendant plusieurs années.

Différents faits rendirent courage aux catholiques
libéraux. L'abbé Lagrange, vicaire général et ami
intime de Dupanloup, publia une biographie très
élogieuse du grand évêque; les prélats libéraux ne
lui ménagèrent pas les félicitations. Là-dessus un
chanoine de Poitiers, confident du cardinal Pie,
l'abbé Maynard, entama une attaque en règle contre la
mémoire de l'évêque d'Orléans; mais un ordre venu

(1) Voir la brochure publiée contre lui en 1882, *Poésies de
M. Bellot des Minières. Le Gaulois et le Laïque poitevin.*

(2) DREUX-BRÉZÉ (*Notes et Souvenirs pour servir à l'histoire
du parti royaliste*, p. 151 sqq.) raconte son entretien à ce
sujet avec le nonce Czacky.

(3) Cet article, du 19 juillet 1883, est reproduit dans
PAUL BERT, *le Cléricalisme*, 1900.

de haut força l'*Univers* à interrompre ces articles (1). Un écrivain qui allait être le plus brillant représentant du catholicisme libéral, M. Anatole Leroy-Beaulieu, publia une étude sur le groupe des Montalembert, des Lacordaire, des Dupanloup; il approuva leur œuvre et déclara nécessaire de revenir à leurs idées (2). Enfin les évêques libéraux se faisaient écouter dans cette cour du Vatican, où leurs adversaire avaient si longtemps joui d'une faveur exclusive. On le vit dans l'affaire du cardinal Pitra. Ce bénédictin érudit soutenait, comme son maître Guéranger, les catholiques intransigeants; aussi était-il l'ami du *Journal de Rome*, qui défendait leurs opinions, tandis que le *Moniteur de Rome* approuvait l'évolution libérale. Le *Journal de Rome* reçut un blâme du Vatican; Pitra, interrogé par un prêtre hollandais sur le sens de la note pontificale, répondit par une lettre publique où il désapprouvait les catholiques libéraux : Montalembert, Lacordaire et Dupanloup étaient rangés par lui dans la même catégorie que les schismatiques, Lamennais, Renan, Hyacinthe Loyson. Les évêques français du parti modéré protestèrent : l'archevêque de Paris, Guibert, sortit de sa réserve habituelle et signa une plainte adressée au pape. Celui-ci réprimanda l'ami de Guéranger, de Pie, de Freppel, qui tomba dans une disgrâce complète (3).

(1) Maynard publia ces articles en volume (*Mgr Dupanloup et M. Lagrange, son historien*, 1884), et raconta comment on l'avait chassé de l'*Univers*. « Les voilà, s'écriait-il, ces libéraux, ces grands parleurs de liberté dans l'attaque et dans la défense, qui, sitôt qu'on les égratigne, vous veulent mettre des menottes, et au moindre mot contradictoire vous passent le bâillon ! » (P. 148.)

(2) *Les Catholiques libéraux*, 1885.

(3) Battandier, *le Cardinal Pitra*. Au contraire, Maret sortit de sa disgrâce et reprit la plume pour défendre le catholicisme libéral. (*La vérité catholique et la paix religieuse*, 1884).

Weill. — Catholicisme. 14

Le gros des catholiques français demeurait insensible à ces avertissements (1). Les politiques renonçaient, pour des raisons électorales, à déployer le drapeau de la royauté; ils se posaient en « conservateurs », ennemis du radicalisme et de la franc-maçonnerie; tout le monde savait qu'ils demeuraient les ennemis de la République. On le vit lors des élections législatives de 1885, si favorables pour eux au premier tour. Après ces élections, M. de Mun proposa de créer un parti purement catholique, analogue au Centre du Reichstag allemand; il y renonça devant les conseils du pape, qui ne voulait pas voir les défenseurs de l'Église se grouper sous l'étendard impopulaire de la contre-révolution (2). Les catholiques militants reprirent la lutte contre la république parlementaire à l'époque du boulangisme; la coalition qui se forma entre boulangistes de droite et d'extrême-gauche rappela par quelques traits celle qui avait assuré en 1848 l'élection de Louis-Napoléon Bonaparte. Elle fut vaincue aux élections de 1889.

En somme, pendant toute cette période, la politique du ralliement n'avait pas encore été affirmée, sauf par quelques rares évêques. Celui de Gap, Guilbert, l'avait exposée le premier, dès 1876, avec une netteté remarquable; ses lettres pastorales causèrent une sensation très vive, mais bientôt oubliée. Plus tard le cardinal Thomas, archevêque de Rouen, inspira la fondation d'un nouveau journal, *l'Observa-*

---

(1) « Dans le clergé, dans le bas clergé surtout, les idées libérales sont odieuses ou suspectes... A aucune époque peut-être les libéraux n'ont rencontré moins de sympathie dans ses rangs, quoiqu'il se voie contraint d'invoquer, lui aussi, le nom de liberté. » (ANATOLE LEROY-BEAULIEU, *les Catholiques libéraux*, p. 271.)

(2) L'abbé Sanvert, candidat républicain à Chalon-sur-Saône en 1885, avait échoué grâce aux catholiques royalistes. (CHAINE, *les Catholiques français*, p. 257.)

leur français. Le directeur, Joseph Denais, annonça
dans le premier numéro que cette feuille, restant à
l'écart des partis politiques, servirait uniquement
l'Église. « Nous venons, disait-il, parler à notre siècle
le langage qu'il parle et qu'il entend. » Il y a des
malentendus à dissiper; les encycliques de Léon XIII
en fournissent le moyen : le pape aime la science
et reconnaît aux peuples le droit de choisir le gouvernement qu'ils préfèrent (1). — Un autre archevêque,
celui de Tours, Meignan, soutenait des idées semblables, et sa brochure de 1886, *Léon XIII pacificateur*,
développa la politique du pape. Lui-même, en toute
occasion, soutenait les catholiques libéraux et luttait
contre les intransigeants; il fut harcelé par ces derniers, maltraité par leur organe, le *Journal d'Indre-
et-Loire*, pour avoir défendu l'évêque républicain
Juteau, nommé à Poitiers; mais il obtint ce que n'avait
jamais pu obtenir Dupanloup, un bref du pape condamnant formellement les audaces du journalisme
catholique et les attaques dirigées contre l'épiscopat (2). Il convient d'observer que Guilbert, Meignan
et Thomas avaient tous les trois fait partie de la minorité libérale qui vota *non placet* au concile du Vatican. Thomas saluait comme ses maîtres Montalembert, Ozanam, Ravignan, Lacordaire, Dupanloup (3).
Meignan était depuis trente ans l'ami et le collabora-
teur des hommes du *Correspondant*. C'était bien
l'ancienne école libérale qui revenait à la vie sous la
protection de Léon XIII. La masse du clergé lui

(1) 6 mai 1887.
(2) Voir le récit complet de ses luttes contre les intransigeants dans BOISSONNOT, *le Cardinal Meignan*.
(3) « Il m'était doux, continuait-il, de me rendre le témoignage d'avoir été leur disciple et leur humble émule dans
toutes les phases de mon existence. Le temps, en effet, a
ramené et justifié les conceptions et les espérances de ces
précurseurs, de ces voyants de l'avenir. » (Discours de 1893,
cité par BARBIER, *Rome et l'Action libérale populaire*, p. 176).

demeurait hostile; mais un groupe nouveau d'adhérents allait lui donner une activité inconnue depuis longtemps.

II

En 1890 le boulangisme était vaincu, la République triomphante, les monarchistes découragés ; plusieurs de ceux qui avaient soutenu la coalition contre le régime parlementaire s'empressaient maintenant de vanter la « politique d'apaisement ». Les circonstances étaient donc favorables quand fut prononcé le toast du cardinal Lavigerie. Le célèbre archevêque d'Alger appartenait depuis longtemps au groupe libéral ; d'ailleurs le même esprit pratique, positif, qui l'avait fait voter avec la majorité au concile du Vatican, le poussait à désirer une entente avec le gouvernement républicain. Plus d'une fois déjà il avait agi auprès de Léon XIII, entamant la lutte contre le cardinal Pitra, faisant justice des attaques dirigées contre Meignan et Juteau (1). Enfin il parla le 12 novembre 1890 : « Quand la volonté d'un peuple, disait-il, s'est fermement affirmée sur la forme du gouvernement et lorsque, pour arracher un peuple aux abîmes qui le menacent, il faut l'adhésion sans arrière-pensée à cette forme politique, le moment est venu de déclarer l'épreuve faite ; et il ne reste plus qu'à sacrifier tout ce que la conscience et l'honneur permettent, ordonnent à chacun de nous de sacrifier pour le salut de la patrie... »

Le toast d'Alger eut un retentissement prodigieux (2). Les catholiques monarchistes furent exas-

(1) Voir les livres cités de Battandier et de Boissonnot. Voir aussi les lettres de Lavigerie à Eugène Veuillot, dans BARBIER, *le Progrès du libéralisme*, I, p. 101 sqq.

(2) Cette histoire du ralliement est racontée en détail par

pérés ; les familles riches de ce parti cessèrent les dons qui alimentaient depuis de longues années les œuvres africaines du cardinal. Freppel réfuta Lavigerie dans son journal, *l'Anjou* : la République, disait-il, n'est pas une simple forme de gouvernement, c'est un système, une doctrine, la doctrine de l'irréligion ; le ralliement serait le désaveu du *Syllabus* et de la politique traditionnelle de l'Église. Freppel invoquait les principes ; Cassagnac fit appel aux passions. Il devint le Veuillot du nouveau Dupanloup ; mais l'*Autorité* employa un langage beaucoup plus violent que ne l'avait jamais fait l'*Univers*.

Le cardinal était-il d'accord avec le pape ? On en douta quelque temps ; mais des approbations non équivoques prouvèrent qu'il ne s'était point engagé au hasard. Cela obligea beaucoup de conservateurs à voiler sous des formules modérées leur antipathie contre la politique nouvelle ; ils affirmèrent n'être ni républicains ni royalistes, mais, selon l'ancienne formule de Montalembert, « catholiques avant tout ». Leurs chefs, les Chesnelong et les Keller, s'entendirent avec l'archevêque de Paris, le cardinal Richard, pour fonder une nouvelle société, l'Union de la France chrétienne (1891) ; les incidents bruyants qui accompagnèrent le procès de l'archevêque d'Aix, Gouthe-Soulard, vinrent favoriser leur tactique. D'ailleurs Léon XIII n'avait pas encore parlé lui-même. Il orientait en ce moment l'action sociale des catholiques vers des voies nouvelles par l'encyclique *Rerum novarum* ; la question du ralliement politique semblait ainsi rejetée dans l'ombre. Mais l'espoir des conservateurs fut bientôt déçu ; Léon XIII prit la parole, et en termes catégoriques. Une interview de lui, parue le 17 février 1892, annonça aux foules

DEDIDOUR, *l'Église catholique et l'État sous la troisième République*, II, 8ᵉ partie, chap. I (F. Alcan).

qui lisaient le *Petit Journal* que le pape recommandait la soumission à la République. Deux jours après, une encyclique, envoyée en français à la France, détailla les raisons pour lesquelles il convenait d'accepter la Constitution de 1875, le régime reposant sur le suffrage universel et la liberté politique. Les monarchistes continuèrent à résister, disant que, s'ils étaient catholiques à Rome, ils étaient Français en France. Beaucoup d'entre eux répétèrent la distinction jadis établie par Lamennais et ses héritiers entre le pouvoir spirituel du pape et son autorité politique; ils reprirent, contre l'ingérence du Saint-Siège dans les affaires temporelles d'un pays, des arguments qui eussent indigné Veuillot ou Guéranger. Léon XIII venait quand même de porter à leur cause un coup très grave.

Parmi les évêques les plus empressés à suivre le pape, quelques-uns virent dans le ralliement un nouveau moyen de combat contre le parti au pouvoir; c'était l'espérance de l'évêque de Grenoble, Fava, si ardent contre « la secte maçonnique ». D'autres y virent un moyen de conciliation : les évêques libéraux, comme Mgr Fuzet à Beauvais et Hugonin à Bayeux, se signalèrent par leur empressement à commenter, à justifier les directions pontificales (1). Quant au bas clergé, il demeurait en grande partie attaché à ses idées conservatrices, mais l'habitude prise d'obéir au pape lui fit suivre le mouvement. On y trouvait d'ailleurs un petit groupe de prêtres jeunes, actifs, las de leur impopularité, disposés à secouer la tutelle des châteaux; le ralliement fut pour eux une délivrance. L'abbé Garnier, par exemple, avait déjà conseillé d'accepter la République pour faire triompher le catholicisme social.

(1) La lettre pastorale de Hugonin (septembre 1891) donna une justification complète du ralliement. (*Du Toast à l'Encyclique*, p. 31 sqq.)

L'abbé Fesch, directeur d'un journal dans l'Oise, avait irrité les monarchistes en déclarant que l'ouvrier a droit au respect. Un prêtre du Comtat, l'abbé Dabry, enthousiasmé par le toast d'Alger, le commenta dans une feuille locale. Un prêtre bordelais, l'abbé Naudet, affirma peu après dans une réunion publique très nombreuse qu'il acceptait le gouvernement existant. La joie dans les séminaires était grande, les espérances illimitées (1).

Le clergé régulier, comme l'autre, demeurait en grande majorité attaché à ses opinions conservatrices. L'ordre des dominicains cependant prouva que la tradition de Lacordaire n'avait point disparu. Le P. Didon revenu d'exil profita de la protection d'un archevêque libéral, Lecot, pour reprendre la parole à Bordeaux, et pressa les conservateurs d'obéir au pape, de ne pas laisser croire qu'ils défendaient la religion dans un intérêt politique (2). Un autre dominicain, le P. Maumus, présenta la théologie du ralliement ; il invoqua saint Thomas, Bellarmin et Suarez, comme l'avait fait Léon Godard en 1861 ; leurs théories, disait-il, s'accordaient avec les trois principes essentiels de la République, droit d'élection du chef de l'État par le peuple, souveraineté nationale, liberté politique des citoyens (3).

Plus vive encore était l'adhésion de certains jeunes laïques, très instruits, plusieurs élevés dans les lycées et parfois membres du corps universitaire; le pape leur fournissait le moyen d'accorder une éducation toute moderne avec la foi religieuse. Deux d'entre eux, sortis depuis peu de l'Ecole normale, MM. Georges Goyau et Jean Brunhes, publièrent en

(1) Voir DABRY, *les Catholiques républicains*, p. 21, 119 sqq. ; HOUTIN, *la Crise du clergé*, p. 118.

(2) REYNAUD, *le P. Didon*. Ce discours fut prononcé le 17 janvier 1892.

(3) MAUMUS, *la République et la politique de l'Église*, 1892.

1892 un livre intitulé *Du Toast à l'Encyclique*; avec la méthode rigoureuse de l'histoire scientifique ils faisaient le récit des trois dernières années, l'exposé impitoyable des variations, des faux-fuyants par lesquels les hommes de droite parvenaient à désobéir, sans le dire ouvertement, aux pressantes instances de Léon XIII.

Les ralliés disputaient aux « réfractaires » l'opinion catholique en usant de la presse et de l'association. L'*Observateur français* était peu connu ; un journal d'Amiens, le *Républicain catholique*, n'avait guère vécu. Ils espérèrent être plus heureux en fondant la *Concorde* en 1890, puis en 1892 l'*Avenir national*, qui faisait surtout appel aux jeunes. Des journaux déjà existants, comme la *France nouvelle*, abandonnèrent la politique monarchiste pour défendre le ralliement. Parmi les associations, l'Union de la France chrétienne demeurait aux mains des royalistes. On lui opposa en 1891 l'Association catholique française pour la propagation des doctrines religieuses et sociales du pape Léon XIII. Quelques mois après commença un groupement plus important, fondé à Bordeaux par Gaston David, la Ligue populaire pour la revendication des libertés publiques : elle réclamait la liberté d'association, le droit pour les communes de régler leur budget, de surveiller leur école. C'était une façon habile de travailler contre la dispersion des congrégations, contre la laïcisation de l'enseignement primaire, sans se cantonner sur un terrain trop étroit, sans rien demander de spécial pour les catholiques.

Ainsi l'on voyait se former un catholicisme républicain. Était-ce en même temps un catholicisme libéral ? Beaucoup de républicains en doutaient. Ils voyaient Lavigerie, dans une des nombreuses lettres écrites par lui après le toast d'Alger, citer comme modèle la République sud-américaine de l'Équateur, où le

culte catholique était seul autorisé. Ils voyaient
M. de Mun, parlant à Saint-Étienne en 1892, adhérer
à la tactique nouvelle, mais sans rien retirer du programme contre-révolutionnaire exposé par l'Œuvre
des cercles. Ils constataient enfin les progrès de
l'antisémitisme chez les catholiques. L'antisémitisme
s'était développé depuis que M. Edouard Drumont
avait publié la *France juive* en 1885 ; mais ce fut la
fondation du journal *la Libre Parole* en 1892 qui le
fit connaître à tous. Ce journal acquit dans le clergé,
par la vigueur de sa polémique, une partie de la
popularité qui avait entouré autrefois l'*Univers*. Il
ne combattait pas le ralliement en principe, comme
le faisait Paul de Cassagnac ; mais ses attaques répétées contre les républicains, ou même contre les
évêques sympathiques au gouvernement, plaisaient
aux catholiques intransigeants.

D'autres fidèles admettaient volontiers que le ralliement devait aller de pair avec les idées libérales.
Le goût de la liberté, si naturel dans la jeunesse,
était renforcé par le spectacle du catholicisme américain ; l'archevêque de Saint-Paul, Mgr Ireland,
venant à Paris conseiller l'adhésion à la République
et l'amour de la société moderne, apparut comme le
prophète des temps nouveaux. En dehors des catholiques pratiquants, une partie de la jeunesse instruite
manifestait un penchant réel, sinon pour la religion, du moins pour la religiosité. On célébrait la
renaissance de l'idéalisme, on flétrissait les idées
matérialistes, les préoccupations grossières du naturalisme ; les « néo-chrétiens », tels que MM. Paul
Desjardins et Henry Bérenger, semblaient en marche
vers le catholicisme (1).

Les élections de 1893 mirent pour la première fois
en relief la politique du ralliement. Les catholiques

(1) Voir KLEIN dans le *Correspondant*, 10 février 1892.

républicains marchèrent au combat sous les ordres de trois chefs, MM. Lamy, Piou et de Mun, qui dirigeaient divers groupements. Il y avait bien des divergences entre eux : tandis que M. Lamy conseillait une alliance ouverte avec les républicains modérés (désormais appelés progressistes), M. Piou préférait une droite républicaine qui demeurerait distincte. Le gouvernement, sans témoigner une sympathie active aux ralliés, ne leur montrait pas d'hostilité. Les catholiques royalistes et autoritaires firent campagne pour écraser ceux qu'ils considéraient comme des renégats. D'ailleurs les ralliés prirent souvent comme candidats les hommes qui, depuis vingt ans, menaient la guerre contre la République ; ces conversions parurent aux électeurs trop soudaines et trop nombreuses pour être sincères (1). L'échec des ralliés fut éclatant : leurs trois chefs comptaient parmi les vaincus. Le seul vrai succès de la politique nouvelle fut l'élection de l'abbé Lemire à Hazebrouck. Ce prêtre flamand à l'esprit large, au cœur généreux, très aimé du peuple, devint la personnification du catholicisme républicain libéral, tel que le désiraient beaucoup de jeunes, tel que le redoutaient les conservateurs.

Je n'ai pas à faire ici l'histoire de la législature écoulée entre 1893 et 1898. La majorité de la droite prit à la Chambre une attitude nouvelle ; de leur côté, presque tous les ministères formés pendant cette période se montrèrent conciliants envers ce parti. Le ministère Casimir Périer ne s'en tint pas

---

(1) Les royalistes invitèrent les électeurs à se défier des ralliés : « Ils se rallient et se dérallient, non par conviction personnelle, non par devoir civique, non par intérêt national, non parce que la raison, l'expérience, le patriotisme les inspirent et les guident, mais pour complaire au Souverain Pontife... » (*Gazette de France*, citée par BARBIER, *Rome et l'Action libérale populaire*, p. 18.)

là ; un de ses membres, Spuller, déclara qu'il fallait introduire dans les rapports avec l'Église un « esprit nouveau ». L'avance faite aux catholiques était si subite, si directe qu'elle les surprit beaucoup ; le plus républicain d'entre eux, Etienne Lamy, voulait qu'on y répondît par une adhésion très empressée, mais les autres hésitèrent et se dérobèrent (1). Du moins l'attitude des catholiques parlementaires fut-elle assez modérée en face de lois qui troublaient fort le clergé, la loi sur la comptabilité des fabriques (1893) et la loi fiscale dite loi d'abonnement (1895). Le Saint-Siège également agit pour calmer celles des congrégations qui voulaient organiser la résistance à outrance ; aucune de ces mesures n'amena de rupture définitive entre progressistes et catholiques. Un prêtre démocrate, l'abbé Gayraud, fut élu député en Bretagne (1897) malgré les attaques furieuses du parti royaliste.

La récompense des catholiques fut, non pas un changement des lois, mais une liberté de fait qui leur permit de rouvrir les établissements fermés par les décrets de 1880. Couvents et collèges libres se multiplièrent ; les congrégations devinrent plus riches, plus actives que jamais, et disputèrent avec succès à l'Université l'enseignement secondaire, l'enseignement de la bourgeoisie. La protection tacite du gouvernement se fit sentir surtout à l'époque du ministère Méline, qui avait besoin de la droite pour tenir tête aux socialistes. C'est alors que survint l'affaire Dreyfus ; la colère générale qui éclata d'abord contre les partisans de la revision, l'hostilité que leur témoigna le gouvernement donnèrent un regain de force à l'antisémitisme.

Les catholiques pouvaient donc espérer beaucoup des élections législatives de 1898. Alors se posa de

_____

(1) DABRY, p. 303.

nouveau pour eux la question de tactique. Devait-on consommer l'alliance avec les progressistes, faire un bloc de droite contre les radicaux et les socialistes ? C'était l'avis de Léon XIII, et plusieurs catholiques notables le conseillaient. Le Père Maumus, par exemple, invita énergiquement ses coreligionnaires à défendre la cause de la liberté, à conserver des institutions utiles pour les minorités, à ne plus être des « radicaux blancs » en face des « radicaux rouges » (1). Mais d'autres voulaient former un Centre catholique, dont M. de Mun serait le Windthorst ; une alliance définitive avec les vrais républicains leur déplaisait ; le réveil de l'antisémitisme leur faisait espérer une victoire éclatante. Il s'était formé une fédération électorale entre sept groupements catholiques, dont trois de droite et quatre de gauche ; les groupes de droite, dont le principal était dirigé par les Assomptionnistes, empêchèrent les autres de conclure l'alliance avec les républicains modérés (2). L'occasion fut ainsi perdue pour eux de conquérir dans la Chambre une majorité amie. Après une année de tâtonnements Waldeck-Rousseau prit le pouvoir, forma le bloc de gauche, et rendit à l'anticléricalisme la force et la popularité qu'il semblait avoir perdues.

(1) MAUMUS, *les Catholiques et la liberté politique*, 1898. « Au lieu de lutter vaillamment, disait-il, sur le terrain constitutionnel, nous avons pris, les uns, des allures de conspirateurs dont toute l'énergie se dépense en déclarations puériles, les autres... ont attendu que le ciel fit un miracle pour renverser comme par enchantement un édifice dans lequel nous n'avions pas voulu nous faire une place. » (P. 71-2.)

(2) DABRY, p. 574 sqq.

CHAPITRE XI

LE DÉVELOPPEMENT DU LIBÉRALISME

I

Le ralliement, le catholicisme libéral et le catholicisme social sont trois choses distinctes. Le ralliement a été accepté par des hommes qui n'étaient nullement libéraux, mais qui obéissaient à la parole du pape ; ils ont vu là un ordre à exécuter, une tactique à suivre, pas autre chose (1). Le catholicisme libéral est demeuré cher à des hommes qui ne voulaient pas accepter la République : le comte d'Haussonville, par exemple, a gardé son attachement à la monarchie et sa foi dans la liberté (2). Le catholicisme social fut défendu à l'origine par les Albert de Mun et les La Tour du Pin, c'est-à-dire par les ennemis les plus déterminés des idées libérales. Le théoricien catholique le plus voisin du socialisme,

(1) Philibert Vrau, le grand industriel catholique de Lille, s'étonnait qu'on ne voulût pas obéir au pape, qu'il s'agît de politique ou de toute autre chose. (BAUNARD, *Philibert Vrau et les Œuvres de Lille*, 1906, p. 339.)

(2) *Demain* (29 décembre 1905) observa que ce monarchiste, au moment de la séparation, se montrait plus modéré que certains ralliés.

Paul Lapeyre, s'est plu à rappeler que Pie IX condamna quarante-sept fois le libéralisme (1). Cependant, ces distinctions faites, on ne saurait nier que les trois mouvements se sont aidés l'un l'autre, qu'ils sont allés parfois de pair, et que ce sont bien souvent les mêmes hommes qui ont travaillé à les développer. L'intervention du pape en faveur du ralliement a rendu courage aux catholiques libéraux ; beaucoup de ralliés, au lieu de suivre l'Œuvre des cercles catholiques dans son programme contre-révolutionnaire, ont adopté les tendances d'une école beaucoup plus populaire, celle de la Démocratie chrétienne. Il est donc nécessaire d'indiquer les progrès parallèles du catholicisme libéral et du catholicisme démocratique ; ils ont d'ailleurs fusionné dans plusieurs groupements, surtout dans la grande association du Sillon.

Il y a parmi les catholiques libéraux une droite et une gauche. Certains des hommes de droite sont demeurés unis autour de la revue illustrée par leurs devanciers, le *Correspondant*. Ce recueil s'est consacré depuis vingt ans à combattre la politique républicaine et les lois de laïcité ; il a mené une campagne ardente contre les « dreyfusards » ; il est demeuré, en un mot, une revue conservatrice, défiante envers la démocratie, gardant pour la monarchie une sympathie mêlée de regrets. Mais il est resté aussi fidèle aux opinions libérales. Ses souvenirs l'y attachaient, et plus d'une fois ses rédacteurs ont eu à défendre leurs devanciers contre des attaques sans cesse renouvelées (2). Leurs idées aussi les poussaient à résister, beaucoup plus rarement et plus discrètement qu'autrefois, aux héritiers des opinions

(1) Lapeyre, *le Catholicisme social*, II, p. 205.
(2) Voir une réponse à l'*Univers* au sujet de Falloux, (25 mai 1888), une autre aux *Études religieuses* à propos de Dupanloup (10 décembre 1892), etc.

de Louis Veuillot. Des prêtres de noble origine, l'abbé de Broglie et l'abbé d'Hulst, ont exposé dans le *Correspondant*, avec une prudence mêlée de hardiesse, quelles concessions les fidèles doivent faire à la science. D'autres prêtres ont rappelé que les catholiques, tout en respectant les affirmations théoriques de l'Église, peuvent accepter sans scrupule les principes de 1789 et défendre les institutions modernes (1). Un grand savant a profité d'une mystification célèbre de Léo Taxil pour inviter les catholiques au travail sérieux, à la réflexion scientifique, à l'abandon de leurs habitudes frivoles (2). Un autre rédacteur du *Correspondant*, historien de haute valeur, a demandé aux évêques français de parler la langue de leur temps, celle qui les fera comprendre de leurs diocésains (3).

(1) Voir, par exemple, un article de l'abbé Dadolle sur Dupanloup (10 septembre 1889), celui de l'abbé Méric (10 janvier 1890), et les nombreux articles de l'abbé Klein.

(2) A. DE LAPPARENT, *la Leçon à tirer d'un scandale*. (*Correspondant*, 10 mai 1897.) Les catholiques, dit-il, subissent l'action des empiriques et des exaltés; ils aiment les manifestations théâtrales: « Sous prétexte de réveiller les catholiques en leur donnant conscience de leur force, on les sollicite constamment à des manifestations retentissantes. Il est, en effet, assez agréable, au lieu de rester courbé avec contrition sur sa besogne quotidienne, de promener, en bonne compagnie, des bannières sur toutes les routes en criant : Seigneur ! Seigneur ! sans dédaigner, à l'occasion, quelque bon échange de horions avec la police ou un groupe adverse... » On oublie l'impression produite sur le public, « indifférent quand il n'est pas hostile, toujours heureux lorsqu'on lui fournit des prétextes de ne pas venir à nous ». En politique, on attend un sauveur, on demande un coup de balai. On a ruiné les catholiques par les folies de l'Union générale, puis on les a compromis dans l'aventure boulangiste. Il est temps, conclut Lapparent, de nous réformer nous-mêmes, de revenir au sérieux, et de ne plus nous fier aux écrivains et aux journaux qui nous ont si lamentablement trompés.

(3) LANZAC DE LABORIE (25 février 1898).

Les catholiques libéraux de droite ont organisé depuis quelques années une association qui réunit tous leurs groupements : c'est l'Action libérale populaire. Son chef, M. Piou, était un des promoteurs du ralliement, un des confidents de Léon XIII. Il prépara cette association dans la législature de 1898 et l'organisa complètement après les élections de 1902. Les catholiques libéraux ont toujours préféré au parti catholique, dont la base serait trop étroite, un parti libéral, ouvert aux modérés ; le fondateur de la nouvelle société voulut donc reprendre l'alliance, manquée en 1898, entre les groupes conservateurs et les progressistes (1). L'association, rapidement développée a créé des Fédérations régionales, puis elle a cherché à se compléter par les groupes de la Jeunesse libérale ; une société féminine, la Ligue patriotique des Françaises, a conclu avec elle une alliance. Le second congrès national tenu à Paris en décembre 1905 réunissait 1400 délégués représentant 1000 comités ; le congrès de Lyon (1906) comptait 1600 délégués, envoyés par 1550 comités, et l'on y donnait le chiffre de 250.000 adhérents (2). Ceux-ci, républicains de résignation ou monarchistes obstinés, s'entendent surtout pour réclamer la liberté d'association la plus complète et combattre les lois anticléricales votées par le Bloc de gauche (3). L'Action libérale populaire possède aussi un programme social, qui se développe de plus en plus ; elle tâche de gagner les masses en

(1) « Ces deux mots, parti catholique, jurent d'être associés... Ne faisons pas de la religion l'enseigne d'un parti, » (Discours de Piou en 1905, cité par FLORNOY, *l'Action libérale populaire*, p. 7.)

(2) FLORNOY, *ibid*. Le congrès tenu à la fin de 1908 a constaté une extension nouvelle.

(3) « Il s'agit de la défense des libertés religieuse, civique, économique, menacées par la tyrannie maçonnique, jacobine et socialiste, non d'une thèse philosophique, héritière du libéralisme dogmatique. » (FLORNOY, p. 1.)

leur rendant service par les secrétariats et les maisons du peuple, d'étendre son autorité sur les syndicats, de récompenser les ouvriers amis par des placements avantageux. Elle unit, en somme, le programme politique des modérés au programme religieux des catholiques. De là vient la sympathie active que lui témoigna Léon XIII (1) ; de là aussi l'approbation que lui a décernée Pie X (2). Mais les catholiques de gauche la tiennent en défiance ; ils savent que c'est tout simplement l'ancienne Union conservatrice, réorganisée sous un nouveau titre (3). Un démocrate chrétien lui a reproché, dès le début, de n'être ni libérale ni populaire, malgré le nom qu'elle porte (4). Ses actes d'ailleurs l'ont prouvé, surtout sa guerre très vive contre le personnel républicain, et sa prétention de peser sur les classes peu fortunées en n'employant comme ouvriers ou comme fournisseurs que les individus bien pensants (5).

II

Le vrai catholicisme libéral est celui des hommes qui, sans arrière-pensée politique ou électorale, recherchent la liberté pour tous. L'affaire Dreyfus a permis de les distinguer. Cette affaire souleva de telles passions, que, pendant quelques années, les catholiques militants semblèrent tous vouloir sacri-

---

(1) Les preuves de cette sympathie ont été réunies par BARBIER, *Rome et l'Action libérale populaire.*

(2) FLORNOY, p. 20. Cf. le discours de Piou résumé dans la *Croix* du 21 octobre 1908.

(3) *Demain,* 17 novembre 1905.

(4) NAUDET, *Pourquoi les catholiques ont perdu la bataille,* 2ᵉ éd., p. 217 sqq.

(5) FLORNOY, p. 97.

fier la liberté religieuse à l'antisémitisme, la liberté politique au nationalisme. On vit des intellectuels de marque, auparavant connus pour leurs opinions républicaines, céder à l'entraînement général, réclamer le coup d'État libérateur : M. Eugène-Melchior de Vogué glorifiait l'antisémitisme ; le Père Didon prononçait, dans le même esprit, un discours fameux qu'il regretta plus tard (1). Mais en même temps apparut un groupe très faible de catholiques fidèles à la liberté, qui demandaient la revision du procès de 1894, et surtout voulaient détourner leurs coreligionnaires de compromettre l'Église dans une guerre de race. Ces libéraux parlèrent et agirent d'abord isolément. Le plus en vue était l'historien, l'apologiste des anciens catholiques libéraux, M. Anatole Leroy-Beaulieu. Depuis longtemps il poursuivait sans relâche la guerre contre l'antisémitisme, allant prêcher ses idées jusque dans les salles de l'Institut catholique ; il flétrissait d'une même réprobation toutes les « doctrines de haine », l'antisémitisme, l'antiprotestantisme, l'anticléricalisme (2).

Bientôt les partisans de la revision formèrent le Comité catholique pour la défense du droit (3). Il choisit comme président un homme aussi connu pour sa science de juriste que pour sa foi religieuse, M. Paul Viollet, qui allait demeurer désormais le

(1) Revenant sur ce discours, prononcé en 1898, il s'écriait quelque temps après : « Moi démocrate, moi républicain... moi vieux libéral, libéral impénitent comme mon maître... on m'a fait passer, à coups de mensonges et de calomnies, pour un homme vil et lâche, pour un césarien qui préparait des coups d'État... » (REYNAUD, *le P. Didon*, p. 379.)

(2) Voir ses livres, *Israël chez les nations*, 1893 ; *les Doctrines de haine*, 1902.

(3) Sur l'histoire de ce comité, voir REINACH, *Histoire de l'affaire Dreyfus*, III, p. 537 ; IV, p. 415 sqq. ; V, p. 52 sqq. ; SAINT-POLI, *l'Affaire Dreyfus et la Mentalité catholique en France*, 1904.

chef de ce groupe « dreyfusard ». Sa campagne
pour la revision l'amena bientôt à discuter le document toujours invoqué par les catholiques autoritaires, le *Syllabus*. Les libéraux s'étaient bornés
avant lui, à dire que le *Syllabus*, fait pour un État
catholique idéal, n'avait point d'application dans la
politique présente; il examina la valeur du document
et soutint, avec sa compétence de canoniste, que ce
catalogue d'erreurs ne participait à aucun degré de
l'infaillibilité pontificale. Ces affirmations soulevèrent
une vive polémique, où plusieurs théoriciens libéraux
montrèrent la défiance, l'aversion que leur inspirait
le *Syllabus* ; Rome coupa court à ces discussions en
mettant à l'index le livre de M. Viollet (1).

Le Comité catholique pour la défense du droit
trouva quelques rares adhérents dans le clergé, tels
que les abbés Pichot, Brugerette, Viollet, Grosjean,
Martinet, plus tard l'abbé Birot et le P. Maumus. Il
ne put obtenir le patronage d'un évêque. D'ailleurs
le monde catholique l'ignora longtemps ; le comité fut
trop peu nombreux et par conséquent trop pauvre
pour avoir un organe, et les grands journaux catholiques eurent soin de ne pas mentionner son existence (2). Plusieurs de ceux qui l'auraient volontiers
appuyé n'osaient le faire, car il était dangereux pour
des catholiques de se dire dreyfusards. « Traqués de
ce fait, a dit l'un d'eux, dans leur propre milieu,
comme des bêtes dangereuses, en butte à toutes
sortes d'avanies, dénoncés, diffamés, privés parfois
de leur modeste gagne-pain, plusieurs sentirent pour
la première fois s'obscurcir et chanceler dans leurs

(1) Viollet, *l'Infaillibilité et le Syllabus*, 1905. Voir sa discussion avec Turmel (*Revue du clergé français*, janvier 1905),
et l'article de Boudinhon dans la *Revue catholique des Églises*,
25 mars 1905.

(2) Saint-Poli, *ibid.*, p. 180 sqq. Saint-Poli est le pseudonyme de l'abbé Brugerette.

âmes tout un idéal catholique de justice et de bonté (1). »

Quand la période la plus critique de l'affaire Dreyfus fut terminée, un membre de ce groupe libéral voulut amener les catholiques à faire leur examen de conscience, à reconnaître les erreurs passées. C'était un Lyonnais, M. Léon Chaine, admirateur passionné de Lacordaire. Son livre, paru en 1903 sous ce titre, *Les Catholiques français et leurs difficultés actuelles*, examina et discuta les idées chères au parti intransigeant. Le militarisme, disait-il, est très différent du patriotisme ; il engendre une admiration ridicule et néfaste pour la guerre. Le nationalisme conduit ses partisans à prodiguer aux meilleurs Français les épithètes de traîtres ou d'antipatriotes. L'antisémitisme est un sentiment dangereux, malsain et peu chrétien. L'autorité plaît trop exclusivement aux catholiques ; ils n'ont pas le sentiment de la liberté. Le bon vieux temps excite une admiration injustifiée. La vérité historique est méconnue : on ne se borne pas à louer l'Inquisition et la Révocation, mais on dissimule de parti pris des faits capitaux. Le culte des saints est profané par des superstitions déshonorantes et un mercantilisme grossier. Toutes ces fautes sont imputables aux catholiques réactionnaires. « Il n'est pas dans l'ordre politique, administratif, social, une initiative généreuse, une mesure libérale qu'ils n'aient tournée en ridicule quand elle était inévitable, ou dont ils ne se soient montrés les adversaires résolus quand elle avait chance d'être combattue avec succès. »

M. Léon Chaine faisait partie d'un groupe de

(1) Saint-Poli, p. 155. Cf. Quincampoix, *la Voix d'un catholique*, 1899 ; Pichot, *la Conscience chrétienne et l'Affaire Dreyfus*, 1899. Voir dans *Demain* (9 mars 1906) la lettre du Comité à Mgr Turinaz, qui plaçait parmi les antidreyfusards tous les catholiques sincères.

catholiques lyonnais (1) qui ont continué depuis à défendre la même cause (2). L'un d'eux, M. Rifaux, un apologiste du catholicisme, a voulu dresser en quelque sorte l'inventaire des fautes commises, pour en éviter le retour; c'est le but de l'enquête ouverte en 1906 par lui sur l'état religieux de la France. Résumant les réponses de ses correspondants, il constatait l'existence d'une crise du catholicisme, crise grave, étendue, profonde, crise intellectuelle aussi bien que sociale. Mais parmi les motifs de cette crise un des principaux lui semblait être l'attitude politique des catholiques, leur aversion pour la liberté, leurs efforts sans cesse renouvelés pour imposer à la France un régime autoritaire dont elle a horreur (3).

Pendant la même période, s'était développé le mouvement de la Démocratie chrétienne (4). Son principal organe fut au commencement une revue fondée à Lille en 1894; elle annonça aussitôt l'intention d'encourager l'initiative des ouvriers, au lieu de toujours compter sur le patronage des maîtres : c'était marquer la différence avec l'Œuvre des cercles catholiques d'ouvriers. Un grand industriel, connu pour avoir créé dans son usine du Val-des-Bois la

---

(1) Léon Chaine, p. 215. Les nombreux articles publiés sur ce livre ont été réunis par l'auteur dans deux volumes, *les Catholiques français et leurs difficultés actuelles devant l'opinion*, t. I (1904) et II (1908). Ses notes sur ces articles ont été partiellement réimprimées dans *Menus propos d'un catholique libéral*, 1908.

(2) Parmi ces libéraux figurait un prêtre lyonnais connu pour ses belles œuvres sociales, Camille Rambaud. Voir Joseph Buche, *l'Abbé Camille Rambaud*, Lyon, 1907.

(3) Marcel Rifaux, *les Conditions du retour au catholicisme*, introduction.

(4) Je ne fais pas ici l'histoire de la démocratie chrétienne; j'indique seulement en quelques mots ses rapports avec le libéralisme. Sur les manifestations de cette école, voir Dabry, *les Catholiques républicains*; sur ses doctrines, voir les articles de la *Revue sociale catholique* depuis août 1908,

première « corporation chrétienne », M. Léon Harmel, encouragea ce mouvement ; dès 1893 il avait provoqué, présidé le congrès ouvrier catholique de Reims. L'année 1896, qui marqua l'apogée du réveil catholique, vit dans la même ville un congrès ouvrier beaucoup plus fort, qui organisa officiellement le « parti démocratique chrétien ». Un des théoriciens de ce parti, l'abbé Gayraud, en a résumé les idées. La démocratie, disait-il, est un fait, un progrès, un résultat de l'Évangile ; son devoir est de prendre « pour règle fondamentale des institutions politiques et civiles, l'égalité des citoyens devant la loi ; pour base de l'organisation sociale, le respect des droits que l'individu et la famille, éléments constitutifs de la société, tiennent de Dieu, et dont l'État a pour mission de garantir et de faciliter le libre exercice ; pour loi essentielle de l'ordre économique, l'organisation professionnelle des travailleurs, quelle que soit leur fonction dans la vie nationale » (1).

La démocratie chrétienne sembla d'abord se traduire dans la vie publique par une poussée d'antisémitisme. On le vit particulièrement au congrès des démocrates chrétiens organisé à Lyon par le journal *la France libre* en 1896 (2). Mais depuis lors quelques-uns des principaux démocrates chrétiens sont arrivés à considérer la liberté politique et la liberté religieuse comme le cadre nécessaire où pourraient se développer les réformes sociales. Cette adhésion au libéralisme fut surtout marquée chez les deux plus vigoureux publicistes du parti, l'abbé Naudet qui

(1) *Les Démocrates chrétiens*, p. 74.
(2) M. Drumont fut acclamé président d'honneur ; M. Gayraud demanda « l'expulsion de tous les excréments sociaux, et notamment de l'excrément juif ». (*Congrès national de la démocratie chrétienne à Lyon*. Compte rendu, 1897, p. 78.) Plusieurs prêtres, plus tard démocrates et libéraux, débutèrent par l'antisémitisme, comme l'abbé Brugerette (HOUTIN, *la Crise du clergé*, p. 224 sqq.)

dirigeait la *Justice sociale*, l'abbé Dabry qui dirigeait la *Vie catholique*. Se rapprochant souvent des
collectivistes par leurs revendications sociales, tous
deux ont combattu sans relâche les ennemis du
régime parlementaire, les partisans d'un coup d'État
nationaliste.

Ce même esprit libéral apparaît chez d'autres théoriciens, un peu moins audacieux que les démocrates
chrétiens, ceux qui ont formé l'Union d'études des
catholiques sociaux. Ils ont développé leurs théories
dans les Semaines sociales, sorte de congrès d'enseignement tenus chaque année depuis 1904 dans une
région nouvelle de la France. Leur respect vis-à-vis
de la théorie de l'Église ne les empêche point de
suivre une politique de gauche, d'aimer la République et de se séparer nettement des partis conservateurs.

III

L'union de plus en plus marquée entre ces trois
termes, libéralisme, démocratie, réformes sociales,
apparaît dans les recueils nombreux qui, depuis une
quinzaine d'années, ont travaillé à cette orientation
nouvelle des catholiques français. Parmi ces recueils
il en est d'anciens, qui se sont transformés. C'est
particulièrement vrai pour les *Annales de philosophie
chrétienne*. Cette vieille revue, doyenne de la presse
catholique, où Bonnetty avait fait si longtemps la
guerre au libéralisme, passa en 1895 sous la direction de l'abbé Denis, homme d'études compétent en
philosophie, mais aussi homme d'action, qui ne craignit point d'aller soutenir ses opinions dans les Universités populaires de Paris. Démocrate passionné,
républicain sincère, il conseilla sans relâche au
clergé comme aux fidèles d'abandonner la vieille

politique conservatrice. On lit avec intérêt l'étude où il a résumé l'action et l'histoire du clergé français depuis 1884 jusqu'à 1902 ; c'est un récit exact, bien documenté, précieux pour le lecteur impartial ; mais c'est aussi un plaidoyer chaleureux pour le ralliement, pour la réconciliation avec la France du vingtième siècle, pour la rupture avec les Drumont, les Cassagnac, avec tous ceux qui insultent la République et la démocratie (1). Après la mort de l'abbé Denis en 1905, les *Annales*, dirigées par le P. Laberthonnière, ont conservé les mêmes tendances, tout en faisant à la politique une part moins large qu'auparavant.

A ce recueil d'ancienne date se joignit un périodique nouveau, spécialement destiné aux prêtres, la *Revue du clergé français*. Fondée en 1894, elle eut pour objet principal de les aider à travailler, de les tenir au courant de la vie intellectuelle. Mais elle n'a pas fui les questions politiques et s'est toujours montrée franchement républicaine, réformatrice en matière sociale. L'esprit de ce recueil apparaît dans l'article où son directeur, l'abbé Bricout, a célébré le dixième anniversaire de la fondation. La revue est *libérale*, dit-il, « en ce sens que, pour tout ce qui n'est pas opposé à l'enseignement authentique de l'Église, pour tout ce qui n'est pas manifestement contraire à la vérité catholique et à l'esprit chrétien, elle est largement accueillante ». La revue est *progressiste*, elle refuse de s'immobiliser « dans une routine funeste », de s'endormir « dans un conservatisme béat ». Elle aime la France moderne (2).

____

(1) DENIS, *Situation politique, sociale et intellectuelle du clergé français. Avril 1884-septembre 1902* (*Annales*, 1902, t. CXLIV).

(2) « Qu'est-ce, vraiment, qui nous empêcherait de remplir tout notre devoir de bons Français ? Notre profession de catholiques, la soumission au pape qui est un devoir

Elle s'inspire de l'esprit démocratique, de l'esprit vraiment chrétien, qui veut qu'on se dévoue aux faibles, qui veut les garantir contre les risques de maladie, de vieillesse, d'infirmité (1). Enfin la revue cherche à développer dans le clergé l'esprit scientifique.

Au moment où l'abbé Bricout s'exprimait ainsi, d'autres libéraux fondaient la *Revue catholique des Églises*, pour préparer l'union de toutes les confessions chrétiennes, le retour de tous les schismatiques, orthodoxes de Russie ou protestants d'Angleterre, à la grande unité d'autrefois. Ils voulaient y arriver, non par des polémiques violentes, mais en insistant sur les rapprochements, sur les idées communes, et en indiquant les transactions possibles sur les questions de discipline et de rituel. Un des fondateurs de la revue, l'abbé Gustave Morel, véritable nature d'apôtre, voulut se préparer à sa tâche en allant étudier l'Église russe chez elle ; mais il mourut dans ce voyage (2). Cherchant à concilier les chrétiens des divers pays, la *Revue catholique des Églises* voulait aussi mettre d'accord les Français des divers partis. L'abbé Hemmer y prêcha une politique libérale, tandis que divers collaborateurs s'appliquaient à faire connaître l'état religieux du pays ; leurs monographies sur divers diocèses montrèrent la coexistence d'un esprit de foi très vivace et d'un anticléricalisme favorisé par la politique réactionnaire que suivait le clergé.

Plus important fut le rôle d'une autre revue, desti-

pour nous ? Mais le pape, qui est notre chef religieux, n'a rien à voir dans nos affaires temporelles. » (*Après dix ans*, dans *Revue du clergé français*, 1er décembre 1904.)

(1) « Et si ensuite, accidentellement, l'esprit démocratique est encore autre chose, s'il pousse ceux qu'il anime à accorder à tous une place, quand il est possible et si minime soit-elle, dans la gestion des affaires communes, n'est-ce pas, cela aussi, conforme à l'esprit chrétien ? »

(2) Voir CALVET, *l'Abbé Gustave Morel*, 1907.

née au grand public instruit, rivale de la *Revue des Deux-Mondes* et du *Correspondant* : la *Quinzaine* prit tout son développement depuis 1897, sous la direction de M. George Fonsegrive. Nul n'a exposé d'une manière plus complète les opinions des catholiques novateurs sur tous les problèmes qui s'imposaient à leur attention. Il se conforme d'ailleurs à la tradition catholique en repoussant le principe même du libéralisme. Ce principe est en décadence, dit-il, et notre génération l'abandonne de plus en plus : l'individualisme économique a été condamné par les maux qu'engendre la libre concurrence ; le libéralisme scientifique, tel que l'enseignait Descartes, a disparu devant la pratique journalière des savants; le libéralisme politique a été renié par les républicains lorsqu'ils ont voté des lois contre la propagande anarchiste; le libéralisme religieux, par les anticléricaux, lorsqu'ils ont prétendu excepter le catholicisme de la liberté générale (1). Cependant il y a dans le libéralisme une âme de vérité; l'État moderne est arrivé à mettre en dehors du conformisme social les croyances religieuses ou philosophiques; un vaste domaine est ainsi réservé à la liberté. Peu à peu se constituera une doctrine acceptée par tous, un *consensus* pareil à celui du moyen âge; jusque-là il faut aimer notre temps et les libertés dont il jouit (2).

La politique d'aujourd'hui, d'après le directeur de la *Quinzaine*, doit avoir pour point de départ les trois termes qui caractérisent notre temps : « le développement scientifique, l'ascension démocratique, la recherche de la justice sociale (3) ». Tous les trois se

(1) « Personne n'oserait plus proclamer le droit au mal le droit à l'erreur, comme le faisait autrefois le libéralisme, comme le faisait encore en 1860, à Malines, Montalembert. »

(2) FONSEGRIVÉ, *la Crise du libéralisme* (*Quinzaine*, 1ᵉʳ janvier 1899).

(3) FONSEGRIVE, *Regards en arrière*, p. 8.

tiennent : il est donc nécessaire d'accepter la république démocratique et les réformes qu'elle accomplit. Ce qui importe surtout à la bonne direction des forces catholiques, c'est que les fidèles comprennent le principe de la division du travail (1). Ils n'ont pas besoin d'adopter un bloc d'opinions imposées, embrassant tous les sujets; sur le dogme immuable, point de divergence possible; mais dans les questions temporelles, chacun doit se régler d'après ses convictions. En politique, on doit se guider d'après des motifs purement politiques et, par conséquent, suivre une politique non confessionnelle; on doit aussi examiner les réformes sociales en elles-mêmes, sans préjugé. C'est ainsi que les méthodes mathématiques valent seules en mathématiques, les méthodes expérimentales en physique. Les catholiques ne doivent plus être hantés par la perpétuelle recherche du conformisme. — Dirigée par M. Fonsegrive, la *Quinzaine* conseilla aux catholiques politiques le ralliement et l'accord avec les modérés, aux catholiques sociaux l'alliance avec tous les partisans des réformes nécessaires, aux catholiques lettrés ou savants les bons rapports avec l'Université. Surtout elle encouragea les pères de famille à faire de leurs enfants, non pas des chrétiens de serre chaude, élevés à l'écart du monde actuel, mais des hommes de plein air, capables de vivre au milieu des non-croyants sans les haïr et sans perdre leur propre foi (2).

C'est un esprit semblable qui anima *Demain*, une revue fondée en 1905 à Lyon sous la direction de M. Pierre Jay, avec M. Auguste Cholat comme rédacteur en chef. « La France catholique, disait la lettre-programme des fondateurs, est de moins en

(1) FONSEGRIVE, *Regards en arrière*, p. 179. Cf. FONSEGRIVE, *la Crise sociale*, 1900.

(2) Voir là-dessus l'article de Fonsegrive dans la *Quinzaine* en novembre 1904.

moins chrétienne », il faut la ramener à l'esprit de l'Évangile. « Trois ordres d'idées bien définies, ajoutaient-ils, retiendront spécialement, à cet égard, toute notre attention, feront l'objet constant de notre sollicitude : la *liberté politique*, conforme à la morale fondamentale d'une religion qui a libéré les esclaves; le *devoir social*, faute de quoi l'.vangile ne serait qu'un insuffisant traité de résignation à l'usage des déshérités; le *progrès intellectuel*, dont il y a d'autant moins lieu de s'effrayer que toutes les vérités, rayons épars d'un même foyer divin, sont solidaires les unes des autres (1). » *Demain* fut la plus hardie, la plus franchement libérale des revues catholiques, et suivit les conseils que lui adressait M. Anatole Leroy-Beaulieu : « Sachons, écrivait-il, nous élever au-dessus de toutes les étroitesses de l'esprit de secte et de l'esprit de parti. Etouffons en nous toutes les intolérances et tous les fanatismes, et ouvrons tout grands nos yeux sur le vaste monde (2). » La revue combattit à la fois le parti franchement réactionnaire et le conservatisme plus discret de l'Action libérale populaire (3). Opposés, comme tous les libéraux, à la formation d'un parti confessionnel, ses rédacteurs conseillèrent même aux catholiques de renoncer pour quelque temps à la politique, de se consacrer uniquement à l'œuvre intellectuelle et sociale; c'est le meilleur moyen, disaient-ils, de reconquérir l'estime, la confiance des Français, de revenir plus tard à la politique militante en défendant sincèrement les idées républicaines (4).

(1) *Demain*, n° 1 (27 octobre 1905). La liste de collaborateurs et de patrons publiée par *Demain* contient les noms de presque tous les catholiques libéraux notoires.

(2) 10 novembre 1905.

(3) Voir, par exemple, 5 avril 1907 : l'Action libérale est « fondée sur une équivoque ».

(4) Article de Cholat (21 juin 1907).

Tels furent, en dehors des journaux, les organes principaux du catholicisme de gauche. La communauté de leurs tendances apparut quand le Parlement aborda la séparation de l'Église et de l'État. Les catholiques avaient deux questions à résoudre : la séparation était-elle bonne pour l'Église ? la loi qui organisait le nouveau régime des cultes était-elle acceptable ? Tout en blâmant les motifs qui faisaient agir les Chambres, tout en affirmant que le budget des cultes était une indemnité due pour les anciens biens du clergé, presque tous les catholiques libéraux se montrèrent favorables à la séparation ; ils y voyaient une source d'activité, de rénovation pour l'Église de France. Presque tous, en attendant la décision du pape, considérèrent la loi votée par les Chambres comme acceptable, et conseillèrent l'essai loyal des associations cultuelles. Nul n'exprima cette opinion avec plus de force que l'abbé Hemmer. La séparation, dit-il, était à prévoir ; elle délivre l'Église d'un grave danger, la nomination des évêques par le pouvoir civil. Le clergé séculier se débarrassera de l'esprit fonctionnariste, qui tue les initiatives et qui l'a rendu si inférieur au clergé régulier. Le mur de glace qui sépare les prêtres des fidèles fondra, parce qu'ils seront obligés de collaborer à l'administration matérielle et financière du culte. Le clergé pourra trouver dans le nouveau régime le moyen de ranimer la foi, pourvu qu'il évite soigneusement la tentation de revenir à la politique, de rechercher le pouvoir (1).

La sympathie pour la séparation était générale dans la gauche catholique. Deux jeunes universitaires, MM. Legendre et Chevalier, célébraient dans cette mesure l'aboutissement naturel des lois modernes, la fin des solidarités compromettantes qui

(1) HEMMER, dans la *Quinzaine*, mai et juin 1905. Il a exposé ces idées avec plus de détails dans la *Revue catholique des Églises*, pendant les années 1905 et 1906.

avaient lié l'Église au pouvoir civil (1). Un libéral royaliste, le comte d'Haussonville, espérait également que la séparation rendrait au clergé français la force de faire des prosélytes. Des catholiques d'opinions politiques diverses, mais unis par le désir d'éviter les intransigeances réactionnaires, s'entendirent, sous l'impulsion de Ferdinand Brunetière, pour supplier le pape de laisser appliquer la loi. Les « cardinaux verts », comme on les appela, se trouvaient ainsi d'accord avec les prélats connus pour leur libéralisme, les Lecot, les Mignot, les Fulbert-Petit, les Fuzet, les Lacroix. La démocratie chrétienne, par l'organe de MM. Gayraud (2), Dabry, Naudet, accepta aussi les associations cultuelles. Ce n'est qu'après la décision négative de Pie X qu'ils renoncèrent à ces projets de conciliation.

IV

L'union du catholicisme libéral et du catholicisme social s'est manifestée surtout dans l'association du Sillon. Auparavant s'était organisée l'Association catholique de la Jeunesse française; mais celle-ci, fille de l'Œuvre des cercles catholiques d'ouvriers, a toujours gardé la marque de son origine, bien qu'elle se soit orientée depuis 1903 vers les théories de la démocratie chrétienne. Le Sillon, au contraire, n'a pas cette empreinte conservatrice. L'homme qui en est toujours demeuré l'âme, M. Marc Sangnier, avait préludé à son œuvre déjà sur les bancs du collège Stanislas, puis à l'École polytechnique. Bientôt se forma autour de lui un groupe agissant de jeunes

(1) LEGENDRE et CHEVALIER, le Catholicisme et la société, 1907, conclusion. Les deux auteurs figurent parmi les rédacteurs habituels de la Revue catholique des Églises.

(2) Voir GAYRAUD, dans la Revue du clergé français, 15 janvier 1905.

gens, séduits par la générosité du catholicisme social.
Ils abordaient encore timidement les questions de
doctrine : ainsi le catéchisme d'économie politique
et sociale du Sillon condamnait formellement le
catholicisme libéral (1). Mais la nouvelle association
prit bientôt conscience de sa force, de son originalité.
Au commencement elle s'était occupée des patronages, comme tant d'autres œuvres catholiques ;
bientôt elle y joignit les cercles d'études pour jeunes
ouvriers, destinés à mettre ceux-ci en état de travailler par eux-mêmes, de réfléchir sur les questions
du jour.

Longtemps l'œuvre s'était adressée aux seuls catholiques; depuis 1901 elle voulut parler au grand public
et fonda, sur le modèle des Universités populaires
créées par les libres penseurs, un premier Institut
populaire à Paris. L'association gagna rapidement
chez les jeunes catholiques, heureux de voir naître
un groupement nouveau, républicain sans arrière-
pensée, affranchi des vieilles sociétés conservatrices.
Ils formèrent des groupes locaux, des Sillons régionaux qui tinrent de nombreux congrès ; le lien entre
eux était maintenu par la revue parisienne le *Sillon*
qui grandissait en importance, par un journal, l'*Éveil
démocratique*, et par des congrès nationaux annuels
qui montraient le développement continu de l'association. Des conférences contradictoires mettaient
l'infatigable Marc Sangnier aux prises avec les représentants les plus renommés du socialisme, comme
M. Jules Guesde, ou du radicalisme, comme M. Ferdinand Buisson.

(1) *Catéchisme d'économie sociale et politique du Sillon*, nouvelle éd., Paris et Lyon, s. d., in-8, n° 360 : « Le catholicisme
libéral est évidemment un non-sens : l'état d'esprit du libéral est l'opposé de l'état d'esprit du catholique; on ne peut
donc pas, en même temps, être catholique et libéral. »
(Chap. XXIII.)

La démocratie est bonne, disait le chef du Sillon, car c'est « l'organisation sociale qui tend à porter au maximum la conscience et la responsabilité civiques de chacun (1) ». Dans ce régime, l'intérêt général a besoin d'être défendu par une élite intellectuelle et morale. Mais il faut que cette élite possède une force capable de l'affranchir du joug des intérêts particuliers ; cette force, elle la trouvera dans le catholicisme. Le Sillon veut donc « mettre au service de la démocratie française les forces sociales que nous trouvons dans le catholicisme ». L'élite qu'il veut former n'est point recrutée d'après la naissance ou la fortune ; elle demeure ouverte aux hommes de toutes classes et peut toujours s'étendre. Le Sillon, qui cherche à l'organiser, ne peut grandir que par l'amour de ses membres pour le progrès social, par l'entente fraternelle qui les unit, par le dévouement qui les attache à l'Œuvre ; le Sillon est une « amitié ».

Le programme républicain du Sillon devait déplaire aux monarchistes, son programme social aux conservateurs. Aussi les attaques devinrent-elles très vives contre lui, depuis 1905 surtout. Différentes scissions se produisirent alors, à mesure que l'association s'orientait de plus en plus vers la gauche. Certains quittèrent le Sillon parce qu'il ajournait à une époque ultérieure l'intervention dans la politique militante ; d'autres, parce qu'il combattait les syndicats jaunes, protégés par les partis réactionnaires. Il y avait bien d'autres sujets de discussions. Les catholiques doivent-ils se grouper exclusivement entre eux ? Oui, disaient certains membres, fidèles à la tradition d'isolement ; non, répondaient les chefs du Sillon et beaucoup de leurs adhérents, décidés à combattre cet esprit séparatiste. L'un

(1) MARC SANGNIER, *le Sillon. Esprit et Méthodes*, p. 17.

reprochait aux sociétés de gymnastique catholiques
de rester à l'écart des concours nationaux organisés
par l'Union des sociétés françaises (1). L'autre blâmait les efforts de certains militants pour boycotter
les commerçants non catholiques (2). A Limoges, le
Sillon s'entendit avec la Bourse du travail pour
seconder la campagne des employés de commerce
en faveur du repos hebdomadaire (3) ; à Nancy, les
sillonnistes empruntèrent les locaux de l'Université
populaire radicale pour y tenir une réunion publique (4). Autant de nouveautés qui effarouchaient
beaucoup de catholiques habitués à d'autres procédés. Le Sillon continua dans cette voie. Jusqu'en 1906,
tout en s'adressant au grand public, il demeurait
exclusivement composé de catholiques. Depuis lors
le « plus grand Sillon » s'est ouvert aux non-catho-
liques, aux incroyants, pourvu qu'ils fussent animés
de l'esprit social, de l'esprit de dévouement à la
démocratie (5). M. Marc Sangnier a plusieurs fois
fait des conférences chez les protestants. Sur le
rôle des syndicats enfin, sur leur avenir, l'*Eveil démocratique* a soutenu des opinions qui ressemblaient
parfois aux théories du syndicalisme révolutionnaire,
défendues par la Confédération générale du travail (6). C'est donc le libéralisme catholique, sous sa
forme la plus large, la plus avancée, la moins exclusive, qui inspire cette grande association.

(1) *Sillon*, 10 juillet et 10 octobre 1904.
(2) *Sillon*, 25 septembre, 25 novembre, 10 décembre 1905.
(3) Voir le rapport de l'abbé Desgranges au troisième congrès (*Sillon*, 10 mars 1904).
(4) *Sillon*, 25 décembre 1905.
(5) Voir le *Sillon*, 10 et 25 mars 1907.
(6) Voir GEMAHLING dans le *Sillon*, 10 février 1907, et divers
articles de novembre 1908 qui indiquent les différences des
deux points de vue.

CHAPITRE XII

LE MODERNISME

Le mouvement libéral tendait à bouleverser les conceptions et les usages des catholiques en matière politique et sociale. En même temps on leur conseilla de modifier leurs habitudes intellectuelles. Des prêtres, des laïques, peu nombreux, mais instruits, actifs, audacieux, vinrent demander aux fidèles d'aborder avec un esprit nouveau les études qui intéressaient le plus la religion, c'est-à-dire la critique scripturaire, l'histoire et la philosophie.

I

La critique de l'Écriture n'avait guère été abordée avant le dix-neuvième siècle par des savants indépendants. La tentative de Richard Simon, réprimée par Bossuet, n'avait laissé en France aucun souvenir. Les découvertes des sciences nouvelles, sciences philologiques d'une part, sciences naturelles de l'autre, apparurent aux catholiques jusque vers 1850 comme rassurantes pour les apologistes de la foi. Nous avons vu avec quelle joyeuse confiance Bonnetty signalait sous Louis-Philippe les travaux des Champollion sur les hiéroglyphes, les recherches sur les antiquités américaines ou asiatiques. Pour la géologie, l'autorité de Cuvier suffisait : la science nouvelle confirmait la Bible. Cependant la critique des textes sacrés faisait son chemin en Allemagne : les travaux des Gesenius, des Ewald rencontraient de nombreux lecteurs. D'autre part les progrès de la géologie laissaient voir des difficultés inconnues à Cuvier ; le récit du déluge universel paraissait déjà inadmissible à plus d'un savant (1).

Les travaux de l'Allemagne sur l'Ancien Testament commencèrent à pénétrer en France après 1855. Tandis que les adversaires de l'Église les résumaient dans la *Revue germanique*, tandis que Renan les popularisait et les continuait, l'abbé Meignan montra aux lecteurs du *Correspondant* la nécessité de connaître des objections redoutables. Il ne fut point écouté ; le clergé français en général se contenta de l'ouvrage de l'abbé Glaire, qui n'abordait pas les questions dangereuses. Un laïque, François Lenormant, qui avait reçu de son père Charles Lenormant l'éducation historique et religieuse, fut le premier parmi les orthodoxes à reconnaître que la critique nouvelle était en possession de certaines vérités ; il admit qu'on pouvait trouver dans le Pentateuque la trace des deux récits primitifs distincts, le récit élohiste et le récit jéhoviste. Son livre parut au moment où le clergé de France était absorbé par les décrets de 1880 ; on n'y fit pas attention, excepté quelques conservateurs qui obtinrent la mise à l'index. Bientôt deux prêtres de famille noble, qui appartenaient par leurs origines et leurs amitiés au groupe catholique libéral, voulurent mettre le clergé au courant des recherches nouvelles ; c'étaient l'abbé

(1) Pour toute cette histoire, voir les deux livres de Houtin sur la question biblique au dix-neuvième siècle et au vingtième siècle.

d'Hulst et l'abbé de Broglie. Tous les deux s'efforcèrent de développer chez les prêtres le goût des études supérieures : le premier surtout, recteur et véritable créateur de l'Institut catholique de Paris, désirait qu'il pût rivaliser pour la science avec les Universités de l'État. Ce fut lui qui organisa le congrès international scientifique des catholiques; l'idée paraissant dangereuse à plus d'un évêque, il fit le voyage de Rome pour la défendre, obtint gain de cause, et montra aux fidèles que des études sérieuses pourraient seules les mettre en mesure de répondre aux objections des incrédules (1).

Le recteur de l'Institut catholique se chargea aussi d'exposer l'état de la question biblique (2). Ce sont les incroyants comme Renan, dit-il, qui ont ramené les croyants à la lecture de la Bible; ceux-ci risquent de subir les opinions des critiques impies. On signale dans l'Ancien Testament des erreurs scientifiques et des erreurs historiques. Les premières ne peuvent guère inquiéter les fidèles, car la Bible n'est pas un traité scientifique ; les secondes sont beaucoup plus graves et rendent une justification nécessaire. L'Église dit que la Bible fut composée sous l'inspiration de Dieu ; mais elle définit l'inspiration par une formule qui laisse à l'auteur humain une autonomie relative. Aussi trois écoles se sont-elles formées parmi les exégètes chrétiens. Ceux de droite considèrent Dieu comme responsable de tout ce qui est dans ce livre. Ceux de gauche pensent que l'inspiration ne s'étend qu'aux choses concernant la foi et la morale ; pour toute la partie scientifique et historique, ils admettent que la critique fasse un triage, à condition qu'elle s'arrête à la limite qui sera fixée par l'autorité de l'Église. L'opi-

(1) D'Hulst a raconté l'histoire des deux premiers congrès de ce genre, tenus en 1888 et 1891 (*Correspondant*, 25 avril 1891).
(2) *Correspondant*, 25 janvier 1893.

nion intermédiaire, exprimée par l'abbé de Broglie, entend l'inspiration dans un sens large, mais sans trop concéder aux novateurs. — En faisant cet exposé, d'Hulst évitait de prendre parti, mais ses sympathies pour une critique assez libre n'étaient pas douteuses. Il rencontra de nombreux contradicteurs, et Léon XIII mit bientôt un frein à ces audaces par l'encyclique *Providentissimus*. La mort de l'abbé d'Hulst et de l'abbé de Broglie arrêta ces premiers essais d'une critique à la fois scientifique et respectueuse.

Les années suivantes montrèrent d'ailleurs que le clergé s'était mis au courant des travaux publiés par les orientalistes et les philologues. On le voit chez le principal représentant de l'école conservatrice, l'abbé Vigouroux, dont le Manuel biblique eut un succès attesté par dix éditions en vingt ans. Un esprit critique beaucoup plus radical animait l'abbé Loisy, professeur à l'Institut catholique ; ses études inquiétèrent l'autorité religieuse ; d'abord il perdit sa chaire d'hébreu, puis il dut quitter l'Institut. Néanmoins quelques savants, sans aller aussi loin que lui, accordaient de nombreuses concessions à la critique ; tels étaient M. Ermoni et surtout un dominicain, le P. Lagrange, qui assura une valeur scientifique très grande à la *Revue biblique internationale*, fondée en 1891.

Un débat semblable se poursuivait au sujet du Nouveau Testament. Le livre de Strauss, quoique traduit en français, n'avait guère eu d'écho dans notre pays ; celui de Renan avait remué toute la France, mais les réfutations des Freppel, des Nicolas, des Meignan, des Veuillot rassurèrent bientôt les croyants. Ce n'était qu'une accalmie. Renan retrouva sa chaire au Collège de France en 1870 et put mener jusqu'au bout son histoire des origines du christianisme. Toutefois il fallut, pour émouvoir de nouveau le clergé, que l'abbé Loisy se mît à l'œuvre.

Eloigné par ses supérieurs des recherches sur
l'Ancien Testament, il porta sa critique sur le Nouveau. Divers articles, dont quelques-uns déjà causaient des inquiétudes, précédèrent l'ouvrage d'ensemble publié en 1902, *L'Évangile et l'Église*. Le
célèbre professeur allemand Harnack, fidèle aux traditions protestantes, affirmait que le dogme chrétien se trouve tout entier dans l'Écriture ; M. Loisy
entreprit de le réfuter. D'après lui, le dogme catholique n'est pas dans les phrases de l'Évangile prises
au sens littéral, mais dans ces textes vivifiés, transformés par les enseignements et les traditions de
l'Église. Ainsi un dogme tel que la résurrection de
Jésus-Christ lui apparaissait comme dépourvu de
certitude objective, mais rendu vénérable par la foi
des nombreuses générations qui s'en étaient péné-
trées. Le livre causa une émotion profonde ; elle fut
augmentée par les commentaires que l'auteur y ajouta
sous forme de lettres, dans *Autour d'un petit livre*.

Si l'abbé Loisy soulevait parmi les croyants des
craintes graves et des antipathies passionnées, il
trouva des adhérents jusque dans l'épiscopat. Le
plus en vue était un prélat connu comme libéral,
Mgr Mignot, évêque de Fréjus, puis archevêque
d'Albi. Sa réfutation du livre d'Auguste Sabatier,
Esquisse d'une philosophie de la religion, avait révélé chez lui non seulement une courtoisie d'homme
bien élevé, mais une réelle sympathie pour les idées
si larges du théoricien protestant (1). Ses lettres à
son clergé montrèrent quelle part très grande le prêtre
devait faire à la science (2). Enfin le bruit causé par
les livres de M. Loisy ne l'empêcha pas de prendre
en 1904 la défense de la critique scientifique. « La
foi serait en péril, disait-il, si par le mot *foi* on en-

(1) *Correspondant*, 10 avril 1897.
(2) Mignot, *Lettres sur les études ecclésiastiques*, 1908.

tendait l'ensemble de toutes les croyances prétendues traditionnelles, admises sans examen critique ; elle serait en péril pour beaucoup d'esprits si, par exemple, il fallait rester fidèle à l'ancienne cosmogonie, à la chronologie commune, à toutes les idées courantes sur l'authenticité, l'intégrité, le mode de composition de nos livres, leur date, le nom de leurs auteurs, leur exactitude rigoureuse en matière scientifique et historique ; en un mot, s'il fallait croire que le bloc sacré est tout à fait divin, jusque et surtout dans les interprétations arbitraires qui en ont été données. Elle n'a rien à craindre, si l'on entend par *foi chétienne*, la croyance à une révélation primitive qui s'est développée lentement sous l'action continue et réelle de la Providence ; révélation qui s'est accrue au cours des âges par des manifestations multiples de l'esprit de Dieu ; mais dont le sens vrai, authentique, doit être dégagé des inexactitudes qu'y ont déposées successivement les ignorances, les préjugés du passé, sens qui constitue la pure doctrine de l'Église immuable et infaillible. » L'Église existe, c'est un fait ; elle survit aux siècles, aux passions humaines qui la combattent. Voilà une preuve de sa mission aussi importante que les preuves tirées de l'Évangile (1).

Si un membre de l'épiscopat s'exprimait ainsi, dans la jeunesse catholique les admirateurs de M. Loisy manifestaient leurs opinions avec beaucoup plus de chaleur (2). Grâce à lui, pensaient-ils, l'apologétique

---

(1) *Correspondant*, 10 janvier 1904. « Nous ne croyons pas à l'Église, dit-il encore, parce que nous croyons à la Bible, mais nous croyons à la Bible parce que nous croyons à l'Église... Nous disons, dût cette affirmation paraître un paradoxe, que l'Église aurait pu à la rigueur se passer des Évangiles. » (*Ibid.*)

(2) On peut le voir par les nombreuses lettres que les *Annales de philosophie chrétienne* inséraient, presque à cha-

était libérée, elle pouvait renoncer aux explications plus ou moins subtiles par lesquelles on cherchait à maintenir la véracité de telle anecdote bizarre, de tel récit choquant; la polémique religieuse se trouvait ainsi débarrassée du poids mort qui l'encombrait. Ce mépris pour l'apologétique traditionnelle fut augmenté par le livre exact, ironique, impitoyable, où M. Houtin raconta les résistances, les échappatoires et les défaites successives de l'exégèse conservatrice.

A côté de la critique scripturaire, la critique historique fit aussi des progrès dans l'élite catholique; l'histoire de l'Église fut renouvelée dans plusieurs de ses parties. Le signal partit encore de l'Institut catholique de Paris, où M. l'abbé Duchesne professait à côté de M. Loisy. Le triomphe de l'école ultramontaine entre 1850 et 1870 avait fait accepter les légendes qui attribuaient aux apôtres eux-mêmes la fondation des principaux sièges épiscopaux de France. Fidèles à l'esprit de Guéranger, les Faillon et les Piolin renonçaient aux réserves faites par les grands érudits gallicans sous Louis XIV et Louis XV. Les Instituts catholiques en France, comme les Bollandistes en Belgique, opposèrent au traditionnalisme la science. Après avoir discuté dans le *Bulletin critique* les arguments de l'école adverse, M. Duchesne lui porta le coup de grâce en publiant les *Fastes épiscopaux de l'ancienne Gaule*. Ce ne fut point sans exciter de nombreuses protestations. Plus dangereux encore ont paru les travaux où d'autres savants retraçaient l'évolution des principaux dogmes; la réalité de ceux-ci ne disparaissait-elle pas devant les récits minutieux qui indiquaient les additions successives apportées par chaque siècle?

que numéro, dans leur « tribune libre » (voir, par exemple le t. CXLVII en 1903-4, pp. 325 et 422.)

Newman avait inauguré ces recherches, et ses nombreux commentateurs français l'avaient imité (1); mais c'est surtout un érudit consommé, M. l'abbé Turmel, qui a soulevé par ses audaces de très vives récriminations (2). Néanmoins les vrais savants catholiques, même quand ils condamnent les conclusions de ces critiques dangereux, conservent quelque chose de leur méthode.

Il ne saurait être question ici de dresser le catalogue des historiens catholiques rompus aux méthodes critiques, amis de la vraie science, qui ont apporté cet esprit dans l'étude des périodes les plus diverses. Il faut constater seulement que leur nombre augmente sans cesse, qu'ils se bornent à l'explication rationnelle des faits; Guéranger pourrait leur adresser à tous le reproche de naturalisme qu'il fit à son adversaire Albert de Broglie. Cet esprit scientifique a développé chez plusieurs d'entre eux l'esprit libéral; sur les questions les plus controversées de l'histoire, sur la Réforme et la Révolution, par exemple, ils ont porté des jugements faits pour scandaliser l'école conservatrice (3).

II

Si l'histoire est le domaine le plus accessible au grand public, la philosophie a peut-être passionné

(1) Les deux principaux interprètes du « newmanisme » en France ont été deux prêtres, MM. Brémond et Dimnet.

(2) M. Turmel applique l'idée d'évolution dans la plupart de ses livres; mais les attaques des écrivains conservateurs contre lui ont pris une vigueur nouvelle en 1908 parce qu'ils l'accusent d'avoir publié, sous le nom de DUPIN, le *Dogme de la Trinité* (1907), et, sous le pseudonyme de HERZOG, la *Sainte Vierge dans l'histoire* (1908). Voir sur cette question la *Revue du clergé français*, 15 août et 15 octobre 1908.

(3) Des historiens tels que M. Fortunat Strowski montrent

davantage, depuis dix ans, l'élite intellectuelle du catholicisme. Il ne s'agissait plus du conflit entre le traditionnalisme et l'ontologisme. Ce furent des doctrines récentes, celles des Bergson et des William James, qui inspirèrent aux philosophes catholiques une méthode nouvelle ; ce furent aussi les échecs successifs des apologistes qui voulaient réfuter la critique scripturaire. L'Église avait invoqué surtout, comme signes de sa mission divine, les preuves extérieures, textes de l'Écriture, prophéties, miracles ; ces textes étaient contestés, ces prophéties déclarées fausses ou insignifiantes, ces miracles semblaient plus propres à compromettre la foi qu'à la fortifier. On pensa qu'il valait mieux recourir aux preuves intérieures, au sentiment religieux, dont l'existence est partout constatée, à cette foi instinctive que la psychologie nous montre si vivace chez l'homme. La nouvelle école ne renonçait pas aux preuves historiques ni aux démonstrations rationnelles, mais elle invoqua plus encore le sentiment du divin qui est dans l'homme. Les maîtres de la philosophie contemporaine depuis Kant avaient souvent critiqué l'abus de l'intellectualisme et signalé le rôle de la volonté, de l'action ; ils fournirent à l'apologétique nouvelle un point de départ. L'action humaine, disait-elle, n'est jamais satisfaite d'elle-même ; l'homme sent l'inquiétude, l'appétit du divin, parce qu'en lui le naturel et le surnaturel sont insépara-, rables. « Si l'homme, écrivait l'un de ces théoriciens désire posséder Dieu et être Dieu, c'est que déjà

que la Réforme a ranimé le sentiment chrétien. Sur la Révolution et ses conséquences, il est intéressant de lire le jugement porté par Legendre et Chevalier (*le Catholicisme et la société*, chap. IV). Elle a brisé, disent-ils, les entraves du catholicisme, en France comme en Europe ; elle a propagé partout « la civilisation chrétienne française » ; tout en exaltant le sentiment patriotique, elle a ruiné le gallicanisme et rendu l'Église de France à l'influence romaine.

Dieu s'est donné à lui. Voilà comment, dans la nature même, peuvent se trouver et se trouvent des exigences au surnaturel. Ces exigences n'appartiennent pas à la nature, en tant que nature, mais elles appartiennent à la nature, en tant que pénétrée et envahie déjà par la grâce (1). » L'apologétique fondée sur ces théories utilise la « méthode d'immanence », comme l'appellent les théologiens, et la préfère à la « méthode de transcendance » employée autrefois. Le fait intérieur qui lui sert de base est donc le besoin de surnaturel, le besoin d'une autorité divine enseignante. A lui s'ajoute un fait extérieur non moins certain, l'existence de cette autorité sous nos yeux, dans l'Église. Ce fait actuel et vivant a beaucoup plus d'importance que le fait historique, le fait mort, qui s'est accompli jadis et qui soulève les discussions des exégètes.

Cette méthode avait été employée, pour la première fois peut-être, par un théologien belge, le cardinal Dechamps. Elle a trouvé depuis quelques années des partisans dans tous les pays catholiques. En France, la voie fut ouverte par un philosophe universitaire, M. Maurice Blondel ; ses idées reparurent, avec quelques modifications, chez M. Fonsegrive. Mais c'est surtout un prêtre philosophe, le P. Laberthonnière, qui a poussé la doctrine jusqu'à ses derniers raffinements. Tous ces écrivains, en s'arrachant à l'étude exclusive des textes anciens, admettaient pour la doctrine catholique le droit et le devoir de se renouveler, de se rajeunir, conformément à la loi d'évolution. L'un d'eux est allé plus loin : un catholique d'éducation scientifique, M. Edouard

(1) Laberthonnière, cité par WILBOIS, *la Pensée catholique en France au commencement du vingtième siècle*. Cet article, paru dans la *Revue de métaphysique et de morale* (mai 1907), offre un bon résumé des théories modernistes, fait par un disciple.

Le Roy, s'est proposé de renouveler jusqu'à la notion du dogme. Vivant au milieu des savants, il constata que la plupart ne comprenaient plus le catholicisme et ne lui faisaient même pas l'honneur de le réfuter. Ce mépris vient, disait-il, de la répulsion que leur inspire l'idée du dogme. Le dogme est une proposition qui ne saurait recevoir de preuve ; la science aujourd'hui veut prouver jusqu'aux axiomes. Le dogme est imposé à l'homme par une autorité extérieure ; la pensée humaine aujourd'hui n'admet plus de données qui lui soient externes. Le dogme n'est jamais formulé d'une manière intelligible. Enfin, comme il demeure sans rapports avec le savoir positif, le dogme est inutile et infécond ; or la valeur d'une vérité se mesure aux services qu'elle rend, aux résultats nouveaux qu'elle rapporte — Ces objections des savants sont irréfutables, ajoute M. Le Roy, parce qu'elles s'adressent à la conception purement intellectualiste du dogme, présentée par les anciens apologistes. Mais le dogme n'a pas seulement un sens intellectuel ; il a un sens pratique, il est la formule d'une règle de conduite. Ici encore l'action vient s'ajouter à la connaissance théorique. C'est comme règle de vie que le dogme s'impose à l'obéissance du croyant, et peut reconquérir le respect du savant incroyant — Ainsi M. Le Roy, et tous ces philosophes qu'on a qualifiés de « modernistes », subissent l'influence du pragmatisme et prétendent réagir contre l'intellectualisme exclusif des anciens apologistes (1).

Les sciences physiques et naturelles ont beaucoup moins occupé les défenseurs de l'Église que les études historiques ou philosophiques. Dans ce domaine aussi, pourtant, les progrès de la libre re-

(1) Edouard Le Roy, *Qu'est-ce qu'un dogme* ? (*Quinzaine,* 16 avril 1905). Cet article et les discussion qu'il a soulevées sont réunis dans *Dogme et Critique,* 1907.

cherche se font sentir. Les doctrines du transformisme, longtemps condamnées au nom de la religion, peuvent aujourd'hui être défendues par les savants orthodoxes (1). Un de ces derniers, Albert de Lapparent, a précisé les droits et les devoirs de l'apologiste en matière scientifique et recommandé de ne pas restreindre sans motif la liberté du savant (2).

III

Tant d'idées nouvelles, tant de changements dans les théories traditionnelles devaient amener des modifications dans l'enseignement ecclésiastique, surtout dans l'enseignement donné aux prêtres. Et en effet, les catholiques libéraux et novateurs se sont beaucoup préoccupés d'élever, par une réforme des études, le niveau intellectuel du clergé. En 1890 un prêtre, appelé depuis à l'épiscopat, se plaignait que les prêtres français n'eussent qu'une éducation insuffisante. Les ordres religieux, disait-il, préoccupés de conquérir la direction des consciences, n'ont plus de grands foyers de science comparables à l'ancienne abbaye de Saint-Maur. Le clergé séculier reçoit dans les séminaires un enseignement très faible ; ses membres ne sont pas encouragés à l'étude par leurs supérieurs (3). — Le remède fut proposé par un ancien professeur de Saint-Sulpice, Hogan : il publia le pro-

(1) Voir Français, *l'Église et la Science*, 1908.
(2) *Science et apologétique*, 1905. « Il importe, dit-il, de ne pas faire la part belle aux assaillants en incorporant sans nécessité, dans le domaine de la défense dogmatique, des traditions qui peuvent être grandement respectables, mais qui, n'intéressant pas le salut et n'ayant pas trait au dogme, ne font pas de droit partie de ce domaine sacré. » (Ch. VII.)
(3) *Le Clergé français en 1890*, 1890. Cet écrit anonyme était de l'abbé Latty, depuis évêque de Châlons, puis archevêque d'Avignon.

gramme détaillé des études qui convenaient au clergé, programme très vaste, où il ne faisait aucune concession aux craintes, aux défiances des conservateurs (1). Les études essentielles d'autrefois, les humanités et les mathématiques, disait-il, seront remplacées par les deux études essentielles d'aujourd'hui, l'histoire et les sciences naturelles. En étudiant la théologie, on n'oubliera pas que cette science elle-même est progressive. En histoire, on utilisera sans crainte les travaux des écrivains non orthodoxes. Enfin l'honnêteté scientifique doit demeurer toujours la règle fondamentale des professeurs et des élèves (2).

Beaucoup plus audacieux que ces personnages haut placés, nombre de jeunes réformateurs ont exprimé en termes énergiques leur dédain pour l'enseignement des séminaires. Les directeurs, dit l'un d'eux, sont souvent ignorants ; les professeurs sont chargés au hasard d'un enseignement, puis d'un autre ; jamais on ne favorise la spécialisation, qui permet d'étudier une science à fond. Tous abusent des méthodes passives ; loin d'encourager les objections des élèves, on a souvent renvoyé des jeunes gens intelligents, parce qu'ils ne semblaient point assez dociles. L'emploi de la langue latine alourdit les exposés, gêne la réflexion. Les manuels sont aussi insuffisants que les cours. Sur la question biblique,

(1) Hogan, *les Études du clergé*. Le livre, paru d'abord en anglais à Philadephie, fut traduit en français en 1901.

(2) « La sincérité la plus naïve est la meilleure et la plus efficace manière de défendre la vérité, et, comme l'honnêteté, elle se trouve être, en fin de compte, la meilleure des politiques. » (P. 482.) La traduction française est précédée d'une introduction par Mgr Mignot ; il affirme la nécessité pour les catholiques d'utiliser les découvertes nouvelles, malgré les conservateurs empressés à jeter le discrédit « sur d'humbles chercheurs catholiques, dont la loyauté gêne leur manière d'envisager la foi... ».

on laisse ignorer aux séminaristes les objections graves qui pourront leur être faites ; l'histoire moderne leur est enseignée de la manière la plus partiale. Victimes d'une telle éducation, les séminaristes devenus prêtres croupissent dans l'oisiveté ; le clergé « vit en marge de la société qu'il prétend évangéliser (1) ». — A ces critiques sévères, il convient d'opposer les jugements plus favorables de prêtres instruits, formés à bonne école, qui ont signalé un progrès réel dans les méthodes et dans les travaux du clergé depuis un quart de siècle (2). Cependant les catholiques novateurs énumèrent bien des faits qui n'ont pas été contestés, et leurs critiques sont appuyées par divers témoignages d'écrivains ecclésiastiques (3).

On a moins critiqué l'enseignement donné par le clergé à ses élèves laïques. D'ailleurs les catholiques, désireux de favoriser les collèges libres dans la concurrence qu'ils font aux lycées de l'État, se sont abstenus d'en montrer les côtés faibles. Certains d'entre eux cependant se sont plaints que l'enseignement donné aux garçons ne les préparât point suffisamment à l'initiative, à l'action virile ; c'était l'abbé d'Hulst qui s'écriait : « Nous leur demandons des hommes, ils nous envoient des enfants de chœur (4) ! » L'enseignement des jeunes filles, de son côté, fut déclaré insuffisant par une religieuse, Mme Marie

(1) BAUDAIRE, *la Formation intellectuelle du clergé de France*, (*Annales de philosophie chrétienne*, décembre 1904).

(2) BAUDRILLART, *le Renouvellement intellectuel du clergé.*

(3) Voir GARILHE, *le Clergé séculier français au dix-neuvième siècle*, s. d. (1900). Des témoignages nombreux, surtout le discours de M. Lacroix au congrès ecclésiastique de Reims et les écrits de divers prêtres, sont réunis et cités par SAINTYVES, *la Réforme intellectuelle du clergé et la liberté de l'enseignement*, 1904.

(4) Cité par BUREAU, *la Crise morale des temps nouveaux*, p. 235.

du Sacré-Cœur; elle demanda la création d'une école
normale supérieure où les institutrices congréga-
nistes apprendraient les sciences et la pédagogie.
Son livre, présenté au public par un prêtre libéral,
M. Frémont, et par un prêtre démocrate, M. Naudet,
rencontra l'adhésion de nombreux évêques et des
journaux catholiques de gauche, mais fut désapprouvé par Rome (1).

Mais il ne s'agissait pas seulement de mieux élever
la jeunesse, de mieux instruire les séminaristes. Les
catholiques libéraux voulaient également secouer
l'inertie des hommes mûrs, pousser les prêtres à
l'action, les faire entrer dans le mouvement général
de la vie moderne. Ils employèrent pour cela les
procédés actuels et tinrent des congrès sacerdotaux:
il y en eut deux, celui de Reims en 1896, celui de
Bourges en 1900. M. Lemire fut, avec les plus connus
des prêtres démocrates, le principal inspirateur de
ces assemblées. Le congrès de Reims parut quelque
peu timide. A celui de Bourges les congressistes,
encouragés par la protection de plusieurs évêques
libéraux, exprimèrent avec plus de franchise leurs
opinions républicaines et progressistes. L'abbé Birot,
vicaire général d'Albi, se fit leur interprète dans un
brillant discours d'ouverture: « Il faut, dit-il, aimer
de son temps les idées, les hommes et les choses ».
Les idées, même fausses, contiennent souvent une
part de vérité. Les hommes subissent l'influence
de leur milieu, de leur parti. Les choses, c'est-à-
dire les institutions et les œuvres, sont acceptables
pour l'Église. « L'autonomie individuelle, l'égalité
devant la loi, la liberté de conscience, la liberté
de la presse, celle de réunion et d'association sont
des principes qui sont, dans le droit public de ce

(1) MARIE DU SACRÉ-CŒUR, *les Religieuses enseignantes*, 1898.
— V. sur elle le livre de Mme d'Adhémar, *Une religieuse
réformatrice* (1909).

siècle, et qui vaudraient peut-être pour l'Église
tout autant que la protection officielle du cardinal
Dubois et même celle de M. Guizot. Je sais bien
qu'aujourd'hui nous commençons à dire que nous ne
réclamons que la liberté : puissions-nous agir de manière à le faire croire (1) ! »

IV

Les aspirations des libéraux se sont manifestées
sans réticence dans les réponses à l'enquête ouverte
par M. Rifaux en 1905 (2). Les intellectuels catholiques surtout y ont pris la parole; parmi eux, les
universitaires ont été les plus énergiques à réclamer
une réforme sérieuse. « Il est incontestable, dit un
professeur à l'Université catholique de Lille, que la
moyenne des catholiques ne s'est aucunement assi-
milé le mouvement intellectuel des quatre derniers
siècles, tandis qu'une petite élite de catholiques est
à l'avant-garde de ce mouvement (3) »; et il indique
les moyens de mettre fin à cette opposition. Un professeur de l'Université de Grenoble affirme la nécessité de remédier à la décadence qui s'est produite
dans l'Église de France entre 1801 et 1870 : il faut
distinguer ce qui est de foi et ce que les fidèles ont
le droit de ne pas croire; il faut faire une apologétique moderne, qui réponde aux objections d'aujour-
d'hui, et non à celles d'il y a cent ans : c'est au clergé
à former pour cela une élite savante (4). — Un pro-

(1) Voir le compte rendu du congrès et le texte de ce discours dans les *Annales de philosophie chrétienne*, t. 141.
(2) *Les Conditions du retour au catholicisme*, 1907. L'auteur
dit (p. 6-10) que les conservateurs n'ont pas voulu répondre
à ses questions, et que plusieurs prêtres libéraux ne l'ont
point osé.
(3) P. 91 (M. d'Adhémar).
(4) P. 110 sqq. (M. Beudant).

WEILL. — Catholicisme.   17

fesseur de l'Université de Dijon constate que des hommes sincères abandonnent le catholicisme par loyauté intellectuelle : cela prouve qu'il n'est plus, dans ses méthodes d'exposition tout au moins, adapté aux besoins actuels. Quant aux fidèles, on voit parmi eux des hommes instruits, réfléchis, « devenir des enfants quand il s'agit de leur religion »; c'est qu'on la leur a mal enseignée. Enfin ceux qui veulent avoir une foi consciente « éprouvent une angoisse véritable devant la faiblesse des disciplines intellectuelles généralement suivies, et de certains arguments couramment présentés (1) ».

Les prêtres, ceux du moins qui ont osé répondre à l'enquête, sont parfois aussi sévères. « Un monde intellectuel, dit l'un d'eux, s'est constitué en dehors du christianisme et contre lui. Et c'est ce monde-là qui règne sur les esprits (2). » Un autre considère comme l'œuvre la plus urgente d'élever les jeunes catholiques dans l'intelligence et l'amour de leur temps (3). Les témoins optimistes ne manquent point, qui célèbrent le renouvellement des études catholiques, la sympathie croissante du grand public pour les idées religieuses; mais le plus confiant de tous reconnaît l'indifférence des croyants à l'égard du dogme, et souhaite une séparation radicale de la science et de la religion, qui laisse chacune d'elles indépendante de l'autre (4).

Le *modernisme*, entendu au sens large, désigne cet ensemble d'idées nouvelles, de théories philosophiques, de méthodes critiques, de projets de réformes. Un lien nécessaire existe-t-il entre le libéralisme politique ou social et le modernisme? Ce n'est pas indispensable. Bien des catholiques ont accepté la

(1) P. 158-9 (M. Deslandres).
(2) P. 231 (M. Laberthonnière).
(3) P. 228 (M. Klein).
(4) P. 391 sqq (M. Saleilles).

Constitution de 1875 pour obéir au pape, sans vouloir des nouveautés de l'exégèse. On peut être démocrate chrétien et combattre l'apologétique fondée sur la méthode d'immanence, comme l'a fait M. Gayraud. Mais cé sont ordinairement les mêmes hommes qui ont poursuivi la rénovation du catholicisme sous toutes ses formes. Puisqu'il s'agissait de rendre son influence à l'Église en la réconciliant avec la société moderne, cette conciliation devait se faire dans la science comme dans la politique. Les modernistes, qui veulent réformer les méthodes et les théories, comprennent que ce sera possible dans un milieu social nouveau ; les démocrates chrétiens, qui veulent organiser des cadres sociaux rajeunis, sentent le besoin d'y mettre des idées nouvelles. Le libéralisme politique repose sur la confiance dans la raison humaine, capable de se gouverner elle-même ; cette même confiance anime ceux qui recommandent l'emploi de la méthode critique dans l'histoire ou dans les sciences.

Le libéralisme et le modernisme ont eu, d'ailleurs, les mêmes champions. Tous les recueils, que nous avons cités comme organes de la politique nouvelle ont propagé l'esprit nouveau dans la science et dans l'enseignement. La *Revue du clergé français* a fait bon accueil aux Loisy et aux Turmel. Les *Annales de philosophie chrétienne*, où M. Blondel exposa sa doctrine, ont défendu avec chaleur l'apologétique nouvelle bien avant que M. Laberthonnière en devînt le directeur. *Demain* s'est fait le champion du progrès intellectuel et n'a pas craint de réduire à peu de chose, la valeur des condamnations prononcées par l'Index (1). Une longue discussion s'est poursuivie dans cette revue sur le rôle et sur l'utilité des Instituts catholiques. La plupart des correspondants y ont

____

(1) 20 avril 1906 et *passim*.

constaté le manque de liberté scientifique, la surveillance vexatoire des évêques, et demandé qu'ils en-
tretiennent des relations amicales avec les Universités de l'État, qu'ils y envoient leurs étudiants pour
un grand nombre de cours (1). La *Quinzaine* a défendu la philosophie moderniste et publié le célèbre
article de M. Édouard Le Roy sur le dogme ; elle a conseillé la réforme de l'enseignement ecclésiastique et
loué les congrès sacerdotaux, en même temps qu'elle
justifiait la démocratie chrétienne et faisait l'éloge
du Sillon. Les journaux placés à l'avant-garde des
démocrates chrétiens, ceux de MM. Dabry et Naudet,
ont témoigné leur sympathie au modernisme (2).
Cette réforme intellectuelle, inconnue aux Montalembert et aux Lacordaire, fait partie du programme
adopté par leurs successeurs.

(1) Ce débat, engagé par une lettre de l'abbé Calvet,
professeur à l'Institut catholique de Toulouse (*Demain*, 15
juin 1906), s'est poursuivi pendant plusieurs mois. Il faut
citer particulièrement les articles du rédacteur en chef
(22 juin 1906), de Mgr Batiffol (6 juillet), de H. Z., agrégé et
docteur ès lettres (14 septembre), de M. Edouard Le Roy
(28 septembre).

(2) Un de leurs adversaires, M. l'abbé Barbier, a réuni
de nombreuses citations qui prouvent cette sympathie (*les
Démocrates chrétiens et le modernisme*, 1908). Après la condamnation du modernisme, un des principaux chefs de
l'école catholique sociale, M. Bazire, a déploré que cette
école se soit compromise en acceptant les témérités doctrinales « d'intellectuels surfaits ». (Cité par Barbier, *ibid.*,
p. 45.)

CHAPITRE XIII

LA TROISIÈME DÉFAITE DU LIBÉRALISME

I

Le talent et l'activité des catholiques progressistes
ont pu quelque temps faire illusion sur la force du
mouvement dirigé par eux; en réalité, le libéralisme
catholique n'avait pas de racines en France. Inconnu
à la masse dés croyants, il rencontra une résistance
vigoureuse chez les conservateurs, avant même que
Rome l'eût de nouveau condamné.

Une des raisons principales de cet échec, c'est le
développement du mysticisme, de la foi aux miracles,
dans la majorité des croyants et du clergé. Nous
avons vu ces tendances grandir sous l'Empire et
prendre une force nouvelle après les désastres de
1870. Depuis lors le mouvement, au lieu de s'ar-
rêter, s'est régularisé sous la direction des ordres
religieux. Le principal rôle dans cette propagande
fut joué par l'ordre des Assomptionnistes. Le Père
d'Alzon, l'ancien disciple de Lamennais, l'adversaire
passionné de l'Université, voulut créer une congrégation militante, conservatrice par ses idées, toute
moderne par ses moyens d'action, qui emploierait
la presse populaire au service de la bonne cause. Le

succès de l'ordre fut celui de son journal, *la Croix*. Cette feuille, fondée en 1883 comme pour recueillir l'héritage de Louis Veuillot, fut un journal quotidien à un sou, parlant un langage simple et familier, faisant appel aux passions de tous. Une remarquable organisation administrative aida aux progrès de la *Croix*; elle acquit peu à peu dans la plupart des communes de France quelques auxiliaires bénévoles, les « zélateurs » et « zélatrices », chargés de recruter des abonnés et d'envoyer des nouvelles. A la *Croix* parisienne s'ajoutèrent les *Croix* régionales, puis de nombreux suppléments s'adressant aux classes les plus diverses de lecteurs. Le *Pèlerin*, par exemple, supplément illustré de la *Croix*, obtint un succès considérable. Or la *Croix* s'attacha constamment à développer les dévotions mystiques propres à séduire, à émouvoir le peuple ; elle se donna un drapeau, celui du Sacré-Cœur ; la lutte contre le diable, contre le satanisme, revenait sans cesse dans le journal comme dans les autres publications de la Bonne Presse (1).

L'influence de ces feuilles sur la mentalité catholique permit à Léo Taxil de mystifier pendant plusieurs années les fidèles avec ses révélations sur la franc-maçonnerie, sur la messe noire et sur Diana Vaughan, l'héroïne de ce culte diabolique. Mais laissons de côté les facéties d'un imposteur. L'état d'esprit des croyants sincères, des prêtres, apparaît dans le compte rendu du congrès marial tenu à Lyon

______

(1) Un prospectus publié par cette maison vers 1905 (*la Maison de la bonne presse et l'Œuvre de la Croix*, s. d.) donne la liste complète des périodiques édités par elle, *la Croix, le Pèlerin, les Questions actuelles, les Contemporains, le Cosmos,* etc. Il dit que le total des tirages de toutes les publications réunies dépasse deux millions, et que la maison est aidée par 10.000 comités, par 50.000 zélateurs, chevaliers de la *Croix*, pages du Christ et porteurs.

en 1900 (1). On y trouve quantité de détails curieux
sur les dévotions nouvellement instituées ou remises
en honneur, sur les érections de statues, sur les
pèlerinages. Les congressistes racontent les miracles
dus au scapulaire, ceux qui se sont produits grâce
à telle ou telle intercession. D'après quelques-uns
d'entre eux, si les Allemands ne sont pas entrés à
Lyon en 1870, c'est que le vœu de construire une
basilique nouvelle à Fourvières a sauvé la ville (2).
D'autres expliquent les faits historiques par des
causes surnaturelles. Un prêtre expose que, la
France n'ayant pas compris et pratiqué assez tôt le
culte du Sacré-Cœur, Dieu l'a livrée au mal. « Telle
est la raison primordiale et surnaturelle de la Révolution. Les autres causes philosophiques, psycholo-
giques, sociales ne sont que secondaires (3). »

Un clergé si pénétré d'idées mystiques les répand
chez les fidèles qui suivent sa direction. Il suffit de
lire la *Croix* ou d'autres feuilles de ce genre pour
voir combien de personnes invoquent saint Antoine
de Padoue, saint Joseph, d'autres encore. Les pèlerinages sont demeurés florissants, les petits comme
les grands ; en 1894 on relevait en France 481 lieux
de pèlerinage (4). Lourdes a reçu en 1908 des foules
considérables qui venaient célébrer le cinquantenaire
des apparitions de 1858.

Ces tendances ont nui beaucoup aux efforts des
catholiques libéraux. Ceux-ci cherchaient à développer la raison, la réflexion, l'esprit scientifique ; ils
étaient donc naturellement hostiles à des dévotions
qui deviennent souvent superstitieuses. Quelque

(1) *Compte rendu du Congrès marial tenu à Lyon les* 5, 6, 7
et 8 septembre 1900, Lyon, 1900, 2 vol. in-8.
(2) T. II, p. 11.
(3) T. I, p. 160.
(4) Annuaire du haut clergé, cité par Hanotaux (*Histoire
de la France contemporaine,* II, p. 657).

prudence qu'ils aient apportée en ces matières, plusieurs d'entre eux ont signalé le péril. Nous avons
vu quelles conclusions tirait A. de Lapparent du succès obtenu par Léo Taxil. Le Comité catholique pour
la défense du droit, en même temps qu'il intervenait
dans l'affaire Dreyfus, adressait à plusieurs évêques
une lettre sur les abus commis dans la dévotion (1).
L'abbé Birot, qui vantait les idées modernes au Congrès de Bourges, a signalé en 1905 « l'extraordinaire
fourmillement des dévotions les plus diverses, manifestations avortées ou mesquines du sentiment religieux anémié, parasitisme qui naît de la faiblesse et
qui l'augmente... (2) » Les savants qui ont répondu
à l'enquête de M. Rifaux sont nombreux à constater le danger.

La *Croix* et les publications des Assomptionnistes
avaient un autre caractère : elles excitaient les lecteurs à la haine contre les francs-maçons. Cela se rat-
tachait d'ailleurs au mysticisme de la Bonne Presse :
les loges maçonniques apparurent comme des antres
mystérieux où de noirs conspirateurs s'entendaient
pour servir la cause du diable.. Sous l'étiquette de
francs-maçons était englobé tout le personnel du parti
républicain militant ; toutes les lois votées pour appliquer le programme traditionnel du parti furent

(1) Voir *Abus dans la dévotion. Avis d'évêques français et
étrangers, publiés par le Comité catholique pour la défense du
droit*, 2ᵉ éd., 1903. Cette brochure contient, entre autres
documents, les articles de l'abbé Hemmer dans la *Semaine
religieuse* de Paris, sur le caractère mercantile de certaines
dévotions.

(2) « Vu du dehors, continue M. Birot, à travers ce fatras
terminologique tout nouveau et ce ritualisme débordant
qui en encombre les avenues, le catholicisme apparaît aux
esprits qui errent autour de l'Église comme une espèce de
maquis inaccessible à la raison et inhabitable pour une
conscience éclairée. » (Cité par *Demain*, 1ᵉʳ décembre 1905.)
— Voir une discussion sur les miracles de Lourdes dans la
Revue du clergé français, t. XLIII, p. 152, 414, 633.

considérées comme l'œuvre des loges. Beaucoup de catholiques libéraux, ceux de droite surtout, ceux de l'Action libérale populaire, étaient d'accord là-dessus avec les conservateurs intransigeants (1). Cette campagne anti-maçonnique venait se confondre avec la campagne antisémite menée depuis 1892 par la *Libre Parole*. L'affaire Dreyfus acheva cette fusion et développa ainsi l'influence des idées antilibérales chez les catholiques. Comme la *Croix* et la *Libre Parole* étaient les journaux les plus goûtés par le clergé des campagnes, il subit l'action de leurs apostrophes belliqueuses (2). Les catholiques vraiment libéraux, et certains démocrates chrétiens ont compris le danger de ces appels constants à la haine, qui rendaient vains leurs essais de conciliation (3).

Ces tendances réactionnaires furent aussi développées chez les catholiques par la naissance des syndicats « jaunes ». Ces groupements, formés d'abord dans un but économique par certains grands industriels, prirent bientôt un caractère clérical. Leur principal organisateur, M. Biétry, a reçu l'appui et les subsides pécuniaires des catholiques intransigeants. Il est devenu, au contraire, l'ennemi déclaré des libéraux, des démocrates chrétiens; les conflits entre sillonnistes et jaunes sont allés parfois jusqu'à la guerre ouverte.

(1) Voir les almanachs de l'Action libérale populaire.

(2) Les Assomptionnistes furent poursuivis devant le tribunal correctionnel, et dans le procès divers détails furent donnés sur leur propagande combative (Voir *Procès des Assomptionnistes*. Exposé et réquisitoire, 1900). Ces religieux ont quitté la rédaction de la *Croix* sur l'ordre du pape en 1900; le caractère du journal n'a pas changé.

(3) L'abbé Dabry se fit huer au Congrès catholique en disant qu'il y avait de bons francs-maçons (*Congrès national catholique, Paris*, 1897, p. 247). L'abbé NAUDET (*Pourquoi les catholiques ont perdu la bataille*, p. 66) se moque des perpétuels anathèmes aux francs-maçons. Voir le livre cité de Léon Chaine.

Le peuple catholique échappait ainsi aux libéraux. Ils ont rencontré d'autres résistances dans les classes élevées, dans la portion instruite de la nation. Les royalistes, qui avaient résisté aux directions de Léon XIII, devaient se montrer hostiles à ces catholiques franchement républicains ; les sympathies des royalistes pour le nationalisme depuis dix ans contribuèrent encore à les séparer de ceux qui vantaient la liberté politique et le régime parlementaire. Il s'est formé dans le parti royaliste un groupe de doctrinaires intransigeants qui ont repris les théories de Maistre et de Bonald, qui ont arboré de nouveau le drapeau de la contre-révolution. Ce groupe, celui de l'Action française, a poursuivi de ses attaques le libéralisme catholique ; son principal théoricien, M. Charles Maurras, a réfuté à maintes reprises les opinions défendues par le Sillon. Appelant à leur aide la science contemporaine, les néo-conservateurs ont invoqué le darwinisme pour montrer que la nature enseigne l'aristocratie, la subordination des médiocres à l'élite (1). Si plusieurs d'entre eux ont applaudi à la séparation de l'Église et de l'État, c'est qu'ils espéraient la formation d'un clergé de combat, mené par les royalistes laïques à l'assaut de la République et de la Révolution (2).

Le groupe de l'Action française n'avait, même parmi les royalistes, qu'une influence restreinte ; beaucoup plus dangereuse fut pour les libéraux l'opposition des catholiques *purs*, des catholiques intransigeants. Leur avantage dans la polémique, c'est qu'ils partaient de principes arrêtés et qu'ils en déduisaient toutes les conséquences avec une franchise parfaite et une logique impitoyable. Leur prin-

(1) Voir sur ces théories l'opinion de Fonsegrive (*Regards en arrière*, p. 104).

(2) Voir Mandat-Grancey, *le Clergé français et le Concordat*, 1905.

cipal organe fut un journal, la *Vérité française*; il naquit d'une scission parmi les rédacteurs de l'*Univers*. Le ralliement avait jeté la discorde au milieu des continuateurs de Louis Veuillot : les uns, persuadés qu'il faut toujours obéir aux ordres de Rome, acceptaient maintenant la Constitution républicaine et le catholicisme social; les autres voyaient là une trahison à l'égard des idées conservatrices défendues avec tant d'éclat par le grand polémiste. Les premiers demeurèrent les maîtres de l'*Univers*, où le rédacteur en chef, Eugène Veuillot, soutint résolument la politique de Léon XIII; les autres, avec sa sœur Élise Veuillot, fondèrent en 1893 la *Vérité française*, qui fut désormais l'organe des « réfractaires »; MM. Auguste Roussel et Arthur Loth y combattirent toutes les innovations, toutes les méthodes approuvées par les catholiques libéraux. Ceux-ci louaient l'action sociale; cette action, répondit la *Vérité française*, ne peut avoir de bons résultats que si elle est dirigée par l'Église. Ils réclamaient la liberté pour tous; ce qui importe, dit-elle, c'est la liberté de l'Église, qui doit pouvoir former des associations et mener sa propagande comme elle l'entend. Ils cherchaient ce qu'il y a de bon et de réalisable dans le socialisme; elle leur affirma que le socialisme est l'instrument imaginé par les Juifs pour achever d'établir leur domination sur le monde. Ils se proclamaient démocrates; elle exposa que le suffrage universel engendre forcément le socialisme, et qu'il faut amender ce mode de suffrage si l'on veut sauver l'humanité des expériences collectivistes (1). Peu lue du grand public, mais forte par son intransigeance, la *Vérité française* ne cessa de gêner les catholiques libéraux en dénonçant tout ce qu'il y avait dans leurs doc-

____

(1) Voir les articles cités par Barbier, *le Progrès du libéralisme...*, II, p. 252 sqq.

trines d'hérésie cachée ou d'hétérodoxie flagrante.

Trois prêtres, MM. Maignen, Delassus et Fontaine, se sont particulièrement signalés dans cette lutte. La *Vérité française* leur ouvrait ses colonnes; M. Delassus avait également son organe particulier dans la *Semaine religieuse* de Cambrai. Persuadés que toutes les erreurs se tiennent, ils ont combattu les innovations doctrinales aussi bien que les erreurs politiques; la royauté de droit divin leur semble nécessaire. M. l'abbé Maignen avait commencé dès l'origine la guerre contre le ralliement; ce qui le mit en relief, ce fut sa campagne contre l'américanisme en 1898. On publia aux États-Unis, en anglais, la biographie du P. Hecker, un fondateur d'ordre qui avait charmé déjà Montalembert par son énergie et son esprit moderne (1). Un des plus connus parmi les catholiques libéraux, M. l'abbé Klein, traduisit ce livre en français; dans sa préface il loua le catholicisme américain, si pratique, si bien fait pour les hommes de notre temps, et félicita le clergé des États-Unis d'enseigner les vertus actives, nécessaires dans une démocratie libre, plutôt que les vertus passives, convenables pour les sujets des anciennes monarchies; la dévotion ascétique, vantée par le clergé d'Europe, n'offrait que dangers pour l'activité individuelle nécessaire aux catholiques sous le régime nouveau. M. Maignen répondit par une série d'articles parus dans la *Vérité française*, puis réunis en volume sous ce titre : *le Père Hecker est-il un saint* ? Il relevait toutes les fautes du moine américain, toutes les erreurs prouvant que ce protestant converti se ressentait encore de ses origines; puis il dénonçait l'œuvre entreprise par les admirateurs des États-Unis pour sacrifier au naturel le surnaturel, pour détruire la discipline du clergé. Ce livre, approuvé par de nombreux prélats, contri-

(1) LECANUET, *Montalembert*, III, p. 413.

bua sûrement à la condamnation de l'américanisme
par Léon XIII (1).

Encouragé par le succès, M. Maignen est revenu
souvent à la charge, en accentuant encore son intransigeance. Depuis l'affaire Dreyfus, dit-il, on ne
doit plus considérer que deux partis en France,
deux partis qui se font une guerre nécessaire. Le
nationalisme, qui dérive de l'antisémitisme, est forcément catholique : la France doit être juive ou re-
devenir très chrétienne (2). C'est donc un tort de
chercher des solutions intermédiaires, « des *idées-
tampons* dont l'élasticité amortit le choc entre les
préjugés non encore perdus et les vérités retrou-
vées (3). » L'idée républicaine est formulée dans
la Déclaration des droits de l'homme, « l'acte de
révolte le plus direct, le plus radical, le plus audacieux par lequel l'homme ait jamais attenté au souverain domaine de Dieu sur sa créature (4) » ; il
faut lui opposer l'idée catholique et royaliste, avec
les développements que lui donnent les Charles
Maurras et les Paul Bourget. Le catholicisme libéral, sorti de la Révolution de 1830, a fait beaucoup
de mal en adoptant les théories des républicains.
« C'est un douloureux spectacle et une énigme pour
le philosophe, le moraliste, le chrétien, d'entendre
des théologiens dire hautement que l'Église ne demande ni ne demandera plus à la société rien que la
liberté et le droit commun (5) ». L'État doit reconnaître que l'Église catholique seule possède la vérité ;

(1) Voir le récit complet de cette polémique dans Houtin,
l'Américanisme, 1904.

(2) *Nationalisme, Catholicisme, Révolution*, 1901. « Le juif
n'est pas un étranger quelconque, c'est un être exceptionnel
auquel le droit commun ne peut pas être appliqué. » (P. 16.)

(3) *Ibid.*, p. 30.

(4) *Ibid.*, p. 65.

(5) *Ibid.*, p. 203.

moyennant quoi l'on peut tolérer l'existence des cultes dissidents. La France reviendra un jour à la religion d'État, au culte du Sacré-Cœur, après qu'elle aura subi l'expiation justifiée par ses crimes (1).

M. Delassus a développé des idées semblables (2). Un jésuite, le Père Fontaine, devenu ensuite l'abbé Fontaine, s'est attaqué surtout à la philosophie, à l'exégèse des modernistes. Leurs erreurs viennent, selon lui, du protestantisme ; voulant se mettre au courant des travaux de la critique, les clercs français ont étudié les ouvrages composés dans les universités anglaises ou américaines. Ces infiltrations protestantes apparaissent de plus en plus. On se réclame de Richard Simon, l'ancêtre de la critique irréligieuse ; on blâme l'esprit théologique, si nécessaire à la foi. Certains mettent en doute l'authenticité du Pentateuque, ou prétendent que la Genèse ne dit rien sur l'immortalité de l'âme ni sur le messianisme. Le Nouveau Testament n'est pas plus respecté ; au lieu d'expliquer, à la manière des anciens commentateurs, les différences des quatre Évangiles par la multiplicité des enseignements du Christ, des milieux, des publics, on se plaît à découvrir des contradictions entre les synoptiques, à déclarer le quatrième Évangile dépourvu de valeur. Un Loisy conteste la divinité du Christ. Enfin l'histoire des dogmes, en insistant sur la prétendue évolution qu'ils ont subie, leur enlève cette antiquité vénérable qui est précieuse pour la foi (3). — Ce livre

(1) Voir le livre du même auteur, *Nouveau Catholicisme et Nouveau Clergé*, 2ᵉ éd., 1902. M. Maignen s'est appliqué aussi à dénoncer aux évêques l'esprit dangereux qui s'est introduit dans les séminaires, grâce à la propagande faite par MM. Dabry et Naudet (*Nouveau Catholicisme*, p. 342 sqq.).

(2) Voir surtout ses livres, *l'Américanisme et la conjuration antichrétienne*, 1899 ; *le Problème de l'heure présente*, 1904.

(3) FONTAINE, *les Infiltrations protestantes*, 1901.

était consacré surtout à l'exégèse. Dans un ouvrage plus récent, M. Fontaine a combattu avec la même vigueur la philosophie, la théologie des modernistes, et signalé partout l'hérésie cachée sous des formules de soumission (1).

Ces trois écrivains ont été secondés depuis quelques années par un nouveau champion, très bien documenté, qui n'a épargné aucun des groupes ni des hommes qui, dans le monde catholique, s'étaient rendus suspects de libéralisme. M. l'abbé Barbier a réservé ses attaques les plus vigoureuses au groupe du Sillon ; quatre fois de suite il en a discuté les idées, raconté les actes, et supplié la jeunesse de ne pas se laisser entraîner par le « faux prophète » qui a fondé cette association (2). Mais l'Action libérale populaire, quoiqu'elle soit conservatrice, n'a pas trouvé grâce devant lui ; elle a le tort de demander pour l'Église seulement la liberté générale et le droit commun (3). Le ralliement lui paraît avoir été une source d'erreurs, de fautes et de désastres (4). La synthèse de ces polémiques, toujours accompagnées de dénonciations personnelles, se trouve dans l'ouvrage où M. Barbier résume l'œuvre de Léon XIII en France (5) ; il reconnaît que le pape a maintenu dans leur intégralité les enseignements doctrinaux de l'Église, mais il lui reproche si vive-

(1) *La Théologie du Nouveau Testament et l'évolution des dogmes*, 1907.

(2) *Les Idées du Sillon ; le Sillon, Qu'a-t-il répondu ? les Erreurs du Sillon ; la Décadence du Sillon.*

(3) *Rome et l'Action libérale populaire.* Il cite le mot d'un cardinal, ami de Pie X, disant que la formule « action libérale » est inadmissible, tout comme « action pélagienne » ou « action janséniste » (p. 154.)

(4) *Cas de conscience. Les Catholiques français et la République.*

(5) *Le Progrès du libéralisme...*

ment sa politique de faiblesse et de compromissions que le livre a été condamné par l'Index (1).

Ces prêtres conservateurs ont été soutenus, encouragés par plusieurs évêques. Un de ces prélats surtout, Mgr Turinaz, évêque de Nancy, par sa polémique fougueuse contre les libéraux, a repris le rôle que jouait l'évêque de Poitiers sous l'Empire. Dès 1899 il avait condamné un article de M. Fonsegrive dans la *Quinzaine*. Quelques années après, il appela tous les évêques à venir défendre la religion contre les périls intérieurs qui la menaçaient : philosophie de prêtres kantiens, exégèse de M. Loisy, apologétique des Blondel et des Fonsegrive, autant de dangers pour la foi; congrès ecclésiastiques où les prêtres s'affranchissent des évêques, intervention indiscrète des laïques (tels que MM. Léon Harmel et Fonsegrive) dans l'éducation des clercs, autant de périls pour la discipline (2).

Les catholiques libéraux, si souvent dénoncés, n'ont pas manqué de riposter, de reprocher à leurs adversaires l'ignorance, la routine, la mauvaise foi. Nul ne s'est acquitté de cette tâche avec plus de vigueur que M. Fonsegrive dans les « préfaces » où il inaugurait chaque nouvelle année de la *Quinzaine*. Dès 1898, après les élections législatives, il montre les résultats heureux du ralliément et dédaigne « les railleries misérables de quelques catholiques grincheux » ou de quelques royalistes (3). — En 1899, le bloc de gauche est formé par Waldeck-Rousseau,

----

(1) Le 15 octobre 1908 a paru le premier numéro d'une revue dirigée par M. Barbier, *la Critique du libéralisme*, dont le titre indique nettement le but.

(2) Turinaz, *les Périls de la foi et de la discipline dans l'Église de France à l'heure présente*, 1902. Cette brochure suscita plusieurs répliques dans les *Annales de philosophie chrétienne*. L'évêque de Nancy est revenu là-dessus dans sa *Lettre ouverte à M. Paul Sabatier*, Nancy, 1906.

(3) *Regards en arrière*, p. 21.

l'œuvre de réconciliation entre l'Église et la France
a reculé de vingt ans; ce désastre est dû, entre autres causes, aux violences des conservateurs, à leur
mépris avoué pour le peuple, aux sottises qu'ils
débitent sur la science (1). — La défaite s'accentue
en 1901; les intransigeants y contribuent en pous-
sant, par toutes sortes de ruses, les catholiques à la
bataille contre la République, en accusant les évêques
modérés de travailler au schisme (2). — En 1902,
c'est l'écrasement des catholiques dans les élections,
puis l'arrivée du ministère Combes. Les catholiques
libéraux, dit l'auteur, sont quelque peu responsables
de ce résultat; ils n'ont pas assez résolument tenu
tête aux conservateurs, ils ont reculé devant une
franche adhésion à la démocratie (3). Et les déclarations de ce genre se renouvellent chaque année,
jusqu'à l' « épilogue » de 1907, où le directeur de la
Quinzaine annonce la fin de la revue, succombant à
« ce remous de réaction que nous voyons aujour-
d'hui tout envahir. »

Les démocrates chrétiens ont développé les mêmes
reproches en termes plus énergiques. M. Dabry, faisant l'histoire des catholiques républicains, a relevé
toutes les fautes, les imprudences, les ruses des
intransigeants. M. Naudet a tracé un amusant tableau
de leurs procédés habituels : « A la politique pratique, dit-il, nous avons préféré la politique cla-
mante, les 38 millions de catholiques, les anathèmes
aux francs-maçons, les vibrants appels à une opinion
publique représentée à peine par quelques pincées
de citoyens, le *labarum*, la « croix de ma mère », et
le couplet final qui évoquait les martyrs, offrant notre
vie avec d'autant plus d'insistance qu'on ne nous la

(1) P. 72 sqq et 100 sqq.
(2) P. 140 sqq.
(3) P. 176 sqq.

demandait pas (1). » — Citons enfin le livre grave et
attristé où l'un des principaux théoriciens du catholicisme libéral et social, M. Paul Bureau, a tracé le
tableau peu flatté de la situation morale de la France.
Il indique les responsabilités des incroyants comme
des croyants, des « enfants de l'esprit nouveau »,
comme des « enfants de la tradition ». Mais parmi ces
derniers, les conservateurs intransigeants, prompts
à la violence et à la délation, lui paraissent les plus
coupables (2).

II

Mais dans les conflits entre catholiques les polémiques des écrivains, les mandements des évêques ne
comptent guère devant les déclarations de Rome. La
toute-puissance donnée au Saint-Siège par le concile
du Vatican est si grande que, même en dehors des
enseignements doctrinaux du pape infaillible, les
avis, les conseils du souverain pontife ont pour les
catholiques une importance capitale. Les deux partis
opposés demeurèrent donc attentifs aux bruits venus
de Rome, épiant les lettres des cardinaux, les conversations de Léon XIII. Le Saint-Siège emploie
ordinairement des formules générales, sans descendre jusqu'aux détails; chaque parti essaya de

(1) *Pourquoi les catholiques ont perdu la bataille*, p. 66.
(2) « Derrière l'autel on a défendu le trône, et à l'abri du
mystère de la Sainte-Trinité plusieurs ont voulu mettre en
sûreté leurs coffres-forts et les intérêts de leur groupe...
Qui dira aussi combien l'empressement à dénoncer ses
frères et à accueillir les dénonciations, la surenchère méprisable dans la soumission obséquieuse ou la crédulité la
plus dénuée de critique, indignes parodies de la foi traditionnelle et de la fidèle obéissance qui convient aux enfants
de la Lumière, nuisent au crédit de la doctrine chrétienne ? »
(*La Crise morale des temps nouveaux*, p. 121.)

commenter les paroles du pape dans un sens favorable à sa cause. De là vinrent des discussions répétées, parfois comiques, sur telle ou telle phrase du cardinal Rampolla, sur la valeur de telle note parue dans l'*Osservatore romano* ou dans le *Moniteur de Rome*. Depuis le toast de Lavigerie, la faveur du pape sembla pendant quelques années acquise aux libéraux. L'*Univers*, journal des ralliés, put citer plusieurs lettres d'approbation ; la *Vérité française* reçut un blâme public du cardinal Rampolla. Les démocrates chrétiens, qui invoquaient l'encyclique *Rerum novarum*, se félicitèrent de l'accueil fait à leurs adresses, à leurs pèlerinages. Les catholiques libéraux, qu'on traitait de gallicans avant et après 1870, retournaient maintenant l'accusation contre les réfractaires.

Vaincus sur le terrain politique, les intransigeants prirent leur revanche en attaquant les audaces intellectuelles de leurs adversaires, les innovations qui touchaient à l'histoire, à la philosophie, à la doctrine. Dès 1893 l'encyclique *Providentissimus*, qui réfrénait la critique biblique, avait été bien accueillie par eux ; de même la lettre où Léon XIII arrêta le projet, présenté par M. Charbonnel, d'organiser à Paris un congrès des religions en 1900 (1). Mais leur premier vrai succès fut remporté dans la guerre contre l'américanisme. Tandis que M. Maignen attaquait le P. Hecker, tous les catholiques libéraux, ceux de droite comme ceux de gauche, avaient pris parti pour l'Église américaine et recommandé au clergé français l'exemple des Gibbons et des Ireland (2). Grande fut la joie des conservateurs au

____

(1) Ce projet, que l'auteur exposa dans la *Revue de Paris* (1er septembre 1895), fut soutenu par plusieurs catholiques progressistes.

(2) Les libéraux de droite écrivaient dans le *Correspondant*, ceux de gauche dans la *Quinzaine* (voir HOUTIN, *l'Américanisme*).

commencement de 1899, quand ils connurent la lettre
où Léon XIII désapprouvait les tendances nouvelles.
Certains catholiques libéraux perdirent courage (1) ;
d'autres, plus habiles, approuvèrent la lettre du pape
en affirmant que les erreurs censurées par elle
n'avaient jamais été soutenues dans leurs écrits.
Rome blâma peu après le livre de Mme Marie du
Sacré-Cœur, approuvé par quarante-cinq évêques
français et par tous les recueils libéraux : ce fut un
nouveau triomphe pour les intransigeants. Dans leur
joie, ils déclarèrent que le pape leur donnait raison
sur tous les points et renonçait à la politique du
ralliement. Léon XIII les détrompa en justifiant cette
politique par une lettre à l'archevêque de Bourges (2) ;
il soutint le même prélat quand celui-ci autorisa le
congrès ecclésiastique de 1900 (3). Le directeur de
la *Quinzaine*, revenant de Rome, put raconter l'accueil chaleureux qui avait été fait à sa personne et à
ses idées ; parlant du portrait que lui avait donné
Léon XIII, il demanda fièrement aux rédacteurs de
la *Vérité française* s'ils pouvaient montrer un cadeau
pareil (4). Les conservateurs interprétèrent, il est
vrai, à leur avantage l'encyclique *Graves de communi*
sur la démocratie chrétienne (1901) ; mais les démocrates montrèrent qu'elle ne condamnait aucun de
leurs principes. En somme, Léon XIII mourut
sans avoir condamné les novateurs français et, par
exemple, sans avoir prononcé contre l'abbé Loisy la
sentence réclamée avec ardeur par ses ennemis.

Les intransigeants eurent leur revanche sous

(1) Voir le livre de Frédéric Boudin (*Autour de la politique
de Léon XIII*), qui avait loué l'américanisme comme étant
« la reprise de la pensée mennaisienne » (p. 129).
(2) Lettre du 25 mai 1899.
(3) L'évêque d'Annecy, ayant blâmé la protection accordée
à ce congrès par les archevêques de Bourges et de Besançon, fut invité par Rome à leur adresser des excuses.
(4) *Regards en arrière*, p. 92.

Pie X. La Congrégation de l'Index déploya bientôt une grande activité. A la fin de 1903, elle condamna deux écrits de l'abbé Denis, directeur des *Annales de philosophie chrétienne*, puis le livre de M. Houtin sur la question biblique, pendant que le Saint-Office prohibait cinq ouvrages de M. Loisy. L'esprit du pontificat nouveau se fit sentir aussi dans la politique : le ralliement, sans être condamné, fut abandonné ; un représentant de l'Action française était allé d'ailleurs expliquer au pape que l'étiquette du ralliement cachait le libéralisme (1). Puis vinrent les grands débats sur la séparation : tous les catholiques libéraux, nous l'avons vu, demandaient qu'on acceptât la loi de 1905. L'encyclique *Vehementer* donna satisfaction complète aux intransigeants qui s'y opposaient. D'autres actes de Pie X ont maintenu cette manière d'agir, jusqu'à la lettre de mai 1908 où il a repoussé les mutualités ecclésiastiques essayées par plusieurs évêques et autorisées par une récente loi française (2).

Mais c'était la guerre aux innovations doctrinales qui intéressait principalement le pape. L'Index condamna en 1906 le livre de M. Viollet sur le *Syllabus* et les *Essais de philosophie religieuse* de M. Laberthonnière. Deux mois plus tard, un décret de la Commission biblique pontificale sur l'authenticité du Pentateuque vint délimiter étroitement le champ laissé aux libertés de l'exégèse. Enfin le décret *Lamentabili* et l'encyclique *Pascendi* ont prononcé la condamnation solennelle de l'Église contre toutes les variétés du modernisme, contre toutes les idées soutenues depuis plusieurs années par les catholiques libéraux.

(1) La note sur ce sujet, que M. Dimier alla présenter au pape en avril 1904, a été reproduite en partie par BARBIER, *le Progrès du libéralisme*, I, p. 106.

(2) Voir ANDRÉ MATER, *Mutualités ecclésiastiques* (*Revue de Paris*, 15 juin 1908).

Stimulés par l'exemple de Rome, les évêques français ont plusieurs fois sévi contre les partisans du libéralisme. Ils l'ont pourchassé dans les Instituts catholiques, en destituant les professeurs suspects d'opinions modernistes (1). Plusieurs prélats, d'autre part, se sont prononcés publiquement contre le Sillon (2). La presse catholique libérale a subi les effets de cette réaction. La *Quinzaine* a succombé en 1907, faute de fonds qui lui eussent permis de résister au nombre croissant des désabonnements. La même année, sur le désir formel de Pie X, l'*Univers* et la *Vérité française* ont fusionné : le grand journal doctrinal ainsi formé a gardé le titre de l'*Univers*, mais en adoptant la ligne de conduite de la *Vérité*. *Demain*, où les professeurs de l'Institut catholique de Paris avaient reçu la défense d'écrire (3), a suspendu volontairement sa publication en juillet 1907. La *Revue d'histoire et de littérature religieuses*, rédigée par M. Loisy et ses amis, a disparu peu après. Les deux principaux cham-

(1) A Toulouse, on a destitué M. Calvet pour le punir d'avoir engagé dans *Demain* le débat sur la réforme des Instituts catholiques (voir *Demain*, 16, 23 et 30 novembre, 7 décembre 1906), puis on a révoqué le recteur, M. Pierre Batiffol. A Paris, les évêques ont enlevé leurs chaires à MM. Klein et Portal ; ils ont obligé M. Paul Bureau à une rétractation pour son livre, *la Crise morale des temps nouveaux*.

(2) Ces déclarations ont été reproduites par BARBIER, *la Décadence du Sillon*. V. des déclarations plus récentes dans la *Revue du clergé français* (mars 1909).

(3) Voir *Demain*, 18 janvier 1907. Pour connaître l'esprit qui anime aujourd'hui l'enseignement dans cet Institut, il convient de lire l'interview que le nouveau professeur d'histoire de la Révolution, M. Gautherot, a donnée à la *Croix* (reproduite par la *Révolution française* du 14 décembre 1908). Il entend démontrer que « la Révolution n'a rien de commun avec la raison, rien de commun avec la science, rien de commun avec la vertu, rien de commun avec le patriotisme »,

pions de la démocratie chrétienne, MM. Dabry et
Naudet, ont reçu de Rome, en février 1908, l'ordre
de suspendre les journaux dirigés par eux, la *Justice
sociale* et la *Vie catholique* (1). Quelques semaines
plus tard, l'excommunication majeure était lancée
contre M. Loisy. D'autre part le cardinal secrétaire
d'État, renouvelant une prescription de l'année précédente, a rappelé aux évêques français que les étudiants ecclésiastiques ne doivent pas, sauf des cas
exceptionnels, suivre les cours des Universités de
l'État (2). La défaite des catholiques libéraux est
plus complète aujourd'hui que ne le fut celle de leurs
devanciers en 1832 ou en 1870.

(1) Voir le *Canoniste contemporain*, avril 1908. La *Démocratie chrétienne* de Lille, le plus ancien périodique de cette
école, a disparu en décembre 1908, en donnant comme son
héritière la *Chronique du Sud-Est*, qui s'appelle maintenant
la *Chronique sociale de France*.
(2) Voir le *Temps*, 14, 19 et 24 octobre 1908.

CONCLUSION

Le catholicisme libéral a fait trois tentatives pour
conquérir l'Église de France et la papauté : la première a été arrêtée par l'encyclique *Mirari vos*, la
seconde par le *Syllabus* et le concile du Vatican, la
troisième par les actes pontificaux de Pie X.

Chacune de ces campagnes a eu son caractère
particulier. La première fut l'œuvre d'un homme : il
fallut le génie d'un Lamennais pour oser rompre
avec les traditions autoritaires, pour grouper autour
de lui quelques disciples enthousiastes. Les circonstances le favorisèrent d'abord. Il s'était fait l'apôtre
de la doctrine ultramontaine, qui apparaissait au
bas clergé comme un refuge contre la tyrannie épiscopale, aux fidèles comme une protection contre
l'État. D'autre part la Révolution avait laïcisé l'État ;
la Restauration avait conservé non seulement la
liberté des cultes, mais le monopole universitaire.
Les catholiques espérèrent s'y dérober en se servant
des écoles secondaires ecclésiastiques ; dès que les
ordonnances de 1828 eurent fait avorter cet effort, ils
demandèrent la liberté d'enseignement. Ce qui fit
l'originalité de Lamennais, c'est qu'au lieu d'invoquer les droits exclusifs de l'Église, comme l'avait
fait tant de fois le clergé luttant contre le césarisme,
il parla des droits de tous et plaça la liberté catho-

lique sous la protection de la liberté commune. La révolution de 183o sembla être le signe envoyé par la Providence pour justifier ses théories. Mais l'épiscopat le détestait à la fois comme ultramontain et comme libéral ; Grégoire XVI, peu touché de son ardeur ultramontaine, condamna le libéralisme de l'*Avenir*.

La seconde campagne unit d'abord tous les catholiques militants. La plupart ne songeaient qu'à obtenir la liberté d'enseignement pour l'Église ; mais leurs chefs, les vrais disciples de Lamennais, la demandaient pour tous et décidèrent les évêques à réclamer le droit commun ; Parisis justifia leurs vues dans ses *Cas de conscience*. Comme en 183o, une révolution vint leur donner raison. Le 24 février marqua l'apogée du libéralisme catholique ; Pie IX semblait l'approuver par sa propre conduite, et la loi de 185o sur l'enseignement fut le trophée de ses partisans. Mais le libéralisme demeura enseveli dans sa victoire. La grande réaction déchaînée par la peur du socialisme gagnait le monde religieux comme le monde politique ; le 2 décembre marqua le triomphe du « parti de l'ordre » et de l'Église. Les catholiques libéraux voulurent combattre la solidarité entre l'épiscopat et le régime autoritaire ; mais Rome, dont ils espéraient la neutralité, leur opposa le *Syllabus*. Ils essayèrent encore de sauver leur cause par une interprétation habile, en distinguant la thèse et l'hypothèse ; le concile du Vatican leur enleva tout moyen de se dérober aux volontés du pape infaillible.

La troisième apparition du libéralisme se produisit sous les auspices de la papauté. Léon XIII eut beau maintenir la doctrine du *Syllabus* dans ses enseignements ; sa politique réveilla les espérances de tous ceux qui voulaient allier le catholicisme avec la liberté républicaine, avec les réformes sociales demandées par la démocratie. Et en effet, malgré

quelques remontrances données aux plus audacieux,
le pape du ralliement leur laissa le champ libre jusqu'à la fin. Mais Pie X a renoncé à la tolérance de
Léon XIII et repris la tradition de Grégoire XVI et
de Pie IX.

Cette histoire fait apparaître les trois caractères
du catholicisme libéral : sympathie pour la liberté
politique, sympathie pour la démocratie sociale,
sympathie pour la libre recherche intellectuelle.
Ces trois caractères n'ont pas toujours été réunis.
La politique domina d'abord chez les novateurs ;
il s'agissait d'accepter, d'utiliser en France les
institutions créées ou promises par les hommes
de 1789. Mais Lamennais avait l'esprit trop large,
trop généralisateur pour s'en tenir là ; bientôt il
parla de modifier l'esprit de l'Église universelle, de
pousser le clergé vers le travail scientifique; puis il
arriva très vite à se faire le défenseur de la démocratie, à demander pour elle le bien-être et l'instruction. Les catholiques de la seconde génération se can-
tonnèrent sur un terrain plus étroit ; préoccupés surtout de politique, ils encouragèrent peu les hardiesses
intellectuelles; conservateurs et aristocrates pour la
plupart, ils se résignaient seulement à la démocratie
comme à un mal nécessaire. Ceux de notre époque
ont repris les vues audacieuses de Lamennais, ils
sont même allés plus loin; nettement libéraux
en politique, ils veulent que l'État intervienne
pour accomplir les réformes sociales et se rallient
presque tous aux théories de la démocratie chrétienne. Enfin l'œuvre accomplie par l'histoire scientifique et par la critique indépendante les a conduits
à proposer des changements radicaux dans l'apologétique ancienne, parfois même dans la conception du
dogme.

Les libéraux se sont toujours heurtés à la résistance des catholiques de droite : la première fois ils

furent combattus par les gallicans légitimistes, la
seconde par les ultramontains autoritaires, la troisième par la coalition des royalistes, des antisémites
et des nationalistes. Y avait-il pourtant une opposition de principes entre les deux partis catholiques?
On ne saurait l'affirmer. Sauf de rares exceptions,
ils sont d'accord sur le dogme, sur la discipline de
l'Église. Les libéraux d'ailleurs n'ont admis la
liberté des opinions, la variété des croyances que
comme un état de choses transitoire; ils ont tous
appelé de leurs vœux l'époque où reparaîtra l'unité
de croyance. Lamennais la voyait resplendir dans
l'avenir; Montalembert et Albert de Broglie ont
exprimé le souhait qu'elle se réalise bientôt; George
Fonsegrive a prédit que le monde civilisé accepterait
un jour un nouveau *consensus*, pareil à celui du
moyen âge. D'autre part, dès que le combat s'engage
contre l'esprit laïque, surtout contre l'enseignement
laïque, il n'y a plus de dissidences parmi eux. S'agit-
il de l'enseignement supérieur? Les libéraux se plaignent en 1829 que Guizot, un protestant, soit professeur d'histoire à la Sorbonne. Ils se plaignent en
1862 que Renan, un libre penseur, soit nommé professeur d'hébreu au Collège de France; et Dupanloup annonce qu'il fera son possible pour le chasser
de l'enseignement, lui et ses pareils. S'agit-il de
l'enseignement secondaire? Les écrivains de l'*Avenir*
fulminent contre l'Université. Après 1852, quand
elle est surveillée de près, tenue en suspicion, les
catholiques libéraux disent amicalement : « La paix
est faite ». Aussitôt que Duruy entreprend de la réveiller, ils s'écrient qu'on recommence la guerre.
Seuls les catholiques de la troisième génération,
parmi lesquels se trouvaient beaucoup d'universitaires, ont manifesté un esprit moins agressif envers
les Facultés ou les lycées de l'État.

La différence entre les deux groupes catholiques est

ailleurs. Les adversaires des libéraux ont conservé
la défiance envers le siècle: l'homme d'aujourd'hui,
enivré par la liberté, par la science, par le progrès
matériel, n'oubliera-t-il pas que cette terre n'est
qu'une vallée de larmes? Ils ont conservé aussi la
nostalgie de l'ancien régime: un roi puissant, une
aristocratie respectée, un clergé protégé par l'État,
voilà ce qui demeure pour eux l'idéal regretté ; la
démocratie les effraye autant qu'elle leur déplaît.
Mais la vraie divergence porte sur l'attitude à
prendre vis-à-vis de la masse des Français qui ne
sont pas ou ne sont plus des catholiques complets.
La société française n'étant plus officiellement chrétienne, les fidèles doivent-ils s'isoler, se replier sur
eux-mêmes afin de préserver leur foi, ou se mêler à
la masse des incroyants et des tièdes pour y faire
pénétrer leur esprit ? voilà le problème qui s'est posé
depuis un siècle. Le catholicisme libéral n'y a pas
toujours répondu de la même façon. Il a débuté par
des projets d'isolement : ses premiers champions ont
réclamé des collèges libres pour y élever les enfants
catholiques loin des autres ; ce qu'ils reprochaient le
plus à l'enseignement universitaire, c'était la pro-
miscuité des maîtres d'opinions différentes, celle des
élèves de confessions diverses (1). Mais les hommes
clairvoyants comprirent bientôt le danger de rendre
le catholicisme odieux à la société française, qui le
verrait s'enfermer dans un isolement renfrogné. Lamennais recommanda aux croyants la sympathie
pour les incroyants. Falloux, quand il prépara la loi
sur l'enseignement, voulut faire entrer le clergé dans
les conseils universitaires et laisser les collèges
libres en rapport avec les représentants de l'État. Les

(1) Voir la réponse au *Lycée* dans le premier *Correspondant*
(4 mai 1830), et l'article d'Alain de Kergorlay en 1847 (*Correspondant*, t. XX, p. 325) commentant le rescrit où Pie IX
condamnait les collèges mixtes de l'Irlande.

catholiques intransigeants, au contraire, entendaient
se suffire à eux-mêmes et cherchaient un « splendide
isolement » ; ils utilisèrent la loi Falloux pour créer
des maisons hostiles à l'esprit de 1789, hostiles au
contact avec les infidèles. « Je suis fort peu sensible,
écrivait Louis Veuillot, au malheur de ne pas convertir les impies ; ce n'est pas à cela que je m'attache ; je m'attache à réveiller, à encourager, à
convertir les fidèles, à les faire marcher au combat, à
les y engager même malgré eux (1). »

. Cette différence de tactique et de procédés s'est
manifestée surtout pendant la troisième période ;
sous le gouvernement républicain, le progrès des
libertés politiques, liberté municipale, liberté syndi-
cale, liberté de réunion, et le nombre croissant des
associations multipliaient pour les Français les occa-
sions de se grouper, de se rencontrer, de vivre d'une
vie commune. En politique, les catholiques libéraux
ont demandé la formation d'un parti non confessionnel et montré le danger d'un parti purement catholique, dont l'existence ranimerait l'antipathie traditionnelle contre le « gouvernement des curés » ;
en 1898 et plus tard ils ont recherché l'alliance avec
les progressistes, avec tous les modérés (2). S'agis-
sait-il de questions sociales ? tous ont préconisé la
collaboration avec les hommes de bonne volonté, la
formation de syndicats ouverts à tous les ouvriers (3).
A propos de religion, plusieurs ont approuvé l'al-

(1) Lettre du 12 septembre 1850 (*Correspondance*, t. VII,
p. 235).

(2) Outre les textes déjà indiqués, on peut lire, contre le
projet de former un parti catholique, divers articles du
Sillon (10 juin, 25 juillet 1905, etc.) et de *Demain* (17 mai,
21 juin 1907).

(3) Pour le crédit populaire, M. Eugène Rostand a créé
des sociétés ouvertes à tous ; M. Louis Durand, des sociétés
purement catholiques. V. les articles du P. Ludovic en
faveur des premières (*Études franciscaines*, 1900, t. 3 et 4).

liance avec les protestants, avec tous ceux qui croient en Jésus-Christ, contre les progrès de l'athéisme ; les fondateurs de la *Revue catholique des Églises* ont rêvé l'union de toutes les confessions chrétiennes (1). Même attitude à propos du travail intellectuel et scientifique : ils ont fait bon accueil aux membres de l'Université, collaboré à des recueils d'opinions diverses, participé à des conférences courtoises avec les libres penseurs. Bref, les catholiques libéraux ne veulent pas être des *cléricaux* ; ils combattent l'esprit d'exclusivisme et d'intolérance que désigne ce terme (2). Leurs adversaires catholiques repoussent, comme l'auteur de l'encyclique *Mirari vos*, « les associations entre gens de religions diverses, où l'on glorifie toute espèce de liberté ». Ils veulent maintenir l'état de guerre entre croyants et incroyants (3). Ils s'indignent que des fidèles opposent « catholique »

(1) On peut signaler la formation de groupes comme la Société d'études religieuses (*Revue catholique des Églises*, 25 avril et 25 juillet 1905), le Trait d'Union (annoncé dans plusieurs numéros de *Demain*), la Société Gratry (*Demain*, 21 juin 1907), d'autres encore.

(2) « Pour l'amour de l'Église, ne soyons pas des cléricaux. » (P. MAUMUS, *les Catholiques et la liberté politique*, p. 153.) « Ce que nous n'aimons pas, c'est le cléricalisme », disait M. Marc Sangnier dans un discours à Brest (cité par *Demain*, 21 septembre 1906). — « Notre religion chrétienne, notre vraie religion catholique n'est pas le cléricalisme racorni », disait M. Lemire à la Chambre, le 18 novembre 1908. — Citons aussi la réponse de M. Saleilles à une enquête de la *Croix* : « Est-ce que nous n'abandonnons pas un peu trop les terrains mixtes ? Et à force de vouloir être chez nous, est-ce que nous ne créons pas immédiatement un état de choses que les sectaires n'ont plus qu'à reconnaître et à consacrer : les catholiques hors la loi ? » (Cité par *Demain*, 28 septembre 1906.)

(3) « Ce qui décidera, dit M. Maignen, l'avenir du catholicisme en France, c'est la guerre, la vraie guerre. De pareils conflits peuvent se résoudre autrement ailleurs, mais en France ils se décident par le sang. » (*Vérité française*, 22 avril 1906.)

à « clérical » ; les deux mots leur apparaissent comme synonymes.

Dans ces conflits entre deux partis catholiques également soumis, c'est Rome qui a toujours décidé la victoire. Les deux partis ont d'ailleurs invité maintes fois le pape à trancher ces débats, qui touchaient à la politique autant qu'à la religion. Lamennais et les premiers libéraux appelaient le souverain pontife à protéger les peuples contre les rois ; comme le Saint-Siège ne se prononçait point sur l'*Avenir*, les « pèlerins de Dieu et de la liberté » allèrent à Rome exiger un jugement. Des appels semblables furent faits par Montalembert en 1845, par Dupanloup en 1850. Les ralliés de 1892, les démocrates chrétiens de 1896 ont placé leur politique sous le patronage du pape et réclamé sans cesse l'approbation du Vatican pour venir à bout des réfractaires. Mais l'autorité pontificale, ainsi invoquée par les libéraux, a toujours fini par se prononcer contre eux. Il en est résulté chez plusieurs une déception, un recul. Certains d'entre eux ont revendiqué la liberté en face du pape comme ils l'avaient fait en face de l'État, et même ont rompu avec l'Église. Lamennais l'a quittée pour défendre la démocratie, le P. Hyacinthe pour combattre l'absolutisme ultramontain, M. Loisy pour sauvegarder les droits de la raison (1). La plupart ont obéi ; mais il s'est développé chez quelques-uns de ces ultramontains un esprit d'opposition où parfois apparaît un ressouvenir de l'ancien gallicanisme. Lacordaire, si dévoué aux idées romaines, parlait d'un gallicanisme instinctif qu'on ne doit pas choquer (2). Montalembert flétrissait avant de mourir

(1) Voir sa lettre à Pie X, du 28 février 1904 : « Il n'est pas en mon pouvoir de détruire en moi-même le résultat de mes travaux. » (Loisy, *Quelques Lettres sur des questions actuelles*, 1908.)

(2) « Le gallicanisme ancien est une vieillerie qui n'a plus

ceux qui voulaient faire du pape une idole; ses amis luttaient jusqu'au bout contre la définition de l'infaillibilité. Les libéraux de nos jours ont dit nettement aux admirateurs de Pie X que le chef de l'Église ne devait pas agir directement sur la politique française (1). Ils n'ont jamais poussé l'opposition jusqu'à la révolte.

Comme les jansénistes, ils ont résolu de rester dans l'Église, même quand elle leur prodiguait ses rigueurs; comme les jansénistes, ils ont recouru pour ce motif à des distinctions parfois subtiles, à une casuistique un peu déconcertante. L'ingéniosité déployée par les commentateurs libéraux du *Syllabus* a reparu chez quelques-uns de leurs successeurs. Rome blâmait l'américanisme; « nous ne sommes pas américanistes », ont-ils répondu. Quand Rome a condamné le modernisme, plusieurs ont dit également : « Nous ne sommes pas modernistes. » Leurs adversaires les ont accusés de mauvaise foi, mais à tort : ces finesses de dialectique sont employées souvent par les sujets d'une monarchie absolue, quand ils veulent concilier l'obéissance vis-à-vis du souve-

que le souffle, et à peine; mais le gallicanisme instinctif, qui consiste à redouter un pouvoir qu'on lui présente comme sans limites et s'étendant par tout l'univers sur 200 millions d'individus, est un gallicanisme très vivant et très redoutable, parce qu'il est fondé sur un instinct naturel et même chrétien. » (Lettre du 26 mai 1847, citée par MONTALEMBERT, *le P. Lacordaire; Œuvres*, IX, p. 509.)

(1) « Que le Vatican puisse ordonner aux catholiques de s'inscrire dans tel parti politique organisé par lui; qu'il puisse choisir lui-même des candidats, imposer des désistements, manier l'argent électoral, c'est ce que les catholiques français ne sauraient admettre. » (*Demain*, 12 avril 1907.) — Au point de vue religieux, les catholiques libéraux se sont plaints à diverses reprises, depuis la séparation, que le pape nomme seul les nouveaux évêques, sans consulter le clergé français. (V., par exemple, le *Bulletin de la Semaine*, 29 avril et 6 mai 1908).

rain avec la fidélité à leurs convictions. Les catholiques autoritaires ont fait usage des mêmes procédés quand ils résistaient à la politique du ralliement.

Le catholicisme libéral n'a jamais eu en France de nombreux adhérents. Ce qui a pu faire illusion à ce sujet, c'est l'appui qu'il rencontra, au début de chaque tentative nouvelle, chez des hommes très éloignés du libéralisme. Les Salinis et les Guéranger soutinrent Lamennais parce qu'il défendait la cause du pape ; les catholiques en 1845 suivirent Montalembert pour gagner la liberté d'enseignement ; quelques réactionnaires en 1893 ont approuvé le ralliement comme une tactique utile pour déloger du pouvoir le vieux parti républicain. Mais chaque fois ces alliés ont rompu très vite avec les vrais libéraux. Ceux-ci n'ont pas su gagner le peuple : comme l'Église demeurait unie aux partis conservateurs, la masse ouvrière est allée aux radicaux et aux socialistes antichrétiens ; quant aux groupements populaires demeurés croyants, l'influence des dévotions nouvelles et la foi croissante aux miracles les éloignent du rationalisme catholique prêché par les libéraux. Ceux-ci ont déplu aux membres des classes élevées parce qu'ils leur conseillaient d'abandonner les partis monarchistes et d'accepter une politique sociale nouvelle. C'est surtout chez les intellectuels de la société laïque ou du clergé qu'ils ont trouvé des partisans.

La marche des idées pendant le dix-neuvième siècle a été défavorable aux tentatives de conciliation des catholiques libéraux. La philosophie de Victor Cousin, toujours prête aux alliances et aux concordats, n'a pas conservé sa suprématie dans l'enseignement ; les Comte, les Littré, les Renan, les Renouvier n'ont plus laissé de place aux transactions habiles. Les républicains de 1848 croyaient tous en Dieu ; Raspail et Barbès invoquaient Jésus-Christ. Après eux sont venus les Blanqui et les Proudhon, ennemis des religions et surtout du christianisme : « Chrétien ou républicain, voilà le dilemme », a écrit Proudhon. Les progrès continus de la critique, de la science, progrès accomplis souvent malgré la résistance de l'Église, ont gêné les efforts des conciliateurs. L'évolution doctrinale qui a produit le *Syllabus* et les décrets du concile de 1870 ont aussi contribué à creuser le fossé entre les croyants et les incrédules, entre les cléricaux et les anticléricaux.

Ce serait pourtant une grave erreur de croire que l'œuvre des catholiques libéraux a été stérile, ni même qu'elle est terminée. Sans doute les condamnations répétées de Rome ont prouvé que la logique des principes est contre eux. Cependant, même dans le domaine historique et scientifique, ils ont contribué à faire adopter par l'Église des conclusions plus larges qu'autrefois (1). Leur œuvre politique et sociale a été plus importante encore : si des principes opposés sont inconciliables, la politique vit de compromis et de transactions. Ils ont montré que certaines antinomies, exagérées par les théoriciens, disparaissaient dans la pratique ; ils ont prouvé que l'Église pouvait grandir et prospérer au milieu d'une démocratie libérale, que certaines réformes sociales pouvaient être adoptées et mises en vigueur par les partis les plus opposés. Ils ont exhorté fidèles et libres penseurs à collaborer dans la vie civile ou économique. Leurs tentatives, souvent réprimées par le Saint-Siège, ont toujours recommencé, parce qu'elles répondent à un besoin psychologique ; nombreux, en effet, sont les hommes attachés à l'entreprise difficile, mais généreuse, de concilier la foi transmise par les aïeux avec l'amour de leur temps et de leur pays.

(1) C'est vrai même pour l'exégèse et la critique scripturaire, comme le prouvent la lettre de Pie X à Le Camus, évêque de la Rochelle (janvier 1906), et le livre conservateur du P. BRUCKER, *l'Église et la critique Biblique*, 1908.

BIBLIOGRAPHIE

Pour les études bibliographiques sur le catholicisme français au dix-neuvième siècle, les principaux instruments de travail sont le Catalogue d'histoire de France de la Bibliothèque nationale, qui s'arrête à 1857 (pour les journaux religieux, le tome XI va jusqu'en 1877), et la collection du *Polybiblion* qui commence en 1868. Dans une des « revues générales » que publie la *Revue de synthèse historique*, j'ai entrepris de faire connaître les principaux écrits parus depuis 1870 (1). J'y renvoie pour les livres généraux et, dans la liste donnée ci-après, je ne m'occupe que du sujet particulier traité dans le présent livre. Cette liste ne renferme que les ouvrages et périodiques les plus importants. Je les indique en distinguant les trois périodes de l'histoire du catholicisme libéral (2).

Première période. — Elle va de 1828 à 1834, jusqu'à la rupture de Lamennais avec l'Église. Les ouvrages essentiels sont ceux de Lamennais : *Œuvres complètes*, nouvelle édit., 1844, 10 vol. ; *Correspondance*, 1854, 2 vol. (de ce recueil sont extraites les lettres que je cite sans autre indication); *Correspondance inédite avec le baron de Vitrolles*, 1886; *Lettres inédites à Montalembert*, 1898; *Lettres inédites à Benoît d'Azy*, 1899.

(1) Georges Weill, *le Catholicisme français au dix-neuvième siècle* (*Revue de synthèse historique*, décembre 1907).
(2) J'indique les éditions dont je me suis servi.

Sur Lamennais il y a toute une bibliothèque, et les livres et articles nouveaux continuent à paraître. Anatole Feugère (*Lamennais avant l'Essai sur l'indifférence*, 1906) a donné la bibliographie de ces écrits, avec un utile classement chronologique de la correspondance. Les meilleurs ouvrages parus depuis sont ceux de l'abbé Boutard (*Lamennais*, I, 1905; II, 1907) et de Maréchal (*Lamennais et Victor Hugo*, 1906; *Lamennais et Lamartine*, 1907), qui en annonce d'autres encore. Les *Annales de Bretagne* indiquent régulièrement tout ce qui paraît sur Lamennais.

Les périodiques à consulter sont le *Correspondant*, paru de 1829 à 1831 ; la *Revue européenne*, qui lui fait suite, de 1831 à 1834; et surtout l'*Avenir*, de 1830 à 1832. Il faut y joindre les tomes XI et XII du *Mémorial catholique* (1829-30), le *Catholique* publié par d'Eckstein (t. XIII et XIV, 1829), et le recueil hostile aux idées de Lamennais, l'*Ami de la religion*, t. LIX sqq.

Sur les idées de la jeunesse catholique libérale, voir Montalembert, *Lettres à un ami de collège* (2ᵉ édit., avec les réponses de Léon Cornudet), 1884; et surtout L. de Carné, *Souvenirs de ma jeunesse au temps de la Restauration*, 2ᵉ édit., 1873. Cf. Lecanuet, *Montalembert*, I, 1895.

SECONDE PÉRIODE. — Elle s'étend jusqu'à la fin du pontificat de Pie IX en 1878. La principale étude d'ensemble est celle d'Anatole Leroy-Beaulieu, *les Catholiques libéraux*, 1885.

On a réuni les œuvres de quelques-uns des catholiques libéraux les plus notables, mais ces éditions ne sont pas toujours complètes : Montalembert, *Œuvres*, 1861-1868, 9 vol. (on n'y trouve pas les discours de Malines); Lacordaire, *Œuvres*, 1858, 6 vol.; Dupanloup, *Œuvres choisies*, 1861, 4 vol., et *Nouvelles Œuvres choisies*, 1873-75, 7 vol.; Broglie (Albert de), *Questions de religion et d'histoire*, 1860, 2 vol.; *Nouvelles Études de littérature et de morale*, 1868. Voir aussi Falloux, *Discours et mélanges*, 1882, 2 vol.; *Études et Souvenirs*, 1885 : *Mémoires d'un royaliste*, 1888, 2 vol. Gratry a fait *Quatre Lettres à Mgr Dechamps*, 1870; ses nombreux ouvrages philosophiques et religieux n'ont pas été réunis.

Passons aux biographies de ces écrivains. Sur Dupanloup, son vicaire général Lagrange a fait un ouvrage très complet (*Vie de Mgr Dupanloup*, 1883-84, 3 vol. in-8; je cite la 5ᵉ édit. in-12, datée de 1886); c'est une apologie, comme le livre de Michel Salomon (*Mgr Dupanloup*, 1904). Contre Dupanloup, voir les écrits du chanoine Pelletier (*Mgr Dupanloup*, 1876) et du chanoine Maynard (*Mgr Dupanloup et M. Lagrange son historien*, 1884). Sur Montalembert il y a l'ouvrage capital du P. Lecanuet (*Montalembert*, II, *la Liberté d'enseignement*; III, *l'Église et le Second Empire*, 1902), et la courte biographie du vicomte de Meaux (*Montalembert*, 1897). Les nombreuses biographies de Lacordaire, dont la plus importante est celle de Foisset (*Lacordaire*, 1870), sont indiquées, de même que la chronologie de ses sermons, dans *Lacordaire orateur*, par l'abbé Favre (1907). Sur Falloux nous n'avons que le bref éloge de Dorlisheim (*le Comte de Falloux*, 1904) et le livre hostile d'Eugène Veuillot (*le Comte de Falloux et ses Mémoires*, 1888). Sur Gratry, le P. Chauvin (*le P. Gratry*, 1901) est plus complet que le cardinal Perraud (*le P. Gratry*, 5ᵉ édit., 1905). L'étude de Falloux sur Cochin (*Augustin Cochin*, 1875) est un document très précieux.

A ces biographies il faut joindre celles d'hommes qui ont été en rapports avec eux. Les principales sont celles de Bautain par l'abbé de Régny (*l'Abbé Bautain*, 1884), de Maret par l'abbé Bazin qui publie beaucoup de documents importants (*Vie de Mgr Maret*, 1891, 3 vol.), et surtout celle de Louis Veuillot par Eugène Veuillot (*Louis Veuillot*, 1899-1904, 3 vol.), qui s'arrête à 1870. Les biographies d'évêques abondent pour cette période, et contiennent presque toutes quelques indications se rapportant à notre sujet. C'est vrai surtout pour les livres consacrés à quelques amis des libéraux, comme Guibert (Paguelle de Follenay, *Vie du cardinal Guibert*, 1896, 2 vol.), Mathieu (Besson, *Vie de S. E. Mgr le cardinal Mathieu*, 1882, 2 vol.), Meignan (Boissonnot, *le Cardinal Meignan*, 1899), et à quelques-uns de leurs adversaires, comme Gerbet (Ladoue, *Mgr Gerbet, sa vie, ses œuvres et l'école menaisienne*, 1870, 3 vol.), Salinis (Ladoue, *Vie de Mgr de Salinis*, 1864), Pie (Baunard,

Histoire du cardinal Pie, 5ᵉ édit., 1893, 2 vol.) et Ladoue (Tolra de Bordas, *Mgr de Ladoue*, 1878).

Il y a plusieurs correspondances importantes : celles de Louis Veuillot (1883-92, 7 vol.), de Lacordaire (*Lettres à Mme Swetchine*, 1864 ; *Lettres* à la comtesse Eudoxie de la Tour du Pin, 1864 ; *Lettres inédites*, 1874), de Tocqueville (*OEuvres et Correspondance inédites*, 2 vol., 1861 ; *Nouvelle Correspondance entièrement inédite*, 1866 ; *Correspondance et Souvenirs* d'A.-M. Ampère et de J.-J. Ampère, 1875, 2 vol. ; *Correspondance entre Tocqueville et Gobineau*, 1909), de Perreyve (*Lettres*, 3ᵉ édit., 1875), de Ravignan (*Lettres inédites à Mgr Dupanloup*, Tours, 1899). Les lettres de Montalembert sont éparses dans de nombreux périodiques.

Les principaux ouvrages théoriques des libéraux sont ceux de Parisis (*Cas de conscience, à propos des libertés exercées ou réclamées par les catholiques, ou accord de la doctrine catholique avec la forme des gouvernements modernes*, 1847), de Bautain (*la Religion et la Liberté considérées dans leurs rapports*, 1848), de Godard (*les Principes de 89 et la Doctrine catholique*, 1ʳᵉ édit. anonyme, 1861 ; 2ᵉ édit., avec le nom de l'auteur, 1863). Il faut y ajouter les livres du P. Chastel, surtout *les Rationalistes et les Traditionnalistes* (1850), *l'Église et les Systèmes de philosophie moderne* (1852) ; Maret, *Dignité de la raison humaine et nécessité de la révélation divine*, 1856 ; Cognat, *Polémique religieuse. Quelques pièces pour servir à l'histoire des controverses de ce temps*, 1861.

Les principaux écrits publiés contre les théories des catholiques libéraux sont les suivants : Louis Veuillot, *Mélanges*, t. I, 1856 ; Pie, évêque de Poitiers, *OEuvres*, 1879, 9 vol. (l'édition consultée pour les huit premiers volumes est la 6ᵉ) ; Guéranger, *Essais sur le naturalisme contemporain*, I, 1858 ; Ségur (Mgr de), *Hommage aux jeunes catholiques libéraux*, 1874 ; Fèvre (Justin), *Histoire critique du catholicisme libéral en France*, 1897 ; Morel (Jules), *Somme contre le catholicisme libéral*, 1877, 2 vol. (réunion de plusieurs brochures publiées à diverses dates).

Sur la campagne pour la liberté d'enseignement, le principal livre est celui de Grimaud, *Histoire de la liberté d'enseignement*, 1898. Il faut y joindre Follioley (*Montalembert et Mgr Parisis*, 1901) et le rapport de Beugnot (*Rapport au Comité de l'enseignement libre sur l'exécution et les effets de la loi organique de l'instruction publique*, 1852).

On peut consulter encore sur cette période : Hippolyte Rigault, *OEuvres*, 1859, 4 vol.; Saint-René Taillandier, *Histoire et Philosophie religieuse*, 1860; les *Nouveaux Lundis* de Sainte-Beuve; Renan, *Questions contemporaines*, 3e édit., 1883; Duruy, *Notes et Souvenirs*, 1901, 2 vol.; Barthélemy Saint-Hilaire, *M. Victor Cousin*, 1895, 3 vol.

Quant aux périodiques, le principal recueil libéral est le *Correspondant*, fondé en 1843, important surtout depuis sa réorganisation en 1855. L'*Ami de la religion*, réorganisé en 1848, devenu quotidien en 1859, disparut en 1862. *Les Études religieuses*, fondées par les jésuites parisiens en 1856, défendirent le groupe libéral jusqu'en 1871, date où elles passèrent au parti opposé. Les adversaires du libéralisme avaient comme principal organe l'*Univers*, journal quotidien, supprimé de 1860 à 1867 et remplacé alors par le *Monde*. Ils possédaient aussi les *Annales de philosophie chrétienne*, dirigées par Bonnetty jusqu'en 1879, et la *Revue du monde catholique*, fondée en 1861. Sur les luttes intestines des catholiques on trouve beaucoup de renseignements dans les « revues du mois» que donnait un périodique protestant, la *Revue chrétienne*, fondée en 1854.

TROISIÈME PÉRIODE. — Livres faits par des partisans du catholicisme libéral : Dabry, *les Catholiques républicains*, 1905; Klein, *le Mouvement néo-chrétien*, 1892; *Nouvelles Tendances*, 1892; *Quelques motifs d'espérer*, 1903; Maumus, *les Catholiques et la liberté politique*, 1898; Houtin, *l'Américanisme*, 1904; Fonsegrive, *Regards en arrière*, 1908; Boudin (Frédéric), *Autour de la politique de Léon XIII*, nouv. éd., 1900; Chaine (Léon), *les Catholiques français et leurs difficultés actuelles*, 1903; Saint-Poli, *l'Affaire Dreyfus et la mentalité catholique en France*, 1904. On peut rattacher à ce groupe *Congrès ecclésiastique de Reims. Compte rendu*, 1896.

Sur l'Action libérale populaire, Flornoy, *la Lutte par*

l'association. L'Action libérale populaire, s. d. (1906).

Sur le Sillon, Marc Sangnier, *le Sillon. Esprit et Méthodes*, s. d. (1905); Cousin (L.), *Vie et Doctrines du Sillon*, s. d. (1906).

Les principaux ouvrages contre le catholicisme libéral sont ceux de Maignen (*le P. Hecker est-il un saint ?* 1898 ; *Nationalisme, Catholicisme, Révolution*, 1901; *Nouveau Catholicisme et Nouveau Clergé*, 2ᶜ édit., 1902); Delassus (*l'Américanisme et la conjuration antichrétienne*, 1899; *le Problème de l'heure présente*, Lille, 1904, 2 vol.); Fontaine (*les Infiltrations protestantes*, 1901 ; *la Théologie du Nouveau Testament et l'évolution des dogmes*, 1907); Emmanuel Barbier (*les Idées du Sillon; le Sillon. Qu'a-t-il répondu; Les Erreurs du Sillon; la Décadence du Sillon; Cas de conscience. Les catholiques français et la République; Rome et l'Action libérale populaire; le Progrès du libéralisme catholique en France sous le pape Léon XIII*, 2 vol.; *les Démocrates chrétiens et le Modernisme*. Tous ces ouvrages, publiés sans date, ont paru de 1905 à 1908). Il faut y joindre Turinaz, *les Périls de la foi et de la discipline dans l'Église de France*, 1902.

Sur la situation du catholicisme en France au commencement du vingtième siècle, voir Paul Sabatier, *A propos de la séparation des Églises et de l'État*, 2ᵉ édit., 1906; Paul Desjardins, *Réflexions d'un profane sur l'affaire Loisy* (*Cahiers de la Quinzaine*, 1905); Paul Bureau, *la Crise morale des temps nouveaux*, s. d. (1907), Marcel Rifaux, *les Conditions du retour au catholicisme. Enquête philosophique et religieuse*, 3ᵉ édit., 1907; Houtin, *la Crise du clergé*, 1907.

Livres concernant le mouvement intellectuel: Houtin, *la Question biblique au dix-neuvième siècle*, 2ᵉ édit., 1903; Houtin, *la Question biblique au vingtième siècle*, 2ᵉ édit., 1906; Houtin, *la Controverse de l'apostolicité des Églises de France au dix-neuvième siècle*, 2ᶜ édit., 1901; Français, *l'Église et la Science*, 1908; Saintyves, *la Réforme intellectuelle du clergé et la liberté de l'enseignement*, 1904; Hogan, *les Études du clergé*, s. d. (1901); Baudrillart, *le Renouvellement intellectuel du clergé de France au dix-neuvième siècle*, 1903; Batiffol,

Questions d'enseignement supérieur ecclésiastique, 1907 ; Guignebert, *Modernisme et Tradition catholique en France*, 1908 ; Paul Sabatier, *les Modernistes*, 1909 ; Prezzolini, *Il cattolicismo rosso*, Naples, 1908.

Les périodiques sont beaucoup plus nombreux et importants qu'auparavant. Les principaux organes favorables aux catholiques libéraux sont le journal *l'Univers* (au moins entre 1893 et 1905), et de nombreuses revues, les *Annales de philosophie chrétienne* (surtout depuis 1895), la *Quinzaine* (surtout depuis 1898 ; disparue en 1907), la *Revue du clergé français* (fondée en 1894), la *Revue catholique des Églises* (fondée en 1904), *Demain* (paru de 1905 à 1907), le *Sillon* (fondé en 1894). Il faut y joindre le *Correspondant*. — Les journaux opposés aux catholiques libéraux sont la *Croix* (fondée en 1883) et la *Vérité française* (fondée en 1893, fusionnée avec l'*Univers* en 1907) ; parmi les revues, les *Études* publiées par les jésuites. — Les principaux organes des démocrates chrétiens sont la *Démocratie chrétienne*, la *Justice sociale* et la *Vie catholique* ; tous les trois ont disparu en 1908.

INDEX

About, 131, 201.
Adhémar (d'), 257.
Adhémar (Mme d'), 256.
Affre, 56, 62, 64, 72, 75, 80, 95, 105, 106, 155.
Alacoque (Marie), 190.
Allemand, 196.
Allignol (les frères), 61.
Alzon (d'), 136, 196, 199, 261.
Ameline, 113.
Ampère, 126, 129.
Antonelli, 168.
Arbois de Jubainville (d'), 63.
Arnaud (de l'Ariège), 98, 160, 197.
Astros (d'), 61.

Baguenault de Puchesse, 101.
Bailly, 41, 63.
Bailly (de Surcy), 21, 66.
Ballanche, 50.
Balmès, 51, 138.
Barbès, 290.
Barbier, 193, 260, 271.
Barthélemy Saint-Hilaire, 78.
Bascoul, 199.
Bastiat, 134.
Batiffol, 29, 260, 278.
Battandier, 198.

Baudaire, 255.
Baudrillart, 63, 170, 255.
Baunard, 42, 61, 221.
Bausset, 5, 180.
Bautain, 57, 58, 59, 64, 65, 85, 89, 90, 93, 146, 156.
Bazin, 92.
Bazire, 260.
Bellarmin, 163.
Bellot des Minières, 207.
Benjamin Constant, 12, 13, 26, 57.
Bérenger (Henry), 217.
Bergson, 250.
Bersot, 78.
Bert (Paul), 197, 201, 208.
Beslay, 54.
Besson, 199, 200.
Beudant, 257.
Beugnot, 75, 114, 115.
Biétry, 265.
Birot, 227, 256, 264.
Bismarck, 194.
Blanqui, 290.
Blondel, 251, 259, 272.
Boissonnot, 157.
Bonald, 6, 24, 52, 56, 205, 266.
Bonald (cardinal de), 156.
Bonald (Maurice de), 193.

Bonnechose, 59, 184.
Bonnet, 78.
Bonnetty, 54, 58, 65, 144, 145, 146, 147, 185, 231, 242.
Bordeaux (duc de), 20.
Bossuet, 4, 41, 81, 143, 180, 242.
Boudin, 276.
Boudinhon, 227.
Bougeart, 139.
Bouillet, 106.
Bouillier (Francisque), 78.
Boulogne, 4.
Bourdaloue, 81.
Bourget (Paul), 269.
Bourrassé, 64.
Bourret, 156.
Boutard, 20, 41.
Boyer, 62.
Branchereau, 147.
Brémond, 249.
Bricout, 232.
Broglie (abbé de), 170, 223, 244, 245.
Broglie (Albert, prince, puis duc de), 122, 123, 127, 139, 148, 170, 179, 187, 193, 200, 201, 249, 284.
Broglie (Victor, duc de), 74.
Brucker, 291.
Brugerette, 227, 230.
Brunetière, 238.
Brunhes, 215.
Buche, 229.
Buisson, 239.
Bureau (Paul), 255, 274, 278.

Calane, 91.
Calvet, 233, 260, 278.
Carné (de), 8, 20, 21, 25, 30, 41, 74, 127, 172.
Casimir Périer, 44.
Cassagnac (Paul de), 213, 217, 232.
Cavaignac, 105.
Cavour, 162.

Cazalès, 21, 30, 49, 74.
Chabot, 10.
Chaine (Léon), 201, 228.
Challemel-Lacour, 197.
Chambord (comte de), 191, 192, 194, 201, 208.
Champagny, 21, 74, 76.
Champollion, 56, 243.
Chantôme, 98.
Charbonnel, 275.
Charles X, 25.
Charléty, 10.
Charma, 78.
Chastel, 145, 148, 176.
Chateaubriand, 49, 52, 177.
Chesnelong, 188, 213.
Chevalier, 237, 250.
Chevé, 98.
Chocarne, 77, 161.
Cholat, 235.
Clausel de Montals, 72, 107.
Cochin (Augustin), 122, 164, 170, 179, 189, 193, 198.
Cœur, 94.
Cognat, 128, 145, 148, 153.
Combalot, 52, 78, 88, 107.
Comte (Auguste), 290.
Conestabile, 205.
Conny, 12.
Corcelle, 130.
Corcelle, 27.
Cormenin, 80.
Cornudet, 20.
Gourson, 53.
Cousin (Victor), 22, 58, 75, 78, 148, 152, 153, 290.
Coux (de), 40, 84.
Crétineau-Joly, 85.
Cruice, 155.
Cuvier, 55, 243.
Czacky, 208.

Dabry, 215, 231, 238, 260, 265, 270, 273, 279.
Dadollé, 223.
Daniel, 78.

Daniel, 136.
Darloy, 92, 101, 106, 107, 119, 122, 156, 178, 185.
Darras, 143.
David (Gaston), 216.
Davin, 61, 143.
Debidour, 1, 213.
Dechamps, 183, 251.
Delassus, 268, 270.
Denais, 211.
Denis, 231, 277.
Descartes, 146, 234.
Desgarets, 78.
Desgranges, 241.
Desjardins (Paul), 217.
Deslandres, 258.
Diana Vaughan, 262.
Didon, 77, 177, 205, 215, 226.
Dimier, 277.
Dimnet, 249.
Dœllinger, 138, 157, 186.
Doney, 115, 144, 173.
Donoso Cortès, 109, 127.
Dreux-Brézé, 208.
Droste-Vischering, 51.
Drumont, 217, 230, 232.
Dubois, 12.
Duchesne, 243.
Duclerc, 96.
Dudon, 41.
Dufêtre, 64.
Dumont d'Urville, 56.
Dupanloup, 42, 63, 81, 84, 85, 96 102, 104, 105, 106, 109, 111, 121, 122, 123, 126, 127, 135, 137, 139, 145, 149, 154, 156, 159, 161, 168, 169, 170, 174, 182, 184, 185, 186, 187, 197, 199, 200, 204, 208, 209, 211, 222, 284, 288.
Dupin aîné, 79.
Dupin (Charles), 13.
Duplessis de Grénédan, 12.
Dupont, 151.
Dupont des Loges, 111.
Dupuy, 4.

Durand (Louis), 286.
Duruy (Victor), 116, 173-176, 284.
Du Temple, 190.

Eckstein (d'), 17, 18, 24, 67.
Enfantin, 43.
Ermoni, 245.
Ewald, 243.

Faillon, 248.
Falloux, 84, 92, 96, 102, 103, 105, 121, 124, 126, 138, 151, 170, 175, 176, 179, 187, 191, 198, 204, 222, 285.
Faucher (Léon), 129.
Fava, 214.
Favre, 99.
Fayet, 61.
Félix, 168.
Fénelon, 81.
Ferdinand VII, 132.
Ferdinand-Dreyfus, 102.
Ferrari, 78.
Ferrata, 208.
Ferry (Jules), 200, 205, 207.
Fesch, 38, 215.
Fèvre, 61, 144.
Fleury, 4, 60, 143.
Flornoy, 224.
Foisset (S.), 57, 63.
Foisset (Th.), 17, 21, 53, 146, 153, 170, 173, 179.
Follioley, 72.
Fonsegrive, 234, 235, 251, 266, 272, 284,
Fontaine, 268, 270.
Fontanes, 9.
Forbin-Janson, 28.
Forgues, 17.
Fortoul, 114, 173.
Français, 253.
Frayssinous, 4, 5, 6, 9, 67.
Frémont, 256.
Freppel, 156, 198, 207, 213 245.

Fulbert-Petit, 238.
Fuzet, 214, 238.

Gaduel, 127.
Gaillard (Léopold de), 10.
Galland, 98.
Gambetta, 186, 200, 201, 203.
Garilhe, 255.
Garnier, 214.
Gatien-Arnoult, 78.
Gaume, 60, 134, 136, 139, 145.
Gautheroi, 278.
Gayraud, 219, 230, 238, 259.
Gemahling, 241.
Génin, 79.
Gerbet, 18, 19, 30, 51, 60, 65,
    66, 94.
Gérin, 144.
Germiny, 196.
Gesenius, 243.
Gibbbons, 275.
Ginouilhac, 172.
Gioberti, 51.
Glaire, 243.
Godard, 163, 165, 169, 215.
Gœrres, 42.
Goschler, 59.
Gousset, 60, 109, 122, 136.
Gouthe-Soulard, 213.
Goyau, 215.
Gratry, 59, 113, 127, 145, 147,
    148, 155, 156, 161, 177, 182,
    183, 186.
Grégoire XVI, 44, 45, 46, 48,
    59, 62, 66, 282.
Grenier, 28.
Grosjean, 227.
Guéranger, 19, 51, 53, 60, 61,
    122, 140, 147, 150, 209, 248,
    249, 290.
Guerrier de Dumast, 53.
Guesde, 239.
Guettée, 98, 128, 143.
Guibert, 62, 93, 122, 151, 159,
    184, 209.
Guilbert, 210, 211.

Guizot, 22, 24 52, 71, 75, 80,
    138, 257, 284.

Hamel, 139.
Hanotaux, 190.
Harel du Tancrel, 30.
Harmel (Léon), 230, 272.
Harnack, 246.
Haussonville (d'), 221, 238.
Havré (d'), 21.
Hecker, 268, 275.
Heinrich, 196.
Hemmer, 233, 237, 264.
Herbelot (d'), 20.
Hogan, 253.
Hohenlohe, 150.
Houtin, 138, 143, 186, 243,
    248, 269, 277.
Huet, 153.
Hugonin, 147, 156, 214.
Hulst (d'), 170, 223, 244, 245,
    255.
Humann (Mlle), 59.
Hyacinthe (le P.) ou Hya-
    cinthe Loyson, 177, 178,
    182, 183, 185, 209, 288.

Ireland, 217, 275.
Isoard, 156.

James (William), 250.
Jay, 235.
Joly, 98,
Jouffroy, 58.
Juteau, 212.

Kant, 250.
Keller, 213.
Kergorlay, 285.
Ketteler, 168, 205.
Klein, 217, 223, 258, 268, 278.

Laberthonnière, 232, 251, 258,
    259, 277.
Laboulaye, 197.
La Bourdonnaye, 23.

Labouré (Catherine), 150.
Lacombe (Charles de), 17.
Lacordaire, 19, 37, 38, 39, 40,
43, 44, 52, 67, 68, 77, 78, 81,
92, 94, 95, 96, 98, 109, 112,
117, 127, 138, 139, 140, 155,
160, 161, 177, 205, 209, 228,
288.
Lacretelle, 19.
Lacroix, 238, 255.
Ladoue, 67, 194.
Lagrange, 245.
Lagrange, 42, 84, 208.
Lair, 198.
La Luzerne, 5, 180.
Lamartine, 49, 70, 139.
Lambruschini, 80.
Lamennais, 6, 9, 13-21, 24,
25, 26, 30-50, 51, 64, 67, 70,
75, 102, 113, 135, 137, 144,
145, 146, 166, 204, 209, 281,
283, 284, 285, 288, 290.
Lamy (Étienne), 201, 218,
219.
Landriot, 122, 136, 173.
Lanfrey, 131.
Lanzac de Laborie, 223.
Lapeyre (Paul), 222.
Lapparent (A. de), 223, 253,
264.
Laprade (Victor de), 127.
Largent, 207.
La Rochejacquelein, 98.
La Tour du Pin Chambly,
189, 221.
Latreille, 78.
Latty, 253.
Laveille, 100.
Lavigerie, 156, 176, 184, 191,
212, 213, 216, 275.
Lavisse, 174.
Le Camus, 291.
Lecanuet, 8.
Lecot, 215, 238.
Legendre, 237, 250.
Lemire, 218, 256, 287.

Lenormant (Charles), 54, 76,
83, 104, 121, 136, 243.
Lenormant (François), 243.
Léon XII, 150.
Léon XIII, 203, 205, 208, 212,
213, 220, 225, 245, 271, 275,
276, 282.
Leroux (Pierre), 58-
Le Roy (Édouard), 252, 260.
Leroy-Beaulieu (Anatole), 1,
209, 226, 236.
Libri, 79.
Liguori, 60.
Littré, 152, 154, 200, 290.
Lockroy, 201.
Loisy, 245, 246, 248, 259, 272,
276, 277, 278, 279, 288.
Loth, 267,
Louis XVIII, 7, 125.
Louis-Philippe, 29, 51, 72.
Loyson (Charles), 7.
Ludovic, 286.
Luther, 138.

Mac-Mahon, 201.
Maignen (Maurice), 189.
Maignen (Charles), 268-270,
275, 287.
Maistre (J. de), 6, 52, 56, 110,
139, 141, 163, 204, 266.
Mandat-Grancey, 266.
Maréchal, 70.
Maret, 52, 58, 94-97, 105, 122,
145, 146, 156, 178, 182, 185,
186, 209.
Marie du Sacré-Cœur (Mme),
256, 276.
Marquigny, 188, 193.
Martignac, 11, 23.
Martinet, 227.
Massillon, 81.
Mater (André), 277.
Mathieu, 127, 146, 166, 191.
Matignon, 177.
Maumus, 215, 220, 227, 287.
Maurras, 266, 269.

Maury, 151.
Maynard, 85, 208, 209.
Meaux (de), 170.
Meignan, 145, 156, 177, 211, 212, 243, 245.
Melun (A. de), 101, 115, 173.
Méric, 223.
Metternich, 85.
Michaud, 19.
Michel (Henry), 102.
Michelet, 79, 83, 88, 139.
Mickiewicz, 47.
Migne, 62, 66.
Mignot, 238, 246, 254.
Modena, 164.
Molé, 114, 129.
Montalembert, 8, 20, 30, 40, 43, 47, 52, 53, 63, 69, 73, 75, 76, 77, 80, 83, 84, 92, 93, 96, 97, 98, 101, 104, 109, 110, 112, 117, 118-123, 125, 126, 132, 135, 142, 148, 161, 163, 165, 166, 168, 170, 177, 179, 183, 200, 205, 209, 211, 234, 268, 284, 288, 290.
Montalivet, 38.
Montlosier, 10. 23, 79.
Morel (Gustave), 233.
Morel (Jules), 19, 51, 89, 99, 122, 138, 177, 193, 202.
Morlot, 122.
Mun (Albert de), 189, 210, 217, 218, 220, 221.

Nachet, 27.
Napoléon Ier, 8, 57.
Napoléon III, 113, 116, 117, 126, 128, 130, 159, 162.
Napoléon (prince), 131.
Naudet, 215, 230, 238, 256, 260, 265, 270, 273, 279.
Newman, 51, 249.
Nicolardot, 131.
Nicolas (Auguste), 139, 191, 245.
Nicolas Ier, 44.

O'Connell, 20, 42, 85, 89, 116.
O'Mahony, 19.
Ozanam, 54, 66, 70, 83, 85, 94, 211.

Paguelle de Follenay, 62.
Paravey, 56.
Parisis, 61, 72, 73, 75, 80, 82, 85-89, 105, 109, 111, 112, 115, 122, 127, 144, 168, 282.
Pelletier, 82, 199.
Pereire, 203.
Péroz, 187.
Perraud (Adolphe), 155, 156.
Perraud (Charles), 155, 207.
Perreyve, 118, 155, 156, 178.
Pététot, 155, 178.
Pichot, 227.
Picot, 5, 66, 150.
Pie, 61, 100, 111, 122, 131, 148, 159, 172, 173, 186, 197, 198, 207.
Pie V, 138.
Pie IX, 62, 85, 89, 91, 104, 107, 111, 115, 122, 128, 152, 168, 169, 176, 178, 182, 192, 194, 198, 202, 222, 282.
Pie X, 225, 238, 277, 283, 289, 291.
Piolin, 248.
Piou, 218, 224.
Pithou, 4.
Pitra, 198, 209, 212.
Plantier, 159.
Poirier, 9.
Polignac, 23, 25, 29.
Portal, 278.
Pouthas, 76.
Proudhon, 98, 290.

Quélen, 67.
Quincampoix, 228.
Quinet (Edgar), 79, 83.

Ramadié, 207.
Rambaud, 229.

Ramière, 193.
Rampolla, 275.
Raspail, 290.
Ratisbonne, 59.
Ravignan, 80, 96, 104, 109, 211.
Réaume, 143.
Reinach (Joseph), 226.
Rémusat, 144.
Renan, 152, 153, 154, 200, 209, 243, 245, 284, 290.
Rendu (Ambroise), 9, 80.
Rendu (Eugène), 9.
Renouvier, 200, 290.
Reynaud, 77.
Riambourg. 21.
Richard, 213.
Rifaux, 229, 257, 264.
Rigault (Hippolyte), 130.
Rivière, 20.
Robinet, 139.
Rohan-Chabot, 8, 28, 42.
Rohrbacher, 19, 59, 60, 143.
Romieu, 109.
Rosmini, 51, 147.
Rossi, 80.
Rostand, 286.
Rotelli, 208.
Roussel, 118.
Roussel, 267.
Royer-Collard, 7, 177.

Sabatier (Auguste), 246.
Sabatier (Paul), 272.
Sainte-Beuve, 7, 118, 131, 132.
Sainte-Marie, 12.
Saint-Poli, 226,
Saint-René Taillandier, 129.
Saint-Simon, 57.
Saint-Valry, 190.
Saintyves, 255.
Saleilles, 258, 287.
Salinis, 18, 51, 64, 65, 93, 100, 111, 112, 122, 135, 136, 146, 168, 290.
Salvandy, 80, 83.

Sand (George). 88.
Sangnier (Marc), 238, 239, 241, 287.
Sanvert, 210.
Sarcey, 114, 201.
Scorbiac, 64.
Séguier, 75.
Ségur, 183, 194, 195.
Serre (de), 7.
Sibour, 62, 105, 106, 107, 109, 122, 127, 149, 173, 178.
Sibour (Léon), 93.
Simon (Jules), 78, 148, 153.
Simon (Richard), 242, 270.
Spuller, 219.
Strauss, 245.
Strowski, 249.
Suarez, 163.
Sue (Eugène), 79, 88.
Swetchine (Mme), 77, 102.

Taine, 114, 152, 153, 154.
Talleyrand, 70.
Taxil (Léo), 223, 262.
Texier, 121.
Thierry (Augustin), 52, 113.
Thiers, 52, 79, 101, 102, 193, 197.
Thomas, 210, 211.
Thomas (Saint-), 163.
Tocqueville, 79, 99, 126, 129, 139, 161.
Trévern, 59.
Trochu, 190.
Turinaz, 205, 228, 272.
Turmel, 227, 249, 259.

Vacherot, 78, 152, 153, 154.
Vacquerie, 201.
Valentin, 115.
Valroger (H. de), 155.
Van Bommel, 72.
Vatimesnil, 76.
Vaux (Pierre), 114.
Védrine, 78.
Ventura, 42, 85, 89, 116, 136, 144.

Veuillot (Élise), 267.
Veuillot (Eugène), 67, 198, 212, 267.
Veuillot (Louis), 52, 66, 74, 76, 78, 80, 82, 84, 92, 96, 97, 102, 104, 105, 106, 109, 110, 117, 120, 122, 126, 127, 128, 135, 145, 160, 169, 176, 182, 191, 193, 194, 199, 201, 208, 245, 262, 286.
Vigouroux, 245.
Villecourt, 143.
Villèle, 10, 20.
Villemain, 71, 74, 80.
Vinet, 27.

Viollet, 227.
Viollet (Paul), 226, 227, 277.
Vogué, 226.
Vollot, 157.
Voltaire, 131, 177.
Vrau, 221.

Waille, 17.
Waldeck-Rousseau, 220, 272.
Walras (J.-J.), 78.
Walras (Léon), 78.
Wilbois, 251.
Wilson, 21, 74.

Zévort, 78.

TABLE DES MATIÈRES

Avant-propos   1
Introduction   3

CHAPITRE PREMIER. — Les débuts du catholicisme
libéral.

I. Les ordonnances de 1828. Lamennais demande la
liberté. 11
II. Tendances de la jeunesse catholique. Le *Correspondant* 19

CHAPITRE II. — « L'Avenir » et la condamnation
de Lamennais.

I. Fin du *Correspondant*. Théories de l'*Avenir*. Ses
ennemis 28
II. Lamennais à Rome. L'encyclique *Mirari vos*. La
rupture 44

CHAPITRE III. — Le réveil catholique.

I. Les études des catholiques. L'histoire : les *Annales
de philosophie chrétienne*. La philosophie : Maret,
Bautain. Développement de l'ultramontanisme . . 51
II. L'action catholique. L'enseignement. Les associations. La presse : l'*Univers*. La prédication : Lacordaire. La politique : Montalembert. 63

CHAPITRE IV. — LA CAMPAGNE POUR LA LIBERTÉ
D'ENSEIGNEMENT.

I. Les meneurs de la campagne : Parisis, Montalembert, Veuillot. Le Comité catholique. Réveil de l'esprit anticlérical   71
II. Premières divisions intestines : Dupanloup. Exposé de la théorie libérale : Parisis, Bautain   80

CHAPITRE V. — LA RÉPUBLIQUE DE 1848.

I. Ralliement du clergé; son influence. Les démocrates de l'*Ere nouvelle*   91
II. Adhésion des catholiques à la politique conservatrice. Divisions à propos de la loi Falloux, et querelles personnelles   99

CHAPITRE VI. — L'ÉGLISE ET L'EMPIRE.

I. Adhésion au coup d'Etat. Alliance des évêques avec l'Empire. Succès de l'enseignement catholique 109
II. Les catholiques libéraux. Rupture de Montalembert avec l'Empire. Le *Correspondant* contre l'*Univers*. Dupanloup et Veuillot. 117
III. Mécontentement des catholiques modérés : Tocqueville. Antipathie contre le cléricalisme . . . 128

CHAPITRE VII. — LE MOUVEMENT INTELLECTUEL SOUS
L'EMPIRE.

I. La querelle des classiques. L'histoire : Albert de Broglie, Guéranger, Montalembert 133
II. La philosophie : traditionnalisme et ontologisme. La guerre à l'éclectisme. Progrès de l'esprit mystique 144
III. Les nouveaux adversaires du dogme catholique. Faiblesse des apologistes 152

CHAPITRE VIII. — LA SECONDE DÉFAITE DU LIBÉRALISME.

I. Les libéraux et le pouvoir temporel. Leurs théories : Godard; Montalembert à Malines 159

II. Le *Syllabus*. Accablement des libéraux. Commentaire de Dupanloup 169
III. La campagne contre Duruy et contre l'enseignement laïque. 173
IV. Préparation du concile œcuménique. Manifeste du *Correspondant*. Victoire des autoritaires 176

CHAPITRE IX. — LES DERNIÈRES ANNÉES DE PIE IX.

I. Triomphe du catholicisme intransigeant. Sa propagande en France. Tentative de restauration monarchique 185
II. Guerre aux catholiques libéraux : Ladoue, Ségur. Loi sur l'enseignement supérieur. Falloux et Dupanloup 192

CHAPITRE X. — LE RALLIEMENT.

I. L'avènement de Léon XIII rend courage aux libéraux. Appui que leur donnent quelques évêques. 203
II. Le toast d'Alger. Débats sur le ralliement. Les élections de 1893 et de 1898 212

CHAPITRE XI. — LE DÉVELOPPEMENT DU LIBÉRALISME.

I. Les libéraux de droite : l'Action libérale populaire. 221
II. Les libéraux de gauche : le Comité pour la défense du droit. Les démocrates chrétiens. 225
III. Les organes du catholicisme libéral. Leur attitude en face de la séparation 231
IV. Le Sillon 238

CHAPITRE XII. — LE MODERNISME.

I. Les innovations dans la critique scripturaire; la critique historique; l'évolution des dogmes . . 242
II. La philosophie : la méthode d'immanence. . . . 249
III. L'enseignement ecclésiastique. Les congrès sacerdotaux. 253
IV. Les demandes des libéraux. Le libéralisme et le modernisme 257

CHAPITRE XIII. — LA TROISIÈME DÉFAITE DU LIBÉRALISME.

I. Force du catholicisme autoritaire : le mysticisme;

l'antisémitisme. Les royalistes. Les catholiques intransigeants. Polémique des libéraux contre eux 261

II. Intervention de Rome. Rôle de Léon XIII. Rôle de Pie X : répression du libéralisme 274

CONCLUSION 281
BIBLIOGRAPHIE 293

— Tours, Imprimerie E. Arrault et Cie.